Programmer avec JavaScript en s'amusant

Nouvelle édition

pour les nuls

Programmer avec JavaScript en s'amusant

Nouvelle édition

pour les nuls

Chris Minnick et Eva Holland

FIRST INTERACTIVE

Programmer avec JavaScript en s'amusant pour les Nuls
Titre de l'édition originale : *JavaScript for Kids*
Pour les Nuls est une marque déposée de Wiley Publishing, Inc.
For Dummies est une marque déposée de Wiley Publishing, Inc.

Collection dirigée par Jean-Pierre Cano
Traduction : Olivier Engler
Mise en page : Marie Housseau

Edition française publiée en accord avec Wiley Publishing, Inc.

Éditions First, un département d'Édi8
12 avenue d'Italie
75013 Paris
Tél. : 01 44 16 09 00
Fax : 01 44 16 09 01
E-mail : firstinfo@efirst.com
Web : www.editionsfirst.fr
ISBN : 978-2-412-04515-2
Dépôt légal : 1er trimestre 2019

Imprimé en France

Sommaire

Introduction

Ce livre propose une découverte des grands principes de l'écriture de programmes JavaScript. Chaque chapitre propose ses exercices pour créer des programmes JavaScript fonctionnant sur le Web. Aucune expérience préalable de la programmation n'est demandée. J'ai décidé de présenter ce sujet technique de façon interactive, amusante et enthousiasmante.

Le langage JavaScript est l'info-langage le plus utilisé de nos jours. Voilà pourquoi je pense que tu as eu raison de découvrir la programmation avec ce livre.

D'ailleurs, JavaScript est facile et amusant à apprendre ! Il suffit d'un peu de ténacité et d'imagination pour devenir très vite capable d'écrire ses propres programmes en JavaScript.

Cela dit, de même qu'il faut beaucoup pratiquer et pratiquer encore pour espérer monter un jour sur la scène du Zénith, pour devenir programmeur, il faut coder, coder et coder encore.

À propos de ce livre

Je te propose de décoder le mystère de JavaScript et de présenter les grands principes du langage. Tu vas pouvoir progresser à ton rythme, en apprenant à créer des jeux et divers programmes. Nous verrons comment personnaliser et construire des variantes des jeux que je propose comme exemples. Tu pourras ensuite rendre publics tes projets sur le Web et les partager avec tes amis !

Que tu aies entendu parler de JavaScript ou pas, tu trouveras dans ce livre tous les conseils pour apprendre à écrire du code source JavaScript correctement.

Voici quelques-uns des grands sujets qui sont abordés dans le livre :

- structure d'un programme JavaScript ;
- expressions et opérateurs JavaScript ;

» structuration d'un programme grâce aux fonctions ;
» écriture de boucles de répétition `for` et `while` ;
» utilisation combinée de JavaScript avec HTML et CSS ;
» mise en place d'instructions conditionnelles avec des instructions `if` et `switch`.

Apprendre le JavaScript ne se résume pas à savoir écrire des lignes de code source. Il faut aussi savoir exploiter les outils et aller à la rencontre de la communauté des programmeurs de ce langage. Les outils et les techniques qui servent à écrire du code JavaScript ont été peaufinés au long des années d'existence du langage. Je ne manquerais pas, au cours de ta lecture, de présenter les outils dont tu auras besoin pour tester, documenter et rédiger le meilleur code possible !

Conventions de présentation

Pour rendre la lecture du livre encore plus agréable, j'ai choisi certaines conventions. Tout d'abord, toutes les instructions en langage JavaScript, ainsi qu'en langage HTML et CSS, sont présentées dans une police non proportionnelle, comme celle des machines à écrire :

```
var maVariable = «lecteur !»;
document.write(«Salut, cher « + maVariable);
```

Dans ce livre, la place disponible en largeur ne suffit pas pour imprimer d'un seul tenant les lignes de code source les plus longues. Elles sont donc réparties sur plusieurs lignes apparentes. L'ordinateur les considère comme une seule ligne, que ce soit en HTML, en CSS ou en JavaScript. Les longues lignes sont subdivisées au niveau d'un signe de ponctuation ou d'une espace, les lignes de suite étant indentées d'une certaine quantité par rapport à la marge gauche, comme dans cet exemple :

```
    document.getElementById(«divBilan»).innerHTML += «<p>BILAN : Tu as
vendu dans la semaine « + qVendueSemaine + « verres de limonade.</p>»;
```

De plus, pour simplifier la lecture du code source, certains mots sont imprimés avec un effet de couleur particulier :

» Les mots que tu as choisis, c'est-à-dire les identifiants des variables et des fonctions que tu définis, sont écrits `comme ceci` :

```
var monTableauDeScore;
```

» Les mots réservés du langage et les noms des fonctions qui sont prédéfinies restent en anglais et sont codés `ainsi` :

```
function monBidule() {
```

```
        if (score < 260) {
            clearInterval(anima);
            alert(«Encore une partie de gagné !»);
        }
    }
```

Les lettres peuvent être écrites en minuscules ou en capitales. Les langages HTML et CSS ne font pas la différence, mais le langage JavaScript si ! Il faudra prendre l'habitude dès le départ de bien écrire les lettres dans la bonne casse (la casse est la qualité minuscule ou capitale des lettres).

Les icônes du livre

Dans cette collection, nous utilisons deux icônes pour marquer certains paragraphes.

Cette icône marque un paragraphe qui donne un complément technique facultatif, ou bien qui fournit une information pouvant avoir une grande importance en cas d'erreur de compréhension ou de manipulation.

Cette icône donne une astuce qui peut faire gagner du temps ou rappelle un concept présenté dans les chapitres antérieurs.

Les projets

Tous les projets sont disponibles dans la page dédiée au livre sur le site de l'atelier de création JavaScript nommé JSFiddle. J'explique dans le Chapitre 4 comment s'inscrire et créer sa propre page. La page du livre est à cette adresse :

`http://www.jsfiddle.net/user/PLKJS`

La liste est répartie sur plusieurs pages. La plupart des projets sont proposés en deux versions :

- une version initiale qui contient quelques instructions pour t'éviter de devoir les ressaisir ;
- la version finale pour que tu puisses l'essayer avant de la recréer.

Les très petits programmes de 2 à 3 lignes ne sont pas disponibles sous forme de fichiers, mais les grands projets sont disponibles dans le fichier archive des exemples sur le site de l'éditeur First : `http://www.pourlesnuls.fr.` Allez ensuite sur la fiche du livre et sélectionner les exemples à télécharger..

Les compétences initiales attendues

Devenir programmeur ne suppose pas d'apprendre à maîtriser tous les arcanes de l'informatique, comme un ninja de la programmation. Il n'est pas nécessaire de savoir en détail comment fonctionne un ordinateur. Tu n'as même pas besoin de savoir comment compter en binaire avec des 0 et des 1.

Je suppose néanmoins quelques connaissances de ta part : tu sais allumer un ordinateur, utiliser une souris et un clavier, et tu disposes d'une connexion Internet et d'un navigateur Web. Si tu as déjà quelques notions de création d'une page Web ou d'un blogue, ce qui n'est pas très complexe, cela te donne un point de départ pour ce que nous allons découvrir.

Tous les autres concepts qu'il faut connaître pour savoir écrire et exécuter un programme JavaScript sont présentés au cours du livre. Une chose est certaine : pour programmer, il faut avoir le souci du détail et rester calme.

Pour aller plus loin

Ce livre utilise un navigateur Web et une application disponible gratuitement sur le Web, JSFiddle. Il n'est donc pas nécessaire d'aller chercher sur le site de l'éditeur le fichier compressé contenant les textes source des exemples du livre. Cependant, ce fichier est fourni, comme indiqué plus haut.

Et maintenant ?

L'écriture de code JavaScript est une activité agréable. Quand tu auras acquis un minimum de connaissances, tu pourras voir sous un autre œil le vaste monde des applications Web interactives. J'espère que tu auras du plaisir et que tu seras motivé à poursuivre tes aventures grâce à ce livre.

Première partie

Qu'est-ce que JavaScript ?

DANS CETTE PARTIE

- Programmons le Web
- Bonjour, commissaire syntaxe
- Recevons et émettons des données
- JSFiddle, notre atelier de création

Chapitre

1

Programmons le Web

Dans ce premier chapitre, tu vas découvrir les grands principes de la programmation, en voyant à quoi ressemble le langage JavaScript. Nous allons rapidement écrire nos premières instructions dans ce langage.

Quelle que soit l'importance d'un projet, il est essentiel de bien s'organiser dès le départ pour disposer de tous les outils dont on aura besoin. Au cours du chapitre, je vais te montrer comment installer et configurer les outils qui vont te permettre de commencer à expérimenter avec le langage JavaScript.

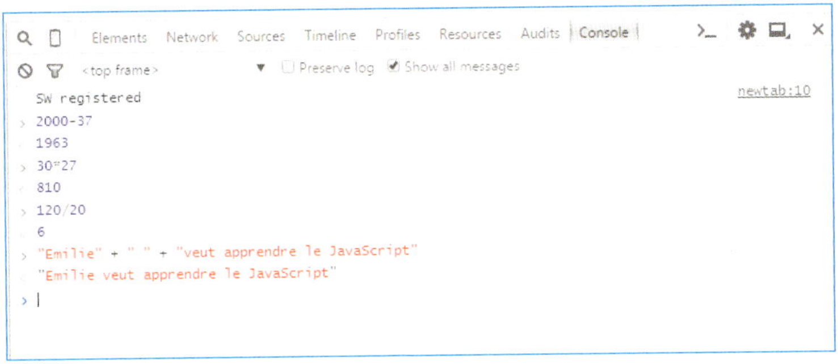

C'est quoi, programmer ?

Un programme informatique est une série d'instructions qui peuvent être exécutées par une machine que l'on appelle ORDINATEUR. L'écriture des instructions correspond à la rédaction du code source, activité que l'on appelle également codage. Un ordinateur sans programme, c'est comme un corps sans esprit. Pour qu'il serve à quelque chose, l'ordinateur doit exécuter des instructions.

Le travail du programmeur c'est d'écrire des instructions qui rendent la machine utile dans de très nombreux domaines.

L'autre nom qui désigne un programme informatique est logiciel.

ET LES FEMMES CRÉÈRENT LA PROGRAMMATION

Les ordinateurs tels que nous les connaissons aujourd'hui utilisent des circuits électroniques ; ils datent des années 1930. Mais le premier programme informatique date du milieu des années 1800. Il s'agissait déjà d'une série d'instructions de calcul qui étaient exécutées par une machine mécanique.

L'auteur du premier programme informatique, et donc le premier programmeur, était une programmeuse portant le nom d'Ada Lovelace. Ada était une mathématicienne anglaise qui a prédit que l'on pourrait faire faire à un ordinateur toutes sortes de choses. Tout ce qu'elle a imaginé s'est réalisé de nos jours : traiter des mots, afficher des images, jouer de la musique, *etc.*

Les ordinateurs ne peuvent pas directement comprendre le code source tel que le rédige le programmeur. Un outil effectue la traduction vers une suite de zéros et de uns. Cet outil se nomme compilateur. Le premier compilateur a été conçu par une autre dame nommée Grace Murray Hopper en 1944. C'est cette invention qui a permis d'envisager d'utiliser le même programme sur plusieurs types de machines, et cela nous a amené jusqu'au JavaScript. La même Madame Hopper serait également l'auteure du terme bogue (*bug* en anglais) et du débogage qui sert à corriger les problèmes dans les programmes. L'idée de ce mot lui est apparemment venue lorsqu'elle a détecté un insecte qui grignotait les câbles de son ordinateur à lampes. Hopper est dorénavant connue comme la reine du logiciel pour ses contributions à l'informatique moderne.

Faisons un petit tour d'horizon des domaines dans lesquels les ordinateurs sont devenus extrêmement utiles aux hommes :

- jouer de la musique et afficher des vidéos ;
- réaliser des expériences scientifiques ;
- concevoir des véhicules ;
- créer de nouvelles molécules médicales ;

» jouer à des jeux vidéo ;
» contrôler des robots ;
» guider des satellites et des vaisseaux spatiaux ;
» créer des livres et magazines ;
» apprendre de nouvelles compétences à des personnes.

Tu peux sans doute trouver d'autres domaines d'utilisation des ordinateurs.

Un langage, c'est pour parler

Le cerveau central d'un ordinateur porte le nom d'unité centrale de traitement CPU (*Central Processing Unit*). La CPU est une puce contenant des millions de microscopiques interrupteurs électroniques basés sur des transistors. Chacun peut être dans l'état ouvert ou fermé. C'est la position de chacun des millions de transistors qui détermine l'action que réalise l'ordinateur à chaque instant.

Chaque action définie par le logiciel détermine le basculement des interrupteurs entre zéro et un. C'est avec les codes binaires que forment ces valeurs numériques que l'ordinateur représente les lettres, les nombres et tous les symboles qu'il manipule pour réaliser des tâches.

Chaque action de l'ordinateur est le résultat d'une combinaison d'une foule de zéros et de uns. Voici par exemple le code binaire sur 8 bits qui représente la lettre minuscule a :

```
0110 0001
```

Chaque 0 ou 1 d'un nombre binaire se nomme BIT. Par habitude, on regroupe les bits par huit, ce qui forme un octet (un byte). Tu as certainement entendu parler des termes kilooctet, mégaoctet et gigaoctet pour parler de la contenance d'un disque dur ou du débit d'une connexion réseau. Il s'agit du nombre de valeurs binaires qui peuvent être stockées ou transmises.

Le tableau suivant présente les tailles de stockage les plus utilisées de nos jours.

Tableau 1.1 : Quelques multiples de l'octet.

Nom	Nombre d'octets	Capacité approximative
Kilooctet (ko)	1 024	Deux ou trois paragraphes de texte
Mégaoctet (Mo)	1 048 576	800 pages de texte

Tableau 1.1 : Quelques multiples de l'octet.		
Nom	**Nombre d'octets**	**Capacité approximative**
Gigaoctet (Go)	1 073 741 824	250 chansons en MP3
Téraoctet (To)	1 099 511 627 776	350 000 photos numériques
Pétaoctet (Po)	1 125 899 906 842 624	42 000 DVD Blu-Ray

La taille d'un logiciel va en général de quelques kilooctets jusqu'à plusieurs mégaoctets, s'il contient des images et des fichiers sonores ou vidéo en plus des instructions. Il est physiquement impossible de pouvoir saisir un par un tous ces codes numériques constitués de zéros et de uns pour décider de ce que doit faire l'ordinateur. C'est pourquoi il faut utiliser un programme qui traduit le langage technique lisible par les humains vers le langage binaire de l'ordinateur. Le langage technique est le langage de programmation ou code source. Le logiciel traducteur est le COMPILATEUR ou l'INTERPRÉTEUR.

Un programme informatique est toujours écrit dans un langage de programmation (un info-langage). Certains langages ne sont pas traduits une fois pour toutes en code binaire, mais traduits à la demande ligne après ligne ; ce sont des langages INTERPRÉTÉS. Dans les deux cas, l'ordinateur est alimenté en série de zéros et de uns qu'il peut comprendre.

Quel langage choisir ?

Des centaines d'info-langages ont été créées au cours du demi-siècle passé. Tu pourrais te demander lequel choisir puisque tous ont quasiment le même but : permettre à un humain d'écrire des séquences de traitement logique puis faire traduire ces séquences en code binaire. Comment choisir ?

S'il existe tant d'info-langages, ce n'est pas sans raison. De nouveaux langages sont inventés pour permettre par exemple :

» d'écrire de nouveaux programmes de façon plus rapide et plus efficace ;

» de créer des programmes pour de nouveaux types d'ordinateurs spécialisés ;

» de créer de nouveaux styles de logiciels.

Voici quelques-uns des info-langages les plus répandus :

» C
» Java
» JavaScript
» Logo
» Objective-C
» Perl
» Python
» Ruby
» Scratch
» Swift
» Visual Basic

Ceci n'est qu'une sélection. Pour une liste plus complète, je te conseille de visiter la page de Wikipédia consacrée aux langages de programmation :

`https://fr.wikipedia.org/wiki/Liste_des_langages_de_programmation`

Comment choisir le langage le plus approprié pour débuter ? Souvent, il faut d'abord se demander ce que l'on veut faire avec le langage. Par exemple, si tu veux créer une application pour iPhone, tu as le choix entre trois langages : Objective-C, JavaScript et Swift. Si tu veux créer un jeu vidéo qui puisse fonctionner sous Mac OS et sous Windows, tu as plus de choix, et notamment le langage C, le Java et le JavaScript. Si tu veux créer un site Web interactif, tu choisiras de préférence le JavaScript.

La lecture du paragraphe précédent t'a peut-être permis de remarquer que le mot JavaScript est cité plus d'une fois.

Qu'est-ce que le JavaScript ?

Au cours des premières années du Web, avant l'an 2000, une page Web se résumait à du texte dans différentes tailles avec des balises spéciales pour passer à d'autres pages. Il n'y avait pas de formulaire Web, aucune animation, ni même le choix entre plusieurs polices pour le texte ou l'insertion d'images !

Ce n'était pas inintéressant pour autant. Lorsque le Web est arrivé, c'était déjà incroyable de pouvoir cliquer pour passer d'une page à une autre et découvrir sans cesse de nouvelles choses. C'était fantastique de découvrir à quel point il était facile de créer sa propre page et de la rendre disponible à tous les autres terriens, en mesure de se connecter à Internet.

Mais une fois que les gens ont su ce que l'on pourrait faire avec le Web, ils en ont voulu encore plus. Très vite sont arrivés les images, les textes en couleurs, les formulaires et bien d'autres choses encore.

Parmi tout ce qui a été inventé par les pionniers du Web, ce qui a eu le plus d'impact jusqu'à aujourd'hui a été le langage JavaScript.

JavaScript a été créé au départ pour permettre des interactions entre l'utilisateur et le site Web *via* le navigateur. Une interaction peut se résumer à l'affichage d'un message si le visiteur fait une erreur de saisie, mais il peut également s'agir d'un véritable jeu en 3D qui fonctionne dans la fenêtre du navigateur, sans rien installer. Dès que tu visites un site et que tu vois quelque chose qui s'anime, des données qui changent dans la page, une carte interactive ou même un jeu, il est très probable qu'il y ait du JavaScript derrière.

Pour te donner une idée de ce qu'il est possible d'obtenir avec du JavaScript sur un site Web, je te propose maintenant d'ouvrir ton navigateur et d'aller visiter les sites suivants :

ShinyText

`http://cabbi.bo/ShinyText`

Figure 1.1 : Page utilisant JavaScript pour proposer une simulation de 3D physique.

Il s'agit d'une des nombreuses démonstrations offertes par le site cabbi.bo. Elle montre comment JavaScript sait afficher un mot et le faire interagir avec le pointeur de la souris. Sur la droite, tu disposes de quelques réglages pour contrôler les effets de simulation physique pour déformer les lettres du mot. La Figure Figure 1.1 donne l'aspect général de la simulation.

Ne cherche pas à comprendre comment cela fonctionne pour l'instant (nous ne le savons pas encore nous-mêmes). Fais des essais pour voir à quel point il est possible de faire faire des choses formidables en JavaScript dans le navigateur.

Interactive Sock Puppet

`www.mediosyproyectos.com/puppetic`

Voici une autre animation 3D dans laquelle le visiteur peut contrôler les mouvements et l'expression du visage d'une sorte de dinosaure. La Figure 1.2 donne une idée de la page.

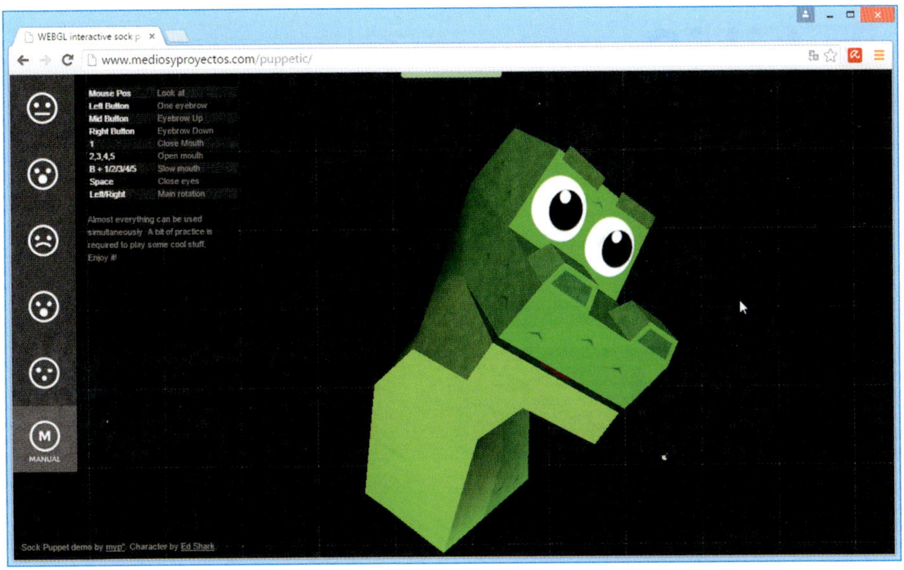

Figure 1.2 : Page permettant de contrôler un dinosaure modélisé en JavaScript.

Facebook

Le site Facebook utilise énormément le langage JavaScript. Dès que tu vois une animation ou une lecture de vidéo, c'est du JavaScript qui fonctionne, sans oublier les messages qui se mettent à jour automatiquement.

Certains de ces exemples utilisent des fonctions très sophistiquées des navigateurs Web. Pour qu'ils s'affichent correctement, il faut disposer d'une version très récente de Google Chrome ou d'un autre navigateur.

Un autre exemple de site qui te concerne directement peut-être est celui des espaces numériques de travail (ENT). Ce sont des sites de gestion d'établissement scolaire qui commencent à être mis en place dans tous les collèges et lycées (Figure 1.3).

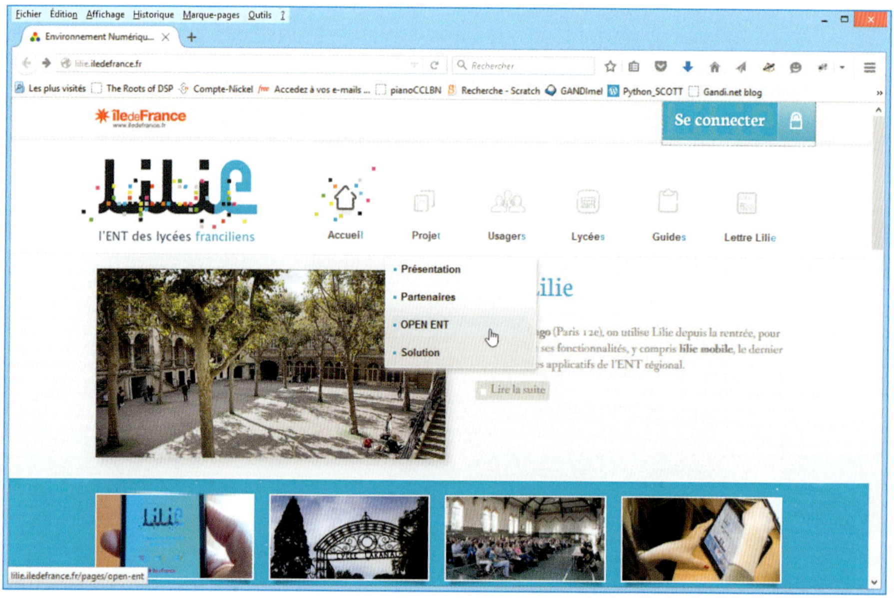

Figure 1.3 : Exemple de l'ENT d'un lycée utilisant JavaScript.

Préparons le navigateur

Le principal outil qu'il nous faut pour travailler en langage JavaScript est tout simplement un navigateur Web. Il en existe plusieurs, et quasiment tous permettent de bien utiliser JavaScript. La machine dont tu disposes est évidemment dotée d'un navigateur Web.

Les navigateurs les plus répandus de nos jours sont Firefox, Safari, Chrome, Internet Explorer et Opera. Dans ce livre, nous choisissons d'utiliser Google Chrome, l'un des navigateurs les plus utilisés. Il offre en effet d'excellents outils pour apprendre à programmer en JavaScript.

Si tu n'as pas encore installé Chrome, le moment est venu de le télécharger et de l'installer. Il suffit d'accéder à la page suivante :

`www.google.com/chrome/browser/desktop`

Suis les instructions pour installer Chrome en quelques minutes. Si tu n'as pas envie de créer un compte, utilise le lien `Non merci` dans la page d'identification. Une fois qu'il est installé, tu peux le démarrer.

La section suivante montre comment mettre en place les outils de développement de Chrome. C'est grâce à eux que tu peux savoir exactement ce qui se passe dans le navigateur lorsque tu écris des programmes JavaScript, et lorsque tu conçois une nouvelle page Web.

Découvrons les outils de développement

Une fois Chrome installé et lancé, il suffit de regarder dans l'angle supérieur droit de la fenêtre du navigateur. Tu dois voir une icône avec trois lignes horizontales. C'est l'icône du menu de Chrome. En cliquant dans l'icône, tu fais apparaître le menu Chrome avec toute une série d'options (Figure 1.4).

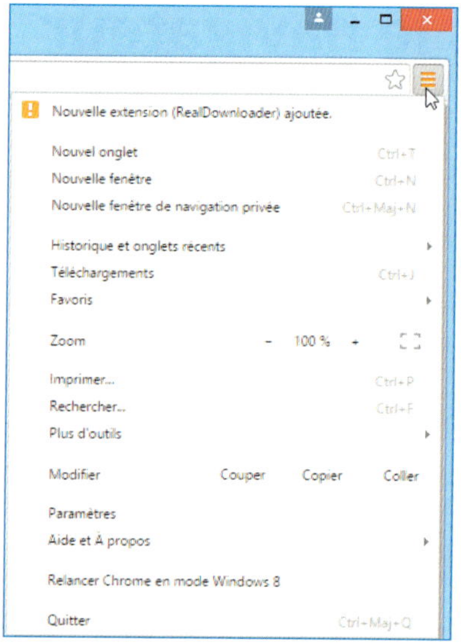

Figure 1.4 : Le menu du navigateur Chrome.

Dans ce menu, ouvre le sous-menu Plus d'outils. C'est ici que sont regroupés les outils dont a besoin un programmeur JavaScript (Figure 1.5).

Dans ce menu, choisis Outils de développement. Tu vois apparaître un nouveau panneau à droite ou dans le bas de la fenêtre du navigateur (Figure 1.6).

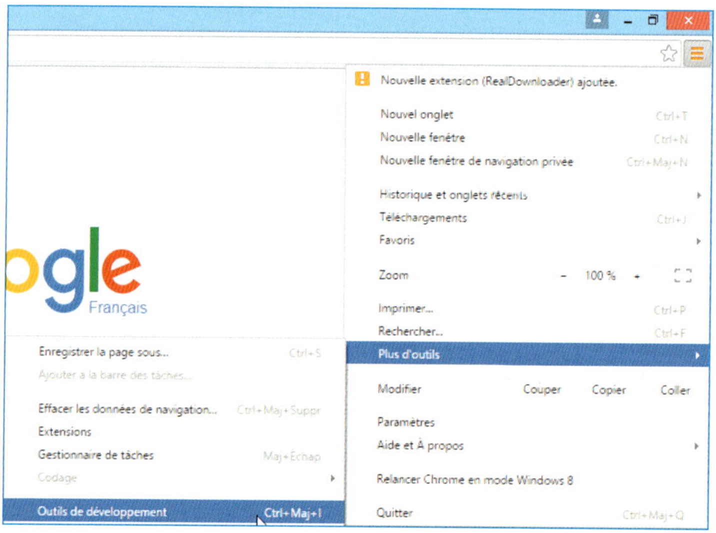

Figure 1.5 : Le sous-menu des outils.

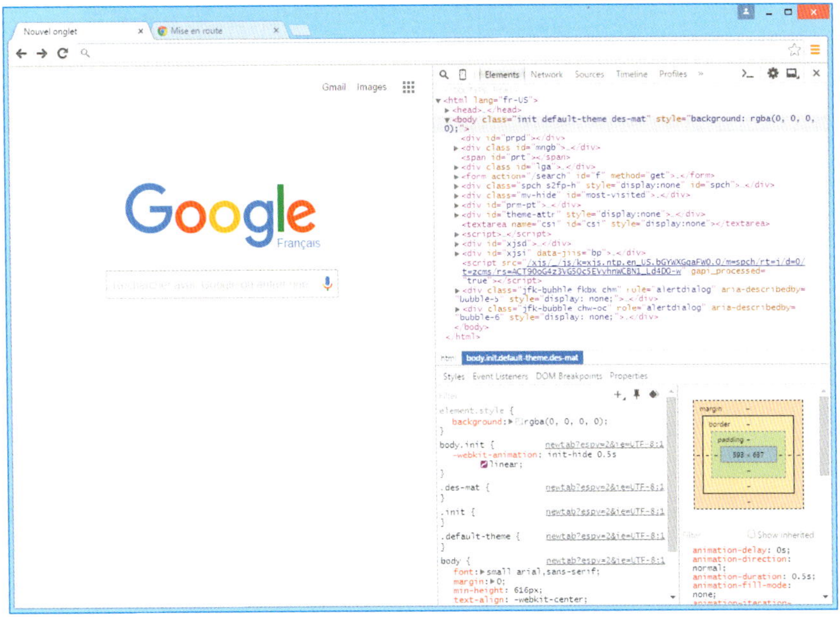

Figure 1.6 : Le panneau des outils de développement.

C'est dans ce panneau que tu trouveras toutes les informations permettant de contrôler le fonctionnement d'une page Web, de tester et d'améliorer les pages et les programmes JavaScript, entre autres choses.

Dans le haut du panneau, tu vois une barre contenant sept options dont le nom est resté en anglais : `Element`, `Network`, `Sources`, `Profiles`, `Resources`, `Audit` et `Console`. En cliquant dans chacun des noms, tu vois apparaître des informations différentes dans le panneau.

Je présenterai chacun des composants du panneau des outils lorsque ce sera nécessaire tout au long du livre. Pour l'instant, nous n'allons utiliser que l'option Console en cliquant dans l'onglet.

Découvrons la console JavaScript

La console JavaScript (Figure 1.7) affiche des informations au sujet du programme JavaScript qui est actuellement en cours d'exécution dans la fenêtre du navigateur.

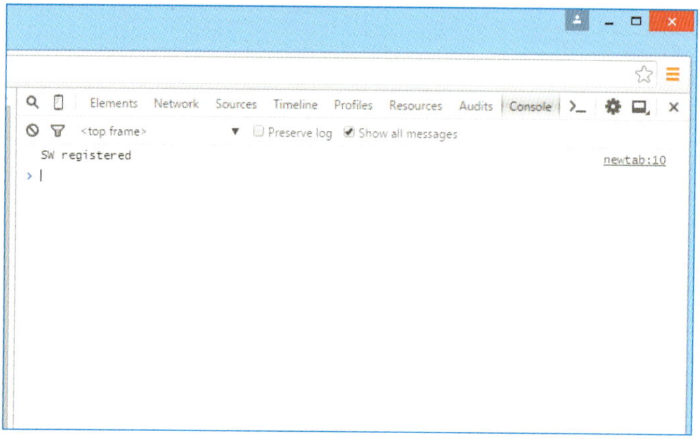

Figure 1.7 : Aspect général de la console JavaScript.

S'il y a une erreur dans le code JavaScript de la page Web, tu obtiens des informations à ce sujet dans la console. C'est donc un outil très utile. Cet affichage des erreurs est une des fonctions principales de la console.

Un autre mode d'utilisation intéressant de la console est la saisie directe d'une instruction JavaScript pour lancer son exécution. Nous allons nous en servir dans la prochaine section.

La console JavaScript est très utile au programmeur JavaScript, mais elle peut être mal employée. Ne saisis jamais une instruction JavaScript que quelqu'un d'autre te transmet en te demandant de la taper dans la console JavaScript, à moins de savoir quel sera l'effet de cette instruction.

Nos premières instructions JavaScript

N'attendons plus pour commencer à faire des essais avec du vrai code JavaScript. Si tu ne l'as pas encore ouvert, ouvre maintenant le panneau de la console JavaScript (par le sous-menu Autres outils du menu Chrome ou en cliquant directement dans l'onglet Console des outils de développement).

Voici comment faire tes premiers essais d'instructions JavaScript :

1. **Clique dans la console JavaScript, à côté du signe supérieur > pour pouvoir insérer ce que tu dois saisir.**

2. **Saisis la formule `1 + 1` puis valide avec la touche Entrée (Windows ou Linux) ou Retour (Mac OS).**

   Tu obtiens immédiatement la réponse sur la ligne suivante.

Tu remarques que le chiffre affiché en guise de réponse est précédé dans la marge gauche d'un signe « inférieur à ». Le sens de la flèche indique que la valeur a été générée par JavaScript et non saisie par toi. Tout ce qui est affiché par JavaScript s'appelle une valeur de retour. Toutes les commandes que tu saisis en JavaScript provoquent l'affichage d'une valeur de retour, une sorte de réponse.

JavaScript sait évidemment faire des calculs simples, mais il sait faire bien plus. Découvrons quelques autres instructions et voyons comment nous pouvons obtenir des réponses.

Tableau 1.2 : Quelques commandes JavaScript à expérimenter.

Commande JavaScript	Description
`2000 - 37`	Un autre calcul très simple, mais nous utilisons l'opérateur - pour soustraire la valeur de droite de la valeur de gauche.
`30 * 27`	Le symbole * est celui de la multiplication en langage JavaScript.
`120 / 20`	Le symbole / est celui de la division en JavaScript. Il divise le nombre situé à gauche par le nombre situé à droite.
`"Prenom" + " " + "aime JavaScript"`	On peut additionner des mots en JavaScript avec le signe +. Lorsqu'il s'agit de texte et non de chiffres, cela s'appelle la concaténation. Le résultat est une phrase qui regroupe les mots fusionnés.
	Tu remarques que chacun des mots dans l'instruction est délimité par des guillemets droits. Ces symboles sont très importants, nous verrons exactement pourquoi dans le Chapitre 2.
`Apprendre JavaScript`	Si tu n'indiques pas les guillemets, JavaScript ne comprend rien et renvoie un message d'erreur contenant le mot `Syntax error`. Cela signifie que tu as écrit une instruction incorrecte. Quand tu vois une erreur de syntaxe, il faut toujours vérifier ce que tu as saisi. Relis-toi. Dans cet exemple, il manquait des guillemets autour du groupe de mots.

Avant d'aller plus loin, apprenons à nettoyer la console en supprimant les commandes, les messages d'erreurs et les valeurs déjà affichées. Pour repartir à zéro dans la console, repère dans le coin supérieur gauche le cercle avec un trait en diagonale. En cliquant dedans, tu effaces tout ce que contient la zone pour repartir d'une situation nette.

Tu peux ensuite expérimenter avec les commandes suivantes en cliquant à chaque fois juste à droite du signe qui t'invite à saisir, le signe `>`. Valide ce que tu as saisi avec la touche Entrée ou Retour pour obtenir le résultat.

Encore quelques essais

C'est ton tour de faire des essais avec d'autres expressions mathématiques. Pense à effacer le contenu de la console comme tu sais le faire maintenant puis fais des essais. Voici quelques suggestions :

- Multiplication de deux nombres (par exemple `34 * 29`).
- Utilisation de plusieurs opérations dans la même instruction (par exemple, `1 + 1 * 4 / 8`).
- Saisie d'un nombre isolé et validation pour exécution.
- Ajout d'un mot et d'un nombre sans utiliser de guillemets.
- Addition d'un nombre sans guillemets et d'un mot avec guillemets.
- Fusion d'un prénom avec un nom de famille, par exemple celui d'une célébrité. Il ne faut pas oublier d'ajouter une espace pour que les mots ne soient pas collés. Un exemple :

```
"Charles" + " " + "De Gaulle"
```

- Affichage d'une valeur numérique très grande et d'une autre très petite.
- Tentative de résolution d'un problème mathématique impossible, par exemple une division d'un nombre par zéro.
- Multiplication d'un nombre par un mot entre guillemets. Par exemple, `343 * "Salut"`. Le résultat sera NaN, qui signifie que ce n'est pas un nombre (Not A Number).

Chapitre

2

Bonjour, commissaire Syntaxe

Le langage des êtres humains comportent des règles qui sont réunies dans une grammaire. Les langages des ordinateurs ont aussi des règles qui forment leur syntaxe. Quand tu auras découvert les principales règles du langage JavaScript, tu verras que c'est assez proche du français, mais avec certains mots en anglais.

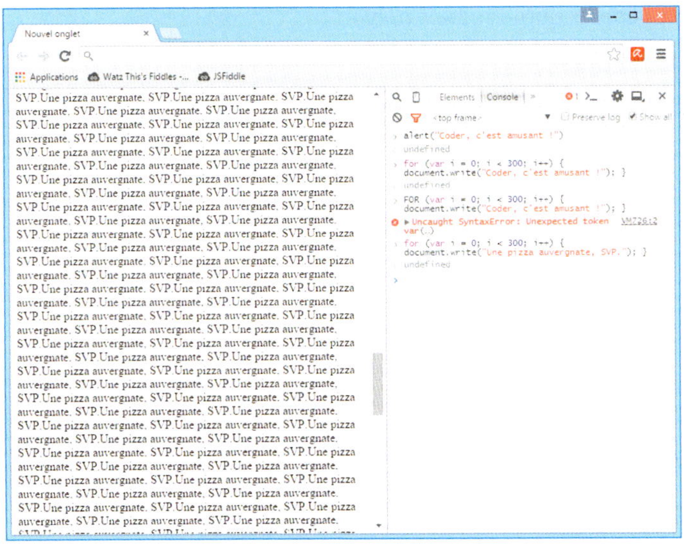

Si tu penses que ton professeur était trop sévère quand il te corrigeait parce que tu avais dit « j'ai allé », attends de voir à quel point le langage JavaScript est rigoureux. Il y a même certaines de tes erreurs que le langage ne va même pas remarquer. Il ne te donnera aucun indice, mais risque de refuser de faire ce que tu as demandé.

Nous allons découvrir dans ce chapitre les grands principes de la syntaxe JavaScript. Tu pourras ainsi éviter d'être arrêté par la police du commissaire Syntaxe !

Bien dire ce que tu penses

Pour que le moteur de JavaScript puisse réussir à traduire ce que tu écris en instructions compréhensibles par l'ordinateur, il faut que ces instructions soient écrites avec une très grande précision.

J'ai expliqué dans le Chapitre 1 ce qu'était un programme source et comment ce programme est traduit en langage de la machine grâce au processus de compilation.

Pour écrire un programme, tu dois d'abord avoir une vision globale de ce que tu veux faire avec le programme. Il faut ensuite subdiviser cette vision en étapes de plus en plus petites réalisables par l'ordinateur, sans faire d'erreurs. Imaginons par exemple que nous voulions programmer un robot pour qu'il descende les escaliers afin de te préparer un sandwich. Voici les différentes étapes qu'il faudrait prévoir :

1. **Faire tourner la tête du robot vers les escaliers.**
2. **Activer les capteurs visuels pour détecter un obstacle.**
3. **Si un obstacle est détecté, déterminer sa nature.**
4. **Si l'obstacle est un chat, essayer de le chasser du haut des escaliers par l'une des méthodes suivantes :**
   - en envoyant un jouet dans le couloir ;
   - en prononçant le nom du chat ;
   - en caressant le chat jusqu'à ce qu'il se sauve.
5. **Si aucun obstacle n'est détecté, tourner le pied gauche dans la direction des escaliers.**
6. **Avancer le pied gauche par rapport au droit.**
7. **Scruter la présence d'un obstacle.**
8. **Détecter si le robot est arrivé en haut des escaliers.**
9. **S'il n'est pas en haut des escaliers, tourner le pied droit dans la direction des escaliers.**
10. **Amener le pied droit devant le pied gauche.**

11. **Répéter toutes ces étapes jusqu'à être arrivé en haut des escaliers.**

Nous venons de décrire 11 instructions et le robot n'a même pas commencé à descendre les escaliers. Tu n'es pas près de dévorer ton sandwich !

Tu devines qu'un programme informatique qui permettrait de faire descendre les escaliers au robot et lui faire préparer un sandwich contiendrait bien plus d'instructions. Lors de chaque étape, il faudrait indiquer avec précision à chacun des moteurs combien de temps il doit rester allumé et chaque obstacle possible devra être recherché et contourné ou éloigné.

Dans le langage JavaScript, toutes ces actions correspondent à des instructions d'action du langage.

Si tu veux en savoir plus sur le contrôle des robots, y compris en JavaScript, tu peux visiter les pages suivantes :

`http://www.robot-maker.com/`
`http://nodebots.io`

Écrivons notre première instruction

En français, nous parlons en construisant des phrases. En JavaScript, chaque instruction permet de déclencher une action dans l'ordinateur. Les instructions ressemblent à des phrases. Elles sont constituées de plusieurs parties et doivent obéir à des règles pour être comprises.

Le listing suivant donne un premier exemple d'instruction.

Listing 2.1 : Une instruction JavaScript.

```
alert("Coder, c'est amusant !");
```

Cette instruction provoque l'affichage dans le navigateur d'une petite fenêtre en surimpression contenant le message indiqué dans l'instruction. Tu peux saisir l'instruction dans la console JavaScript de Chrome. Tu obtiendras un affichage comme celui de la Figure 2.1.

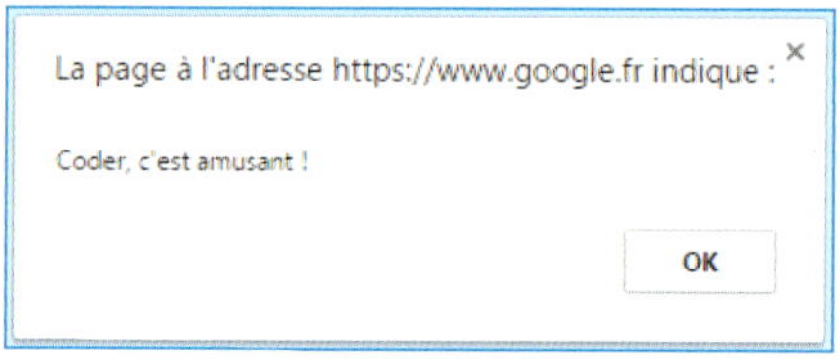

Figure 2.1 : Résultat de l'exécution d'une instruction alert() de JavaScript.

L'instruction qui provoque l'affichage contient plusieurs éléments : un mot réservé (`alert`), plusieurs symboles (des parenthèses et des guillemets) et du texte (`Coder, c'est amusant !`). Note bien que l'instruction se termine par un signe point-virgule.

En français, on peut écrire un nombre de phrases infinies. De même, JavaScript permet d'écrire une infinité d'instructions.

Le mot `alert` dans l'instruction est un mot réservé du langage JavaScript. Il doit rester en anglais. La plupart des instructions JavaScript commencent par un mot réservé, mais pas toutes.

Pour séparer une instruction de la suivante, il faut toujours utiliser le signe point-virgule. C'est un peu l'équivalent du point final de nos phrases. Certaines instructions peuvent s'étaler sur plusieurs lignes visuelles, mais seul le point-virgule indique la fin de l'instruction.

Suivons les règles

J'ai dit qu'il y avait un certain nombre de règles dans le langage JavaScript qu'il fallait suivre pour que les instructions puissent être traduites vers le langage binaire de l'ordinateur. Voici les deux premières règles :

- » L'orthographe compte énormément.
- » Les espaces n'ont pas d'importance.

Voyons chacune de ces deux règles en détail. En guise d'exemple, nous allons faire afficher 300 fois la phrase « Coder, c'est amusant ! » (Listing 2.2).

Listing 2.2 : Programme affichant le même message 300 fois.

```
for (var i = 0; i < 300; i++) { document.write("Coder, c'est amusant
!"); }
```

Voici comment rédiger puis tester ce programme :

1. **Si nécessaire, démarre le navigateur Web Chrome.**
2. **Si nécessaire, ouvre la console JavaScript (sous-menu Autres outils du menu de Chrome à droite).**

   Tu peux dès à présent prendre l'habitude d'utiliser le raccourci clavier pour accéder à la console JavaScript. Sous Windows, c'est Ctrl + Maj + J. Sous Mac OS, c'est Pomme + Option + J.

3. **Saisis l'instruction présentée dans le Listing 2.2. Pendant la saisie, sois très attentif aux signes de ponctuation, aux parenthèses, aux accolades et aux guillemets.**

   Relis l'instruction puis valide avec la touche Entrée (Windows) ou Retour (Mac OS).

   Si tu n'as pas fait d'erreur de frappe, tu dois voir apparaître 300 fois le message dans la fenêtre du navigateur (Figure 2.2).

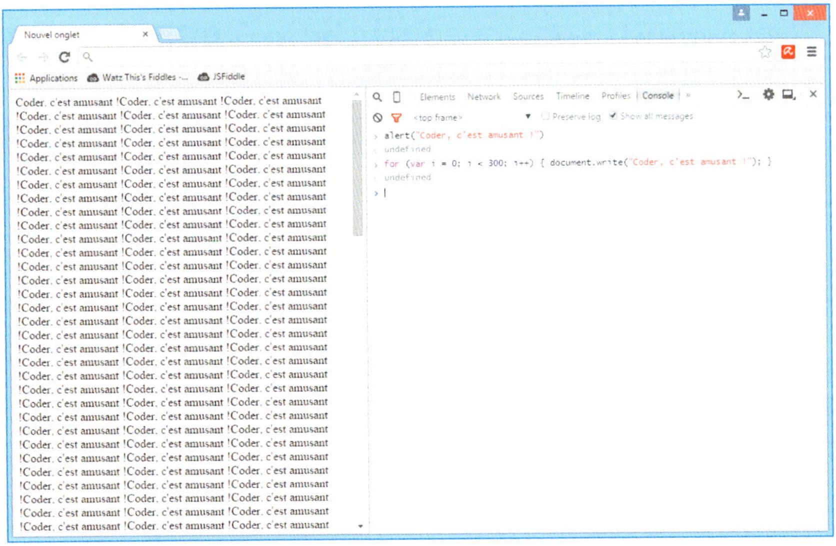

Figure 2.2 : Affichage résultant du programme Listing 2.2.

Ce miniprogramme utilise une technique de boucle de répétition qui se fonde sur le mot réservé `for`. Cette boucle répète 300 fois l'instruction qui est placée entre les deux accolades. Nous verrons plus en détail les boucles dans les Chapitres 17 et 18.

Si tu regardes en détail la fin de l'instruction, tu vois que le texte qui est affiché est entouré d'une paire de guillemets et d'une paire de parenthèses.

Les guillemets font savoir à JavaScript que le texte doit être considéré comme du texte inerte, et pas comme une instruction JavaScript.

Le texte littéral et les chaînes

Dans tous les langages de programmation, un ou plusieurs mots qui sont délimités par des guillemets constituent une chaîne de caractères, souvent abrégée en chaîne. Les Anglais appellent cela *string* (ficelle). Le terme chaîne vient du fait que les mots sont reliés les uns aux autres, enchaînés. La chaîne peut contenir des lettres, des chiffres et des symboles. L'ordre des caractères dans la chaîne n'est pas modifié et chaque caractère correspond à une position par rapport au début de la chaîne.

Tu peux par exemple essayer de saisir à nouveau l'instruction du Listing 2.2 dans la console JavaScript, mais en remplaçant la chaîne `Coder, c'est amusant` par autre chose, selon ton imagination.

J'ai modifié le Listing 2.2 pour afficher le message « `Une pizza auvergnate, SVP` », comme le montre la Figure 2.3.

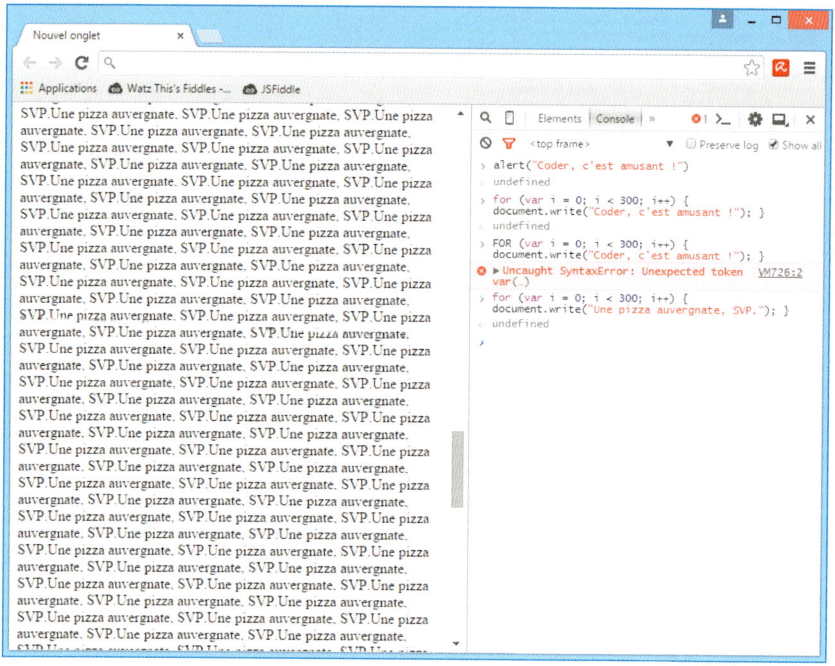

Figure 2.3 : Même instruction avec une autre chaîne.

Tu peux placer dans la chaîne tous les caractères que tu peux saisir au clavier, mais il y a une importante exception que tu ne dois jamais oublier : si tu veux utiliser un guillemet à l'intérieur de ta chaîne, il faut prévenir JavaScript que ce guillemet n'est pas là pour marquer la fin de la chaîne, mais un simple guillemet normal.

Pour pouvoir insérer un guillemet sans que cela provoque la fin de la chaîne, il faut le faire précéder par un symbole spécial que l'on appelle ANTIBARRE (« barre oblique inverse » est trop long) juste avant le guillemet à rendre inerte. Le signe antibarre prévient JavaScript que le caractère qui le suit ne doit pas être considéré dans le sens que lui donne normalement JavaScript. En ajoutant le signe antibarre, tu fais « échapper » le caractère à son sens normal. L'antibarre est appelée caractère d'échappement.

Imagine qu'il faille afficher le message suivant :

```
Jacques a dit "Levez-vous"
```

Voici comment il faudrait écrire la chaîne avec ses guillemets délimiteurs :

```
"Jacques a dit \"Levez-vous\""
```

Le Listing suivant montre l'instruction une fois insérée la chaîne avec ses deux caractères d'échappement. J'ai inséré un saut de ligne après l'accolade ouvrante pour améliorer la lisibilité.

Listing 2.3 : Utilisation de caractères d'échappement dans une chaîne.

```
for (var i = 0; i < 300; i++) {
  document.write("Jacques a dit \"Levez-vous\""); }
```

À bien y réfléchir, si le signe antibarre sert à prévenir JavaScript que le caractère qui le suit doit être considéré tel quel, comment peut-on faire afficher le caractère antibarre lui-même ? C'est une bonne question et la réponse est très simple : il suffit de redoubler le signe antibarre lui-même pour en afficher un (pas deux).

Il existe une autre technique en JavaScript pour pouvoir citer des guillemets dans une chaîne. Il suffit d'alterner entre les deux types de délimiteurs de chaîne reconnus : les guillemets bien sûr, mais aussi les apostrophes. L'essentiel, c'est que le signe utilisé pour débuter la chaîne soit utilisé pour la terminer.

Autrement dit, si tu délimites ta chaîne avec des apostrophes, tu peux utiliser autant de guillemets à l'intérieur de la chaîne que nécessaire, sans avoir à les faire précéder par le signe antibarre. En revanche, si tu veux utiliser une apostrophe dans la chaîne, il faut l'antibarre avant.

Inversement, si tu délimites la chaîne par des guillemets, tu peux utiliser des apostrophes autant que tu le veux dans la chaîne, mais tu dois ajouter une antibarre avant chaque guillemet (sauf celui qui marque la fin, bien sûr).

Le Listing 2.4 montre comment afficher notre message de Jacques a dit avec des guillemets autour de l'ordre qu'il donne.

Listing 2.4 : Une chaîne contenant des guillemets et délimitée par des apostrophes.

```
for (var i = 0; i < 300; i++) {
  document.write('Jacques a dit "Levez-vous"'); }
```

Le texte en dehors des chaînes

Tout ce qui est écrit en dehors des chaînes de caractères est scruté par JavaScript qui va chercher à comprendre ce que tu lui demandes. Ce texte est nécessairement un élément d'une instruction en langage JavaScript.

JavaScript est très pointilleux au niveau de l'orthographe et même de la différence entre les minuscules et majuscules. Dans une instruction JavaScript, les trois mots suivants sont considérés comme différents :

```
for
FOR
For
```

De plus, seul celui qui est écrit entièrement en lettres minuscules va être compris par JavaScript comme le mot réservé `for` d'une boucle de répétition (nous avons vu ce mot un peu plus haut). Si tu essayes d'utiliser les deux autres écritures dans notre programme d'affichage, tu obtiens une erreur, comme le montre la Figure 2.4.

Patience, nous verrons comment exploiter ce fameux `for` dans le Chapitre 17.

J'ai dit que JavaScript était très pointilleux au niveau de l'orthographe. Très souvent, notamment lorsque l'on fait ses premiers pas en programmation, s'il y a un problème qui fait refuser à JavaScript d'exécuter le programme, c'est qu'une lettre ou, plus souvent encore, un signe de ponctuation a été oublié.

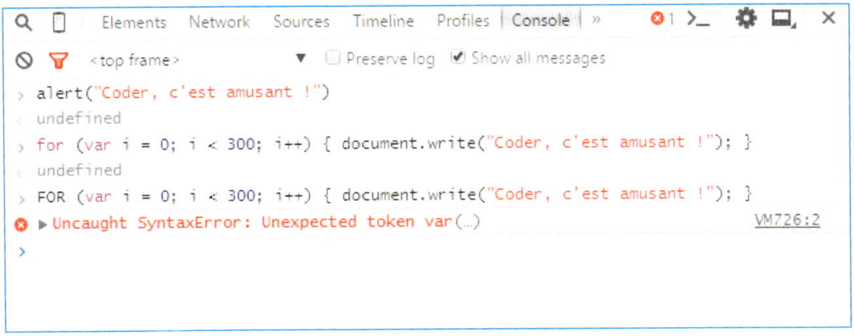

Figure 2.4 : Un mot réservé de JavaScript doit être écrit en lettres minuscules.

En français, il y a certaines fautes d'orthographe qu'on a du mal à repérer. C'est aussi le cas en JavaScript ; certaines fautes de frappe réclament beaucoup de temps pour être réparées. Il faut donc dès le départ être très soigneux et bien relire ce que tu as écrit. Tu gagneras bien du temps dans la suite de ta progression.

Les espaces qui comptent et les autres

Lorsque je parle d'espace, j'englobe les vraies espaces que l'on fait avec la barre d'espace, mais aussi les pas de tabulation et les caractères de saut de ligne. JavaScript ignore toutes ces espaces entre les mots et entre les symboles.

Voici par exemple la façon la plus compacte d'écrire l'instruction d'affichage précédente :

```
for(var i=0;i<300;i++){document.write('Jacques a dit "Levez-vous"');}
```

La seule espace indispensable pour que le programme puisse continuer à fonctionner est celle entre le mot `var` et le nom `i`. Les espaces dans la chaîne à afficher n'ont d'intérêt que pour le lecteur du message.

En pratique, on essaie de rendre le code source le plus lisible possible. Puisqu'on peut ajouter des espaces et des sauts de ligne selon les besoins, on se base sur des conventions d'écriture des instructions dont la plus utilisée est celle que je te propose dans le lListing suivant.

Listing 2.5 : Mise en forme de l'instruction d'exemple sur plusieurs lignes.

```
for (var i = 0; i < 300; i++) {
  document.write('Jacques a dit "Levez-vous"');
}
```

Le Listing 2.5 montre la façon dont je te recommande de mettre en forme les différentes portions de l'instruction. Tu peux constater que la lisibilité est bien meilleure que dans la version compacte.

J'ai inséré un saut de ligne juste après l'accolade ouvrante et un autre juste avant l'accolade fermante. Ces accolades servent à grouper plusieurs instructions pour former un bloc. Cette paire d'accolades marque tout le bloc qu'il faut répéter 300 fois. Ici, le bloc ne contient qu'une instruction pour afficher le message.

Les accolades sont des positions souvent choisies pour ajouter des espaces ou un saut de ligne afin d'augmenter la lisibilité. On ajoute également très souvent un saut de ligne après chaque signe point-virgule. Tu sais qu'en JavaScript, ce signe sert à marquer la fin d'une instruction. C'est l'équivalent du point en français.

Attention : dans la Console de Chrome, tu obtiendras un message d'erreur dès que tu valideras si tu tentes de saisir cette instruction comme nous la présentons dans le précédent listing. En effet, dans la Console, JavaScript essaye d'exécuter l'instruction dès que tu passes à la ligne suivante. Dans cet exemple, à la fin de la première ligne, l'instruction est incomplète puisqu'elle se termine par l'accolade ouvrante. Il y a une technique pour y parvenir tout de même dans la Console : il faut maintenir la touche Maj enfoncée tout en utilisant la touche `Entrée` ou `Retour`, donc à la fin de la première et de la deux-ième ligne.

Tu remarques également que l'instruction dans la deuxième ligne est décalée par rapport à la première de deux espaces vers la droite. Cette indentation ne sert qu'à augmenter la lisibilité du code source. Celui qui lit l'instruction voit facilement qu'elle dépend de la ligne précédente. Elle n'est exécutée que 300 fois puisque c'est une boucle.

Il est conseillé d'effectuer les indentations soit avec deux, soit avec quatre espaces, puis de s'y tenir. Certains programmeurs utilisent la tabulation pour faire leurs indentations. Dans ce livre, j'utilise deux espaces. Le plus important c'est qu'une fois que tu as choisi une manière d'indenter, n'en change plus. Si tu changes de largeur de décalage dans le même programme, il sera beaucoup moins lisible, parce que les niveaux d'indentation ne vont pas s'aligner. Le code source doit être sans erreur, mais aussi joli à regarder !

Deviens ton commentateur

En langage JavaScript, on peut ajouter dans le code source des indications supplémentaires dont le langage ne va pas tenir compte, mais qui peuvent être utiles plus tard pour toi ou pour les autres programmeurs. Il s'agit des commentaires. Tout ce qui est marqué comme étant du commentaire grâce à des délimiteurs spéciaux est totalement ignoré par le compilateur JavaScript.

Voici les principales raisons qui doivent te pousser à prendre l'habitude d'ajouter des commentaires dans tes programmes :

- Les commentaires permettent d'ajouter des explications qui pourront te servir lorsque tu reliras le programme plus tard. Tu peux ainsi expliquer pourquoi tu as rédigé certaines instructions de cette façon et pas d'une autre.
- Les commentaires servent également à donner des détails sur la façon dont le programme résout un problème.
- Tu peux te servir des commentaires pour ajouter des pense-bêtes pour les choses que tu voudras ajouter plus tard ou pour les améliorations que tu prévois de faire.
- Tu peux enfin utiliser les commentaires pour mettre temporairement hors circuit certaines instructions (les neutraliser) sans devoir les effacer.

En JavaScript, tu peux choisir entre deux types de délimiteurs de commentaires : celui pour les fins de lignes et celui pour plusieurs lignes.

Commentaire mono ligne // **:** tout ce qui suit ce double symbole jusqu'à la fin de la même ligne de code est ignoré. Le Listing 2.6 montre trois commentaires monolignes. La quatrième ligne en contient un aussi, à la suite d'une instruction qui sera normalement exécutée.

Listing 2.6 : Plusieurs commentaires monolignes.

```
// Le code en ligne suivante ne sera pas exécuté
// alert("Je parle dans le vide !");
// La ligne suivante sera exécutée :
alert("Je parle sérieusement !"); // Je commente quand même
```

Commentaires multilignes /* */ **:** comme son nom l'indique, un commentaire multiligne peut s'étaler sur plusieurs lignes. Le commentaire commence par le couple barre oblique astérisque et se termine par le couple inverse astérisque barre oblique. Le Listing 2.7 donne un exemple de commentaire multiligne.

Listing 2.7 : Un commentaire multiligne.

```
/* Voici un cartouche descriptif.

  La fonction trucBidule() sert à traiter deux nombres.
  (Il me reste à coder le test en cas d'erreur.)

  Ecrit par Gustave Ulamouche en Novembre 2017
*/
```

Chapitre 3

Recevons et envoyons des données

Quelle que soit la taille d'un programme informatique, et quelles que soient les particularités des traitements qu'il va réaliser, il partage avec tous les autres trois fonctions essentielles :

- un mécanisme pour recevoir des données, à partir de l'utilisateur ou d'un autre programme ;
- un mécanisme pour émettre des données, vers l'utilisateur ou vers un autre programme ;
- un mécanisme pour manipuler ces données.

Les données que le programme reçoit sont ses données d'entrée (INPUT). Les données qu'il renvoie vers l'extérieur sont ses données de sortie (OUTPUT). Entre les entrées et les sorties de données, le programme doit pouvoir stocker les données et appliquer des traitements à ces données en fonction de leur espèce que l'on appelle leur type. Normalement, les traitements sont suivis de l'envoi des données générées par ces traitements.

Ici, ne t'inquiète pas de savoir s'il vaut mieux donner que recevoir. Les deux opérations sont tout à fait indispensables. Nous allons voir au cours de ce chapitre comment faire pour recevoir et émettre des données en JavaScript.

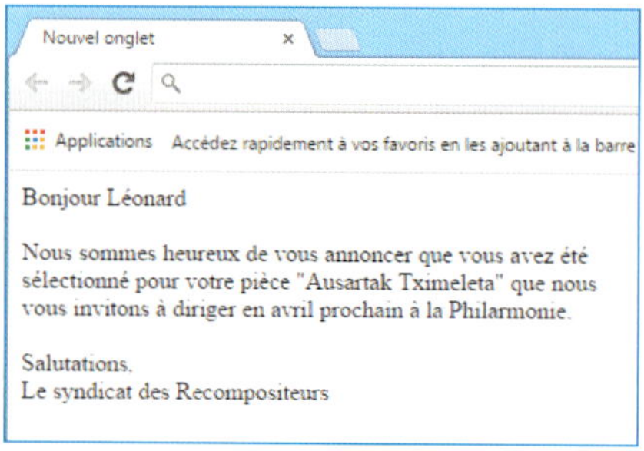

Maîtrise tes variables

Dans le monde physique, lorsque tu as besoin de stocker quelque chose, de le donner à quelqu'un, de le déplacer ou de ranger ta chambre, tu utilises en général des boîtes.

JavaScript ne se soucie par de la forme des boîtes. Ce que JavaScript aime, c'est le contenu, c'est-à-dire les données. Pour stocker et déplacer des données, JavaScript utilise comme boîtes des variables. Une variable est une boîte à laquelle tu donnes un nom. Ce nom va devenir le symbole des données stockées dans la boîte. C'est le nom de la variable.

On parle de variable parce que le contenu de la boîte peut changer au cours du temps. C'est ce qui permet au programme d'appliquer le même traitement à des données d'entrée différentes, et ainsi produire des données de sortie différentes.

Créons notre première variable

La création d'une variable JavaScript est très simple. Il suffit de commencer l'instruction par le mot réservé `var` suivi d'une espace et du nom choisi pour la variable. Il faut terminer la définition par le signe `;`. Voici un exemple :

```
var livre;
```

Pour le programmeur, les variables constituent son petit élevage. C'est à lui de choisir le nom de chacune de ces variables. Tu peux être très créatif à ce niveau, mais il faut tenir compte de certaines règles, surtout lorsque l'on est francophone. Le plus important, c'est que le nom de chaque variable doit donner une idée du genre de données qu'elle contient.

N.d.T. : pour un programmeur français, la règle la plus importante est celle-ci : il ne faut jamais utiliser de lettres accentuées dans les noms des variables et des autres identifiants en JavaScript.

Voici quatre déclarations de variables dont les noms sont bien suggestifs. La simple lecture du nom permet de deviner quel genre de données elle est destinée à contenir :

```
var monPrenom;
var platFavori;
var dateNaiss;
var pageCourante;
```

Tu constates que j'utilise une écriture un peu particulière pour les noms de variables. Il s'agit de l'écriture droMaDaire. Il y a une lettre majuscule à chaque début de mot collé aux autres dans le nom de la variable. En effet, il est interdit d'utiliser des espaces dans les noms de variables. C'est à cause de cette contrainte que les programmeurs ont inventé d'autres systèmes pour garder une bonne lisibilité aux noms. Tu devines aisément pourquoi on parle d'écriture droMaDaire (parfois d'écriture chaMeau).

Après avoir vu ces quelques exemples, essaie d'imaginer quel nom tu donnerais à tes variables pour stocker les données suivantes :

- le nom de ton animal favori ;
- la matière que tu préfères à l'école ;
- l'âge de ton meilleur ami ;
- le nom de ta rue.

Les noms de variables doivent être choisis en tenant compte de quelques autres règles en plus de celle qui interdit les espaces :

- Un nom de variable doit toujours commencer par une lettre ou un caractère de soulignement (_).
- Un nom de variable ne peut contenir que des lettres, des chiffres, des caractères de soulignement ou des signes dollar.
- Les majuscules (capitales) sont distinguées des minuscules dans les noms de variables.
- Une bonne trentaine de mots anglais sont réservés par JavaScript. Ils ne peuvent donc pas être utilisés comme noms pour tes variables. Voici la liste de ces mots réservés :

```
break     case      class     catch
const     continue  debugger  default
delete    do        else      export
extends   finally   for       function
```

```
if        import    in        instanceof
let       new       return    super
switch    this      throw     try
typeof    var       void      while
with      yield
```

Stockons des données dans des variables

Une fois que tu as donné un nom à ta variable, c'est-à-dire une structure déclarative, tu peux y stocker n'importe quel genre de données. Une fois que la valeur a été stockée, tu peux à tout moment relire cette valeur, c'est-à-dire le contenu de la variable. Voyons cela en pratique.

1. **Si nécessaire, ouvre le panneau de la console JavaScript dans le navigateur Chrome.**

2. **Créons une nouvelle variable que nous nommons livre en écrivant l'instruction de déclaration suivante et en validant par la touche** Entrée **ou** Retour **:**

   ```
   var livre;
   ```

   Tu n'as pas oublié le signe ; à la fin ? Tu viens de créer la variable qui va servir de conteneur, et tu lui as donné un nom.

   Dès que tu valides, la console JavaScript répond par l'étrange mot Undefined. C'est tout à fait normal. En fait, JavaScript indique ainsi que l'instruction a pu être exécutée correctement, sauf qu'elle n'a eu aucun effet et n'a produit aucune information à afficher dans la console.

   Tu pourrais trouver bizarre que JavaScript affiche un message pour dire qu'il n'a rien à te dire. Fais-moi confiance, mieux vaut dire quelque chose, même si c'est le message Undefined que de ne rien dire et te laisser dans le doute.

3. **Nous allons maintenant stocker une valeur dans la nouvelle variable :**

   ```
   livre = "Programmer en JavaScript en s'amusant pour les nuls";
   ```

   Dorénavant, la variable contient une donnée, qui est ici une chaîne de texte littérale.

   Dès que tu valides par Retour ou Entrée, JavaScript répond en affichant le nom de la variable.

Le mot réservé var ne doit être mentionné que pour déclarer le nom de la variable. Lorsque tu as ensuite besoin de lire ou d'écrire le contenu de la variable, il suffit de citer le nom de la variable sans le mot réservé.

4. **Imagine maintenant que tu as oublié le nom du livre que tu viens de saisir. Un peu plus tard (mais sans avoir éteint l'ordinateur entre-temps), tu veux en parler à un ami. Pour retrouver l'information, c'est-à-dire la valeur de la variable (une donnée), il suffit d'indiquer le nom de la variable sur une ligne dans la console, comme ceci :**

```
livre
```

JavaScript sait qu'il existe une variable portant ce nom et affiche le contenu de la variable, donc le nom du livre (Figure 3.1).

Un point très important : il n'y a pas de signe point-virgule à la fin de l'instruction ici. Je n'ai fait que saisir le nom de la variable dans la console. En effet, le simple nom d'une variable n'est pas une instruction JavaScript, et c'est pourquoi il n'y a pas besoin de signe ; pour terminer l'instruction. Nous ne faisons que demander à JavaScript de lire et d'afficher la valeur que contient une variable, comme si nous avions simplement écrit l'expression `1 + 1`.

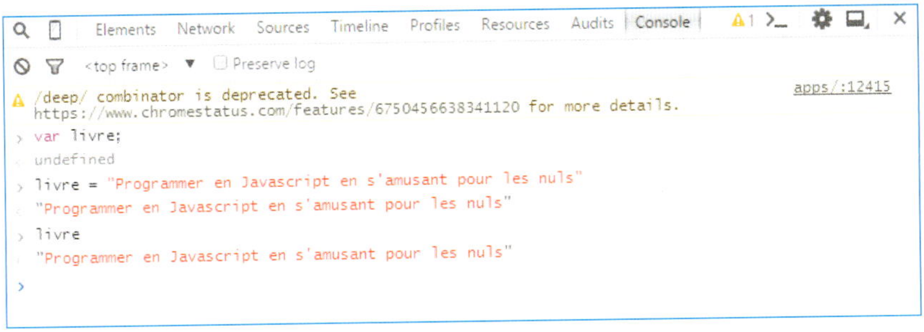

Figure 3.1 : Affichage de la valeur contenue dans une variable.

5. **Voyons maintenant comment modifier le contenu de la variable `livre`. Saisis l'instruction suivante dans la console :**

```
livre = "L'appel de la forêt";
```

6. **Vérifie ce que contient maintenant la variable en indiquant son nom dans la console.**

   La console affiche le nom du nouveau livre que tu viens de stocker dans la variable.

Les variables ne servent pas qu'à contenir du texte littéral. D'autres types de données sont possibles. Dans la section suivante, je te propose de découvrir les trois types de données fondamentaux de JavaScript, c'est-à-dire les types de données primitifs (ou atomiques).

La donnée stockée dans une variable correspond à la valeur de la variable.

Trois types de données

Une variable JavaScript ne sert qu'à stocker une valeur. Tu sais maintenant créer (définir) une variable et l'utiliser. Mais dans le monde réel, il y a plusieurs genres d'information. Voilà pourquoi il existe plusieurs types de données en informatique, et notamment les suites de lettres de l'alphabet (mots et phrases), les chiffres et les dates. Pour un humain, un chiffre est toujours un chiffre, mais pour JavaScript, il faut bien montrer que l'on distingue le chiffre comme valeur numérique du chiffre comme dessin symbolisant une valeur. Il faut être bien vigilant sur ce point.

En choisissant le type de données d'une variable, tu permets à JavaScript de bien comprendre ce que tu veux lui donner à stocker. Voici un exemple :

```
25 - 12 - 2017
```

Est-ce que c'est le jour de Noël ou la double soustraction 25 - 12 puis le tout auquel on soustrait 2017 ? JavaScript va prendre la mauvaise décision si tu ne lui donnes pas un indice. Cet indice, c'est le type de donnée.

Les trois types de données de base de JavaScript sont les chaînes, les nombres et les booléens.

Le type de donnée chaîne (string)

Le type de donnée chaîne sert à contenir du texte. Nous avons déjà vu dans le précédent chapitre les grands principes de l'utilisation des chaînes de caractères. Découvrons quelques autres techniques que l'on peut appliquer aux chaînes, pour pouvoir faire autre chose que stocker et relire les chaînes pour les afficher.

Une première technique intéressante consiste à compter le nombre de caractères que contient la chaîne. Il suffit d'utiliser un mot réservé spécial en le collant à la fin du nom de la variable, ou même à la fin de la chaîne, après un délimiteur. Il s'agit du mot `length` et on ajoute un point pour séparer les deux mots.

Par exemple, pour savoir quelle est la longueur de la chaîne que nous venons de stocker dans la variable `livre` un peu plus haut (`L'appel de la forêt`), il suffit de saisir l'instruction suivante dans la console :

```
livre.length
```

JavaScript répond immédiatement en affichant le nombre de caractères qu'il a trouvé (Figure 3.2.).

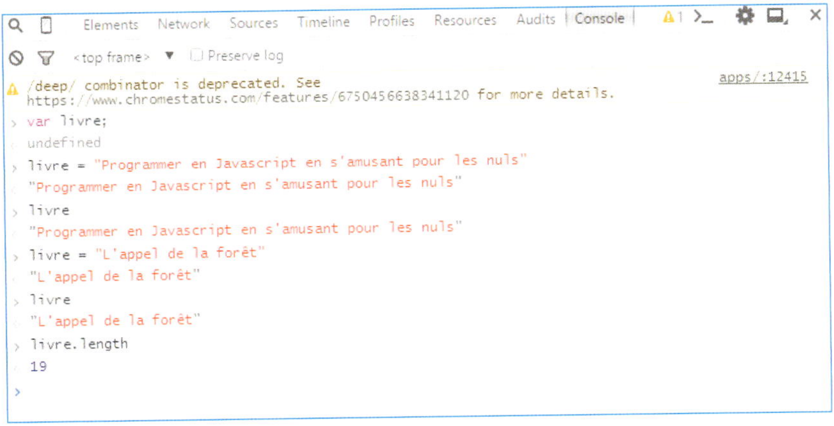

Figure 3.2 : Pour connaître la longueur d'une chaîne de caractères.

Une chaîne possède toujours une longueur, même si elle est vide. La chaîne vide a une longueur égale à zéro, évidemment. La valeur que renvoie `length` est une propriété de la chaîne, et c'est ainsi que l'on parle de la propriété `length`.

Tu verras souvent les gens parler de propriétés au niveau de JavaScript. Une propriété est une information qui décrit ou qui appartient à quelque chose. La couleur d'une voiture est une propriété de la voiture, le nom d'une personne est une propriété de la personne. De même, la longueur d'une chaîne est une propriété de la chaîne.

J'ai dit plus haut que l'on pouvait même connaître la longueur d'une chaîne lorsque celle-ci est indiquée littéralement, en ajoutant le nom de propriété `length` à la fin de la chaîne avec un point séparateur :

```
"Je suis une chaîne".length
```

Commence par compter à la main le nombre de lettres de l'alphabet de la chaîne ci-dessus. Tu dois trouver 15. Si tu valides cette commande dans la console JavaScript, le résultat renvoyé sera 19. Est-ce que tu devines pourquoi ?

Pour JavaScript, les espaces entre les mots comptent autant que les lettres, les symboles et les chiffres. Si nous reprenons l'analogie du Chapitre 2, les espaces sont des sortes de nœuds qui relient les lettres pour former une chaîne. Il y a 16 lettres et trois espaces.

En JavaScript, les chaînes sont de véritables objets. Ils ne se contentent pas d'avoir des propriétés que l'on peut lire, mais possèdent aussi des actions. Une action qui appartient à un objet tel qu'une chaîne est une méthode.

Une des méthodes les plus utilisées pour les chaînes porte le nom `indexOf()`. Son travail consiste à analyser la chaîne, en y cherchant un ou plusieurs caractères que tu lui as indiqué(s). La méthode renvoie comme résultat la position à laquelle elle a trouvé le ou les caractères. Dans l'exemple suivant, nous voulons savoir à quelle position se trouve le verbe dans la chaîne :

```
"Je suis une chaîne.".indexOf("suis");
```

Si tu testes cette instruction dans la console, tu dois voir afficher la valeur 2. Fais cet autre essai pour chercher où se trouve la lettre J :

```
"Je suis une chaîne.".indexOf("J");
```

Cette fois-ci, le résultat est zéro. Bizarre, non ?

Ce résultat me donne l'occasion de te faire découvrir un concept absolument fondamental en JavaScript : la NUMÉROTATION À BASE ZÉRO. Les êtres humains apprennent à compter avec leurs dix doigts. Le premier doigt correspond à un. Dans JavaScript, c'est zéro. Dans le précédent exemple, JavaScript vous indique que le J majuscule a été trouvé à la première position dans la chaîne, et cette première position est la position zéro.

Utilise la technique suivante pour ne pas oublier que JavaScript compte en base zéro : JavaScript, c'est de l'informatique, et l'informatique ce sont des uns et surtout des zéros.

Le type de données numérique

L'autre type de données fondamental de JavaScript est le type numérique. Une valeur numérique peut être positive ou négative, entière ou fractionnaire (mais avec un point à la place de la virgule). Pour stocker une valeur numérique dans une variable, il ne faut pas utiliser de guillemets pour délimiter les chiffres.

La plage de valeurs numériques que tu peux stocker en JavaScript est extrêmement vaste. Je ne vais pas t'ennuyer en affichant des quantités de zéros. Sache simplement que le plus grand nombre que tu puisses stocker dans une variable JavaScript est supérieur au nombre d'atomes dans l'univers ! JavaScript permet de résoudre n'importe quel problème mathématique.

Il faut faire très attention lorsque l'on essaye de mélanger des données qui ne sont pas du même type, par exemple une chaîne avec une valeur numérique.

En général, JavaScript essaye de deviner ce que tu veux lui faire faire. Si tu saisis dans la console `"10" + 10`, JavaScript suppose que tu veux que le résultat soit une chaîne. Il va renvoyer comme résultat la chaîne 1010 (ce n'est pas la valeur 1010, mais les quatre chiffres 1, 0, 1 et 0).

En revanche, si tu saisis `10 * "10"`, JavaScript va penser que la chaîne «10» doit être considérée comme la valeur numérique 10. Il va donc renvoyer le résultat 100, c'est-à-dire 10 fois 10. En effet, JavaScript sait qu'on ne peut pas multiplier deux textes.

Le type de données booléen ou logique

Le troisième type de données fondamental que nous découvrons ici est très simple puisqu'il ne peut prendre que les deux valeurs True ou False, c'est-à-dire vrai ou faux ou encore 0 ou 1.

Le type booléen est celui de la valeur que renvoie JavaScript quand tu écris une expression de comparaison, du style « 3 > 5». Dans cet exemple, le résultat sera False, car 3 n'est PAS (False) supérieur à 5. Nous y reviendrons dans la partie 5.

Le nom « booléen » a été choisi en l'honneur du mathématicien anglais du 19e siècle George Boole qui a énormément travaillé sur l'algèbre en base deux.

Faisons quelques essais avec le type booléen. Si nécessaire, ouvre ta console JavaScript pour saisir tour à tour chacune des instructions suivantes en validant par Entrée ou Retour. Il est inutile de saisir la partie des commentaires qui se trouve à la fin de chaque ligne, c'est-à-dire les deux barres obliques et ce qui suit. Je les ajoute pour expliquer ce que signifie chaque instruction.

```
1 < 10          // Est-ce que 1 est inférieur à 10 ?
100 > 2000      // Est-ce que 100 est supérieur à 2000 ?
2 === 2         // Est-ce que 2 est exactement égal à 2 ?
false === false // Est-ce que false est bien égal à false?
40 >= 40        // Est-ce que 40 est supérieur ou égal à 40 ?
Boolean(0)      // Valeur booléenne de 0 ?
Boolean(false)  // Valeur booléenne de false ?
"pommes" === "oranges" // Est-ce que "pommes" est égal à "oranges" ?
"pommes" === "pommes"  // OU exactement égal à "pommes" ?
```

Tous ces tests donnent un résultat que tu dois trouver logique. JavaScript considère également les trois mots réservés suivants comme ayant la valeur logique false :

```
nul undefined false
```

Il considère également comme étant égales à false la valeur numérique `0` ainsi que la chaîne vide, c'est-à-dire `""`.

Invitons l'utilisateur à saisir des données

Après ce petit tour d'horizon de trois types de données JavaScript, nous pouvons maintenant apprendre à inviter l'utilisateur de ton programme à saisir des données et voir comment stocker ces données dans des variables.

Une première technique de saisie consiste à utiliser la commande standard nommée `prompt()`. Ouvre si nécessaire la console JavaScript et saisis l'instruction suivante :

```
prompt("Quel est ton nom ?");
```

Dès que tu valides (par Entrée ou Retour), tu vois apparaître une petite fenêtre en surimpression dans le navigateur avec une zone de saisie de texte (Figure 3.3).

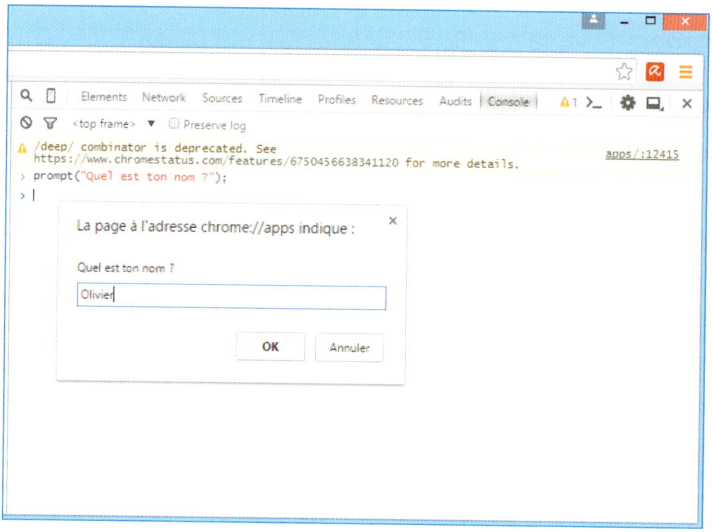

Figure 3. 3 : La fenêtre de saisie de données de la commande prompt().

Dès que tu réponds gentiment à l'invitation en saisissant ton nom puis en cliquant OK, cette fenêtre disparaît et la valeur saisie est affichée dans la ligne suivante de la console (Figure 3.4.).

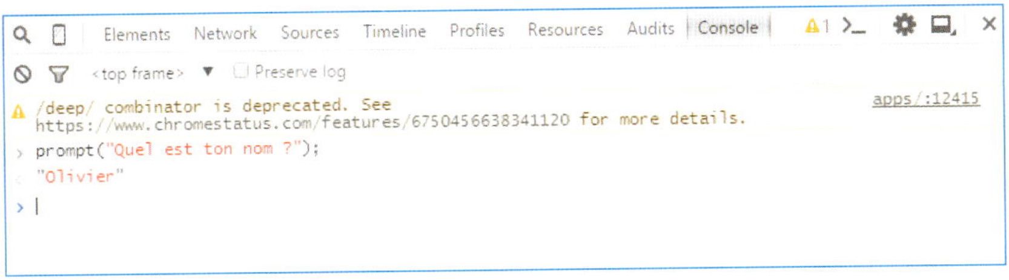

Figure 3.4 : Affichage de la valeur saisie.

Bien. Nous savons faire entrer des données dans le programme et les afficher immédiatement, à la façon d'un perroquet qui répète. Voyons maintenant comment faire quelque chose d'utile avec la donnée saisie. Pour ce faire, il faut stocker la valeur dans une variable.

Pour pouvoir stocker une valeur dans une variable, il faut d'abord définir cette variable, mais nous pouvons enchaîner les deux opérations en faisant suivre la déclaration du signe égal lui-même suivi de l'instruction d'invite. Voici le résultat de cette combinaison d'actions :

```
var nomutil = prompt("Saisis ton nom : ");
```

Soit très attentif ici. Le signe égal isolé est en JavaScript l'opérateur d'affectation de valeur. Il n'effectue aucune comparaison ; il copie la valeur qu'il trouve à sa droite dans la variable qui est indiquée à sa gauche. Nous reverrons les opérateurs dans le Chapitre 9.

Avec cette nouvelle instruction, dès que tu valides (Entrée ou Retour), tu vois paraître la même fenêtre qui demande de saisir une valeur comme dans l'exemple précédent.

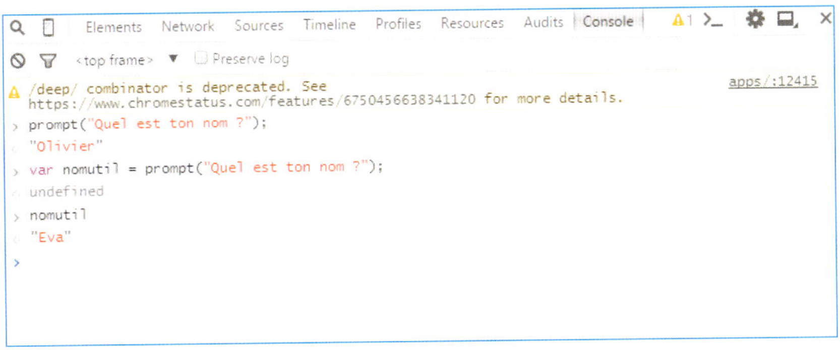

Figure 3.5 : Récupération d'une valeur saisie dans une variable et affichage.

Dès que tu saisis ton nom puis valide par OK, la console n'affiche plus la valeur, mais la mention spéciale Undefined, ce qui, comme tu le sais maintenant, veut dire que l'instruction s'est bien déroulée, mais qu'il n'y a rien d'autre à faire ou à afficher.

Pour vérifier que la valeur saisie a bien été stockée dans la variable, il suffit de citer le nom de la variable sur une ligne isolée dans la console. JavaScript répond en affichant la valeur que contient la variable (Figure 3.5).

Après l'entrée, la sortie

Tu sais maintenant comment obtenir des données que l'utilisateur saisit et comment stocker la donnée récupérée. Découvrons maintenant la technique pour envoyer des données vers l'utilisateur depuis le programme JavaScript.

Affiche des données avec alert()

Comme son nom l'indique, `alert()` permet de prévenir l'utilisateur de quelque chose en affichant une boîte message par-dessus la fenêtre du navigateur. Le message est celui qui est fourni à la commande entre parenthèses.

Pour afficher un message statique, il suffit de le délimiter par des guillemets, comme pour une chaîne de texte, juste après le nom de la commande alert et entre les deux parenthèses. Essaye par exemple de saisir l'instruction suivante dans la console JavaScript :

```
alert("Bien vu !");
```

Dès que tu valides par Entrée ou Retour, le navigateur affiche une petite boîte contenant le message que tu as demandé.

Pour afficher une valeur numérique, il suffit de l'indiquer directement, sans les guillemets qui servent à délimiter une chaîne. Voici un exemple :

```
alert(300);
```

Il est même possible d'insérer une expression arithmétique dans les parenthèses, comme ceci :

```
alert(37+38);
```

Le message affiché est le résultat de l'addition.

Si tu indiques un nom entre les parenthèses, sans guillemets, c'est obligatoirement le nom d'une variable. Essaie les deux instructions suivantes :

```
var monNom = "Compte Arebour";
alert(monNom);
```

Ces deux commandes permettent d'afficher le nom qui est le contenu de la variable mentionnée.

Tu peux créer des chaînes plus complexes en utilisant l'opérateur + avec du texte, ce qui permet de rabouter des morceaux de texte. Dans l'exemple suivant, nous déclarons d'abord deux variables, la première est une chaîne et l'autre une valeur numérique. Nous affichons ensuite un message qui utilise ces deux variables avec du texte statique :

```
var prenom = "Auguste";
var tonScore = 30;
alert("Salut, " + prenom + ". Ton score actuel est de : " + tonScore);
```

Tu constates que cette simple commande alert() permet déjà de faire bien des choses intéressantes pour informer l'utilisateur avec précision. La figure suivante montre ce qu'affiche l'exemple précédent.

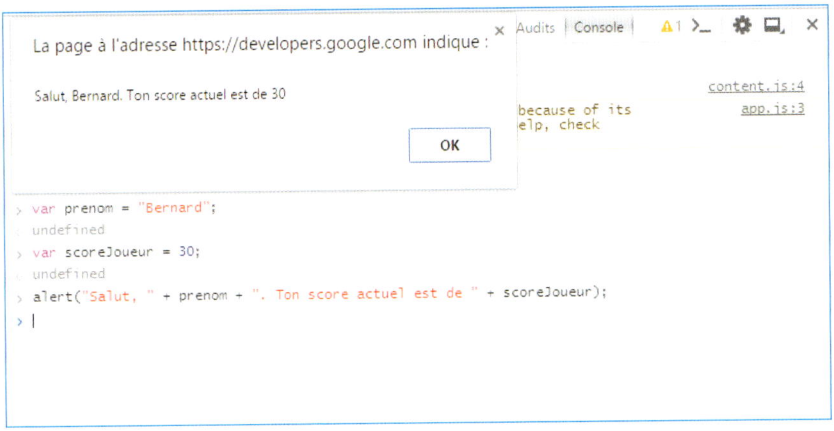

Figure 3.6 : Affichage d'un message avec la valeur d'une variable.

JAVASCRIPT ET LES OBJETS

Dans le langage JavaScript, il y a un type de donnée très spécial qui est le type OBJET. Il est beaucoup plus puissant que les types de base numérique et chaîne. En effet, un objet possède des données qui sont ses propriétés, et des actions, qui sont ses méthodes.

Les objets JavaScript ressemblent beaucoup aux objets du monde réel. Dans le monde réel, on peut imaginer un camion jaune. En JavaScript, l'objet correspondant pourrait posséder une propriété portant le nom `couleur` et la valeur `yellow` (jaune). Nous donnerions cette valeur à la propriété en écrivant ceci :

```
camion.couleur = "yellow";
```

Le même objet camion aurait au minimum une méthode que nous pourrions appeler `rouler()` et que nous utiliserions de cette manière :

```
camion.rouler();
```

Injecte des données avec document.write()

Pour le langage JavaScript, chaque page Web est un document. Pour modifier quelque chose dans une page Web grâce au langage JavaScript, il faut demander à JavaScript d'intervenir au niveau de l'objet qui porte le nom `document`.

Une première technique qui permet de modifier quelque chose dans la page Web consiste à utiliser la méthode qui porte le nom `write()`.

Une méthode est une série d'instructions qui réalise une action.

Chaque page ou document Web dispose dès le départ de cette méthode `write()`. Ce que tu indiques entre les parenthèses à la suite du nom de la méthode va être inséré dans la page Web. L'utilisation de cette méthode ressemble beaucoup à celle de la méthode d'affichage `alert()`. Pour le vérifier, ouvre une nouvelle fenêtre de navigateur et teste les deux instructions suivantes dans la console JavaScript :

```
document.write("Salut, mon pote !");
document.write(333 + 100);
```

Tu constates que le deuxième affichage est collé directement à la fin du précédent, sans espace ni saut de ligne. Pour ajouter de l'espace entre deux affichages dans le document, il suffit d'utiliser la balise HTML spéciale de saut (BREAK) qui s'écrit `<br>`. Voici trois exemples :

```
document.write("Comment va ?<br>");
document.write("je vais bien ! Merci !<br>");
document.write("Alors ça roule !");
```

La figure 3.7 montre l'aspect de la fenêtre de navigateur une fois que tu as saisi les trois instructions précédentes.

`<br>` est une balise HTML. Nous verrons le langage HTML dans le Chapitre 5.

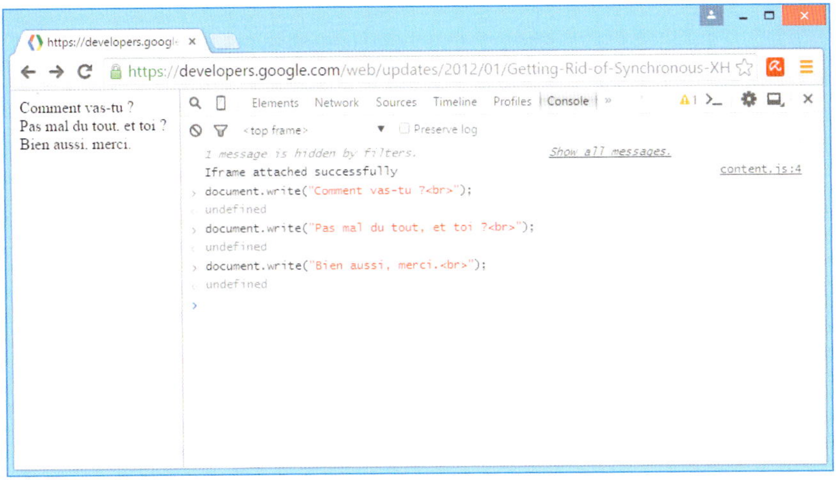

Figure 3.7 : Trois instructions d'affichage de texte dans le navigateur.

Pour effacer le contenu actuel de la fenêtre de navigateur, tu peux utiliser la commande spéciale suivante dans la barre d'adresse du navigateur, ou bien ouvrir un nouvel onglet :

```
chrome://newtab
```

Combinons entrée et sortie

Pour finir ce chapitre en beauté, combinons la technique de saisie de donnée à la technique d'affichage. Ce sont deux techniques très utilisées en JavaScript pour intervenir sur des pages Web.

La procédure qui suit est à saisir étape par étape dans la console JavaScript. Elle permet d'afficher une sorte de lettre type dans le navigateur. Tu dois valider chaque ligne par Entrée ou Retour, donc après chaque signe point-virgule.

1. **Commençons par déclarer une variable qui va contenir le prénom.**

   ```
   var destina = "Léonard";
   ```

2. **Nous créons ensuite une variable pour l'expéditeur du courrier :**

   ```
   var expedi = "Syndicat des Recompositeurs";
   ```

   Tu peux choisir un autre nom pour le destinataire et pour l'expéditeur.

3. **Nous créons ensuite une troisième variable plus volumineuse qui va contenir le texte de la lettre.**

   Pour insérer des sauts de ligne, nous utilisons la balise de saut <br>. Il ne faut pas utiliser la touche Entrée ou Retour sauf après le signe point-virgule qui marque la vraie fin de l'instruction.

   Voici le message que j'ai écrit pour l'exemple :

   ```
   var corpsLettre = 'Nous sommes heureux de vous annoncer que vous avez
   été sélectionné pour votre pièce "Ausartak Tximeleta" que nous vous
   invitons à diriger en avril prochain à la Philarmonie.';
   ```

4. **Il ne reste plus qu'à créer quatre instructions pour afficher les différentes portions de cette lettre que nous allons créer à partir des variables et du texte statique. Voici mon exemple :**

   ```
   document.write("Bonjour " + destina + "<br><br>");
   document.write(corpsLettre + "<br><br>");
   document.write("Salutations, <br>");
   document.write(expedi);
   ```

La figure suivante montre à quoi ressemble le résultat.

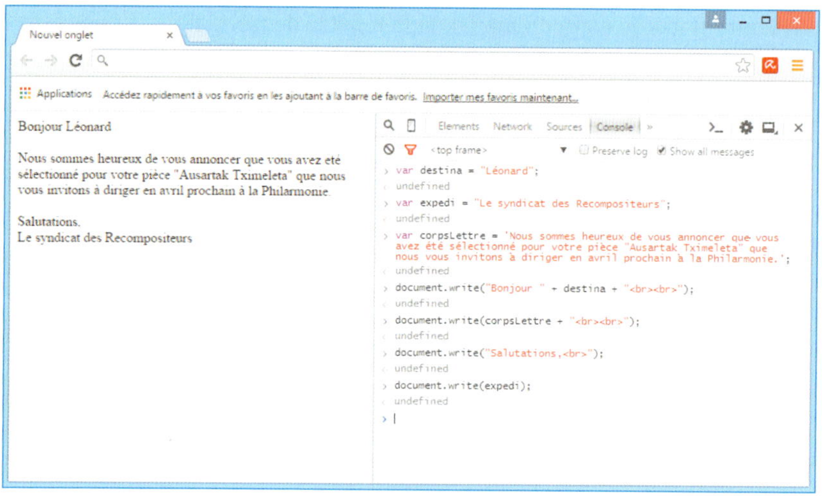

Figure 3.8 : Affichage d'un courrier créé à partir de variable et d'un texte statique.

JSFiddle, notre atelier de création

Chapitre

4

Dans le Chapitre 1, nous avons découvert la console JavaScript. Nous nous en sommes servis dans les deux chapitres suivants pour écrire quelques instructions constituant des embryons de programme. Maintenant, l'heure est venue de monter en gamme. Je te propose de découvrir mon terrain de jeu JavaScript préféré : JSFiddle. Les jouets qui nous attendent dans cet outil sont des instructions JavaScript, des balises HTML et des règles de style CSS.

Avec JSFiddle, tu vas pouvoir écrire du code JavaScript directement dans le navigateur et voir le résultat tout en continuant à travailler. Tu pourras même partager tes programmes et modifier les programmes des autres personnes ! Nous verrons bien sûr comment nous servir de cet atelier JSFiddle pour afficher, modifier, enregistrer et même partager des applications Web écrites en JavaScript.

Tu te demandes peut-être ce que je veux dire par « application Web ». C'est un programme informatique qui s'exécute dans le navigateur, très souvent à partir d'instructions écrites en JavaScript. Tu connais sans doute cette application Web très populaire : Google Earth. Elle te permet de voir quasiment tous les endroits sur la planète grâce à des photos en haute résolution. Google Earth est un site Web puisque tu peux t'en servir à partir de ton navigateur en indiquant l'adresse URL (l'adresse Web). Selon toi, est-ce que l'outil JSFiddle est une application Web ou un site Web ? Les deux, mon capitaine ! D'ailleurs, toute application Web est en même temps un site Web (mais l'inverse n'est pas vrai).

Au cours du chapitre, tu vas apprendre à créer une animation avec JSFiddle. Nous allons aboutir à une sorte de machine qui fait des bulles et que tu peux personnaliser comme bon te semble. Le nom JSFiddle vient du verbe anglais TO FIDDLE qui signifie bidouiller. Cet atelier te permet de bidouiller avec JavaScript. Alors bidouillons ensemble !

Découvrons JSFiddle

Pour commencer à travailler avec JSFiddle, il suffit d'ouvrir ton navigateur Web. S'il est déjà ouvert, pense à refermer éventuellement le volet de développement de Chrome. Dans la barre d'adresse, saisis l'adresse suivante :

`http://jsfiddle.net`

Tu dois voir apparaître la page Web du site JSFiddle (Figure 4.1).

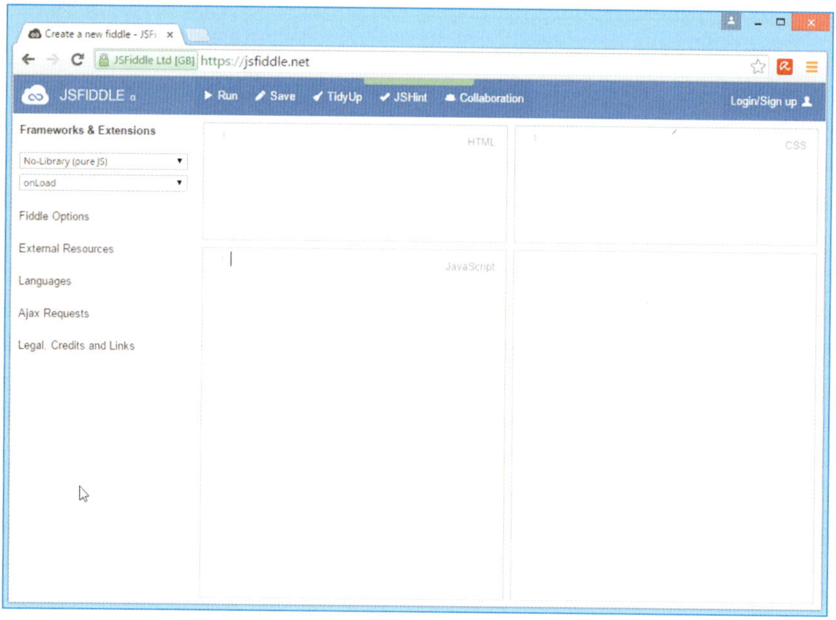

Figure 4.1 : L'interface utilisateur initiale de JSFiddle avec ses quatre panneaux.

L'interface utilisateur de JSFiddle est constituée de six sections :

» En haut et sur toute la largeur se trouve la barre de commande avec quelques boutons pour lancer l'exécution, sauvegarder et nettoyer le code. Sur son bord droit, tu vois la mention Login/Sign up tant que tu n'es pas connecté à ton compte. La création du compte est libre et gratuite.

- La partie gauche sur toute la hauteur (Frameworks & Extensions) accueille un panneau vertical qui permet d'accéder à des options, et notamment Fiddle Options que tu vas souvent utiliser pour saisir le titre de tes projets. Ce titre te permettra de retrouver chaque projet dans la liste de projets de ta page perso.
- Le reste de la surface est occupé par les quatre panneaux de travail :
- trois panneaux servent à saisir du code, dans l'un des trois langages HTML, CSS et JavaScript.
- le quatrième en bas à droite (Result) affiche la page Web résultant de l'interprétation du contenu actuel des trois autres panneaux.

Tu peux modifier la largeur et la hauteur relatives des panneaux en cliquant dans la bordure qui sépare deux panneaux puis en la faisant glisser.

Pour l'instant, nous allons nous intéresser au panneau JavaScript. Il s'utilise de la même manière que la console JavaScript. L'énorme différence est que dans JSFiddle, les instructions que tu saisis ne sont exécutées que lorsque tu déclenches la commande Run en haut. C'est ce qui permet d'écrire plusieurs lignes d'instructions avant de lancer l'exécution.

Voici comment faire un premier essai de programme dans JSFiddle :

1. **Clique n'importe où dans le panneau JavaScript.**
2. **Saisis l'instruction suivante :**

   ```
   alert("Salut");
   ```

3. **Dans la barre d'outils en haut, clique le bouton de la commande Run (Exécuter, quand l'interface sera localisée en français).**

   Tu dois voir s'afficher une boîte message contenant le texte que tu as donné en argument de la commande `alert()`.

4. **Referme la fenêtre du message par OK.**

Il n'y a rien de nouveau dans ce premier essai. Si tu as lu les trois premiers chapitres du livre, tu sais à quoi sert la commande `alert()`.

L'atelier JSFiddle ne sert pas qu'à exécuter du code JavaScript. Tu peux également ajouter des instructions en HTML et en CSS dans les deux autres panneaux. Leur contenu sera pris en compte en même temps que le code JavaScript. Dans les sections qui suivent, je te propose de découvrir chacun des trois panneaux par la pratique. Commençons par voir rapidement ce que l'on peut faire avec JSFiddle.

Accédons aux exemples du livre

Je vais te confier un secret. Tous les exemples de ce livre sont disponibles directement dans la page de JSFiddle associée à ce livre (`PLKJS`). Tu peux les lire et les exécuter, mais surtout les recycler en les rapatriant dans ton compte puis les modifier. Il suffit d'accéder au dossier correspondant du site de JSFiddle :

`http://jsfiddle.net/user/PLKJS`

Tout y est, sauf les plus petits programmes de moins de trois lignes. Tout est déjà écrit et testé.

L'adresse que je viens de t'annoncer est l'adresse de la partie publique de mon compte JSFiddle (PLKJS). N'importe quel utilisateur de JSFiddle peut consulter et réutiliser ces programmes.

Même si j'ai déjà saisi tous les projets du livre, il reste important de pratiquer toi-même chacun des projets pour bien les comprendre. Mais n'hésite pas à réutiliser et même réécrire mes exemples pour voir ce qu'il en résulte. Il faut savoir bricoler avec JSFiddle !

Découvrons les projets

Tu pourrais être tenté d'aller ouvrir tous les projets du livre, mais je te conseille de te retenir. Mieux vaut découvrir les projets l'un après l'autre. Sache simplement que JSFiddle permet à n'importe qui de créer un compte puis de partager certains de ses programmes dans sa partie publique. Il y a même des programmeurs très expérimentés qui mettent leurs créations à disposition de tous sur ce site !

Lorsqu'un programmeur partage un programme sur JSFiddle, il confirme qu'il autorise n'importe qui à copier le code source, à le modifier puis à republier sa variante. Cela dit, il est toujours bon de rester poli en citant l'auteur original lorsque l'on a créé un programme à partir de son travail. Pour savoir qui est l'auteur d'un programme, il suffit d'ouvrir les détails des options Fiddle dans le panneau d'options de gauche.

Voici comment jeter un œil sur mon réservoir de programmes dans JSFiddle :

1. **Si tu n'y es pas encore, rends-toi dans la page JSFiddle de ce livre à l'adresse suivante :**

   `http://jsfiddle.net/user/PLKJS`

Tu dois voir le début de la liste des exemples du livre.

En bas de la page, tu disposes de liens numérotés pour naviguer vers les pages suivantes.

2. **Choisis une démonstration qui semble t'intéresser et clique dans le titre pour l'ouvrir.**

   Dès que les détails du programme s'ouvrent, le programme démarre.

Tu peux essayer de chercher comment fonctionne le programme, mais mieux vaut le découvrir tranquillement dans la suite de ce livre.

Si tu fais une modification dans le code d'un projet JSFiddle, cela ne risque jamais de modifier l'original. Tu peux changer ce que tu veux sans crainte. La seule chose qui puisse arriver est que la version que tu as modifiée ne fonctionne plus.

Jouons avec les styles CSS

Le panneau CSS de JSFiddle est celui du coin supérieur droit. Dans JSFiddle, on peut définir et modifier les règles d'aspect des feuilles de styles CSS (*Cascading Style Sheets*). Le langage CSS sert à contrôler la façon dont se présentent les éléments dans la page, c'est-à-dire le texte et les graphiques. C'est avec CSS que tu peux par exemple changer la couleur du texte affiché dans la page.

Nous irons beaucoup plus dans les détails de CSS dans le Chapitre 6. Pour l'instant, jouons un peu avec les règles CSS pour modifier l'un de nos programmes :

1. **Si tu es déjà dans la page principale de mon site, parcours les pages de la liste jusqu'à trouver le projet intitulé** `4 : On peut buller (initial)`**. Si tu n'es pas dans JSFiddle, accède à la page suivante :**

   `http://jsfiddle.net/PLKJS/ae3rxyxx/`

   Tu dois voir apparaître la démonstration des bulles (Figure 4.2).

   Observe bien chacun des quatre panneaux. Trois contiennent du code source. Le quatrième affiche l'animation. Est-ce que tu peux comprendre comment fonctionne le programme à la simple lecture du contenu des panneaux ?

2. **Intéresse-toi au panneau CSS en haut à droite.**

   Tu dois y voir trois lignes de code (regarde les numéros de lignes à gauche). S'il semble y avoir plus de lignes physiques, c'est à cause de la largeur insuffisante du panneau.

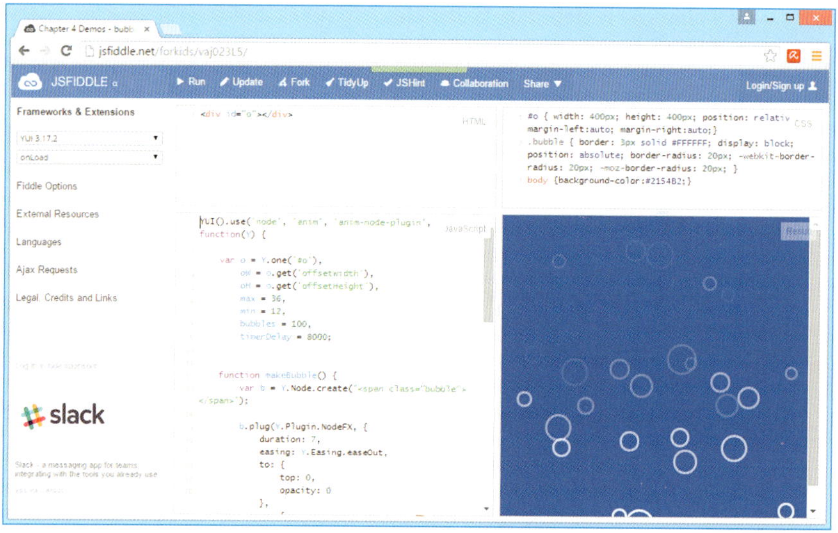

Figure 4.2 : Le projet de bulles.

3. **Vers le début de la deuxième ligne, repère la règle suivante :**

```
border: 3px solid #FFFFFF;
```

4. **Augmentons la valeur numérique qui détermine l'épaisseur de la bordure en remplaçant le 3 par un 8 :**

```
border: 8px solid #FFFFFF;
```

5. **Relance l'exécution du programme au moyen du bouton** Run **dans la barre d'outils en haut.**

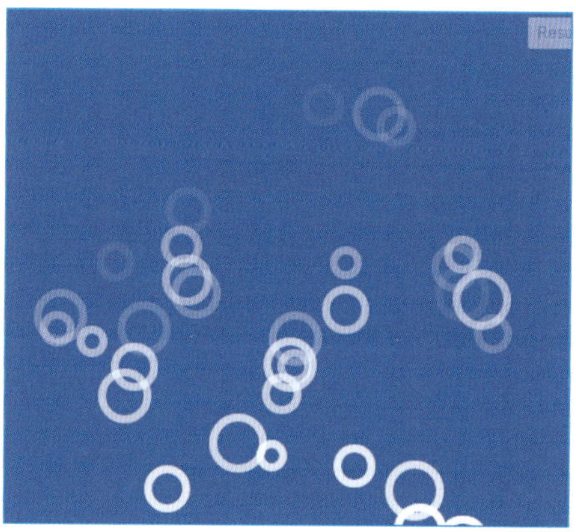

Figure 4.3 : Les bulles ont une peau plus épaisse.

Tu dois constater que les contours des bulles sont devenus plus épais (Figure 4.3).

Suite à cette modification et à l'effet qu'elle a eu sur l'affichage, est-ce que tu peux deviner à quoi sert l'option de l'instruction qui s'écrit `solid`. Pour le savoir, essaye ceci :

1. **Toujours dans le panneau CSS, modifie la première valeur après le nom `border:` en redonnant une valeur plus petite (2 ou 3). Teste cela par la commande `Run`.**

   Tu vas vite en avoir assez de cliquer `Run`. Adopte le raccourci clavier `Ctrl + Entrée`.

   Tu remarques que les contours des bulles sont redevenus minces.

2. **Modifie la deuxième option de `border:` en indiquant l'un des mots réservés suivants :**
   - `dotted` (pointillé)
   - `dashed` (tireté)
   - `double`
   - `ridge` (relief)
   - `inset` (effet de lumière)
   - `outset` (inverse du précédent)

3. **Relance l'exécution (par `Run` ou le raccourci) pour voir ce que cela donne.**

Avec cette option, tu indiques au navigateur quel style de trait il doit utiliser pour les contours des bulles. Dans la figure suivante, les bulles ont un contour pointillé.

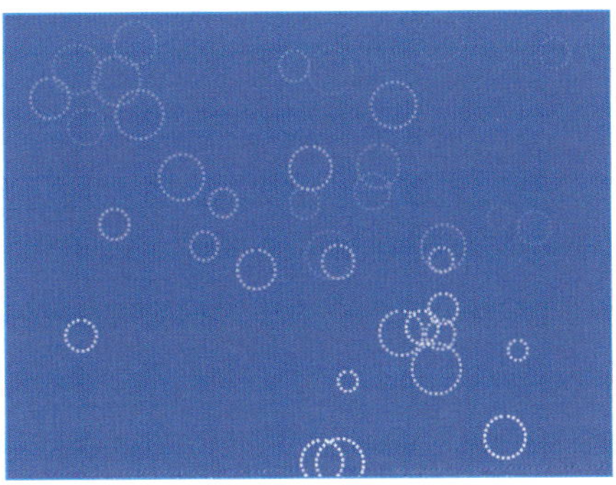

Figure 4.4 : Les bulles avec un contour pointillé (dotted).

Intéressons-nous maintenant à la troisième valeur de la commande `border:`. Pour l'instant, c'est la valeur `#FFFFFF`. Cette chaîne de caractères est la valeur codée de la propriété de couleur du contour des bulles.

Dans les styles CSS, on désigne en général les couleurs avec un code numérique spécial en notation hexadécimale, c'est-à-dire qu'il utilise les chiffres de 0 à 9 et les lettres majuscules de A à F. La plage de valeurs possible va de 00 à FF pour chacune des trois couleurs primaires rouge, vert et bleu. (Nous reviendrons plus tard sur la base hexadécimale.)

Nous reverrons les couleurs dans le Chapitre 6. Tu peux déjà utiliser les nombreux noms de couleurs prédéfinis, mais il faut utiliser les noms anglais. Voici une sélection de noms de couleurs et de valeurs de couleurs que tu peux utiliser.

Tableau 4.1 : Quelques noms de couleurs HTML standard.

Nom de couleur	Valeur hexa	Exemple
Aqua	#00FFFF	
Black	#000000	
Blue	#0000FF	
Fuchsia	#FF00FF	
Gray	#808080	
Green	#008000	
Lime	#00FF00	
Maroon	#800000	
Navy	#000080	
Olive	#808000	
Orange	#FFA500	
Purple	#800080	
Red	#FF0000	
Silver	#C0C0C0	
Teal	#008080	
White	#FFFFFF	
Yellow	#FFFF00	

Voici comment changer facilement la couleur du contour des bulles :

1. **Choisis un nom de couleur ou la valeur hexadécimale dans le tableau ci-dessus.**
2. **Remplace la valeur #FFFFFF dans le panneau CSS par la valeur ou le nom choisi.**
3. **Relance l'exécution par** Run **ou** Ctrl + Entrée**.**

Les bulles doivent apparaître dans la couleur choisie.

Jouons un peu avec le HTML

Intéressons-nous maintenant au panneau HTML (celui en haut à gauche). Comparé aux deux autres panneaux de code, il ne présente pas grand-chose d'intéressant pour l'instant.

Le langage HTML sert à construire un squelette de page Web dans lequel sont injectés le texte et les images. C'est grâce au nom des différents niveaux de cette structure que JavaScript peut accéder et modifier les différentes portions de la page. Dans le cas de notre exemple de bulles, la partie HTML se limite à définir un espace dans la page pour y faire afficher les bulles.

Nous verrons plus en détail le langage HTML dans le Chapitre 5. Ce langage permet de faire bien plus de choses qu'ici. Voyons comment intervenir en HTML dans la démonstration.

1. **Pose le curseur de saisie à la fin de la première ligne qui se lit ainsi :**

   ```
   <div id="o"></div>
   ```

2. **Saisis l'instruction suivante :**

   ```
   <h1>J'adore les bulles !</h1>
   ```

   Le panneau HTML doit maintenant contenir cette ligne :

   ```
   <div id="o"></div><h1>J'adore les bulles !</h1>
   ```

   Les instructions HTML sont en réalité des balises HTML. Le terme « balise » sera expliqué dans le Chapitre 6.

3. **Relance l'exécution du programme pour voir l'effet de la modification dans le panneau des résultats.**

Tu devras éventuellement agrandir la fenêtre des résultats et faire défiler son contenu, car le texte s'affiche au pied de la partie des bulles.

La Figure 4.5 montre à quoi ressemble l'affichage du texte sous les bulles.

Figure 4.5 : De jolies bulles colorées avec un message.

En langage HTML, <h1> et </h1> sont des BALISES. La première est une balise ouvrante et l'autre une balise fermante. Le texte qui est placé entre ces deux balises est celui qui doit subir un traitement particulier. Dans cet exemple, la balise h1 est une balise de titre de premier niveau. C'est le titre de plus haut niveau dans une page. La lettre H vient du nom anglais pour « titre » qui est HEADING.

L'autre balise HTML très utilisée est celle qui sert à placer du texte de paragraphe standard, c'est-à-dire la balise <p>. Voici comment ajouter un paragraphe de texte sous le titre :

1. **À la fin de la balise fermante </h1>, insère un saut de ligne avec la touche Entrée ou Retour.**
2. **Insère une balise <p> puis un petit message au choix. Termine la nouvelle instruction par la balise fermante </p>.**
3. **Relance l'exécution pour voir le résultat.**

Jouons aussi avec le code JavaScript

C'est bien sûr dans le panneau JavaScript de l'angle inférieur gauche que nous allons pouvoir faire les choses les plus intéressantes.

1. **Dans le panneau JavaScript, repère la ligne qui contient la mention suivante :**

```
max = 36,
```

2. **Modifie-la pour qu'elle indique `max = 80,`.**

3. **Relance l'exécution par Run.**

La plupart des bulles sont dorénavant devenues plus grosses.

Devine maintenant quel serait le résultat si tu modifiais maintenant la valeur de la ligne suivante, `min = 12,`. Tu n'as qu'à essayer !

Tu as sans doute deviné que la variable `max` servait à définir la taille maximale des bulles et que la variable `min` définissait leur taille minimale. La figure suivante montre l'animation avec `max` réglé à `80` et `min` réglé à `20`.

Figure 4.6 : En modifiant les valeurs de max et min, on modifie la taille des bulles.

Les deux lignes suivantes du panneau JavaScript sont celles-ci :

```
nbrBulles = 100,
delaiAff = 8000;
```

Rien ne nous empêche de modifier ces valeurs :

1. **Change une des valeurs comme tu le désires.**
2. **Relance l'exécution pour voir le résultat de ces retouches.**

Tu peux laisser les deux valeurs telles que tu les as changées. En faisant plusieurs essais, ou en réfléchissant un peu plus, tu vas te rendre compte que la valeur de la variable `nbrBulles` détermine le nombre maximal de bulles à faire afficher et que la variable `delaiAff` a un effet sur la vitesse des bulles.

Pour être plus précis, la valeur à fournir pour `delaiAff` est un nombre de millisecondes. Autrement dit, en indiquant `8000`, cela correspond à huit secondes.

Donne par exemple la valeur `10000` puis relance l'exécution. Tu peux chronométrer ce qui se passe à l'écran. Refais un autre essai en ramenant la valeur à `1000` et en chronométrant.

Si tu as très vite deviné que `nbrBulles` contrôlae le nombre de bulles affichées et que `delaiAff` contrôle leur vitesse d'apparition, félicitations !

Crée ton compte JSFiddle

Il n'est pas obligatoire de créer un compte JSFiddle pour pratiquer le livre, mais cela te simplifiera grandement la vie pour revoir et partager tes propres programmes. De plus, c'est gratuit et très rapide.

Voici comment créer ton compte :

1. **Dans le menu du haut, clique `Fork` (qui signifie fourcher, c'est-à-dire créer une version dérivée). Le fourchage est l'opération consistant à débuter la création d'une nouvelle variante d'un programme en la rendant indépendante de l'original.**
2. **Dans la barre d'adresse, sélectionne la totalité de l'adresse de la page actuellement affichée puis fait une copie (`Ctrl + C` ou `Pomme C`) ou bien note cette adresse quelque part, car tu en auras besoin dans quelques instants.**
3. **Dans l'angle supérieur droit, clique dans le lien `Login/Sign up`.**

   Tu vois apparaître la page de connexion (Figure 4.7).
4. **Sous le formulaire de connexion, clique le lien `Sign up`.**

   Tu accèdes à la page de création de compte.

   Renseigne le formulaire de création de compte puis clique le bouton de création en bas.

   Tu accèdes à la page d'édition de ton profil (Figure 4.8). Tu peux ajouter des informations ici, mais ce n'est pas nécessaire. Si tu en ajoutes, pense à sauvegarder par `Save`.
5. **Dans l'écran, clique en haut à gauche le lien `Editor`.**

   Tu reviens à l'écran principal de JSFiddle, mais c'est ton nouveau nom d'utilisateur qui apparaît dans l'angle supérieur droit.
6. **Dans la barre d'adresse, colle l'adresse copiée dans l'étape 2 puis valide par `Entrée` ou `Retour`.**

Tu viens d'implanter ta propre version de la démonstration des bulles.

7. Il ne reste plus qu'à utiliser à nouveau la commande `Fork` en haut pour installer ta version du programme dans ton compte JSFiddle.

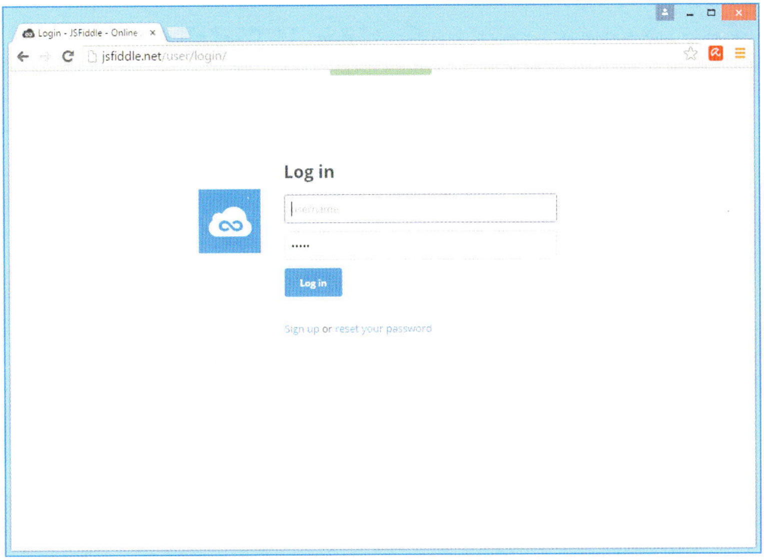

Figure 4.7 : La page de connexion de JSFiddle.

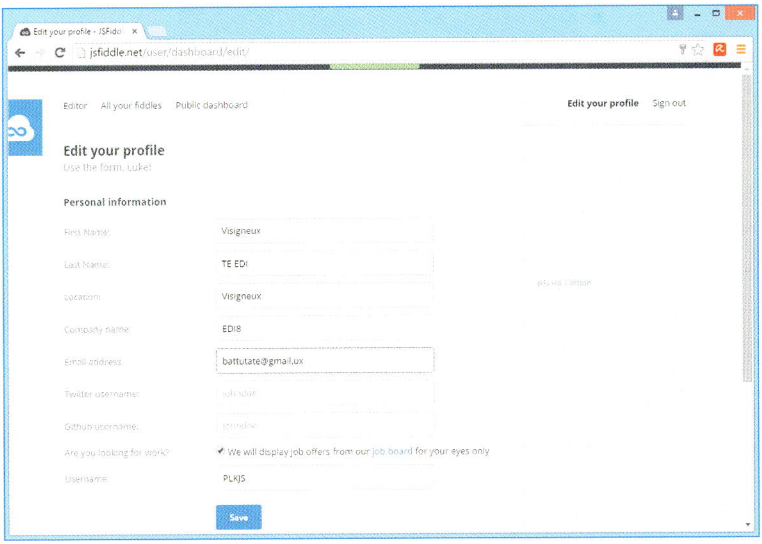

Figure 4.8 : La page d'édition du profil.

Tu constates dans la barre d'adresse que l'adresse contient maintenant ton pseudo JSFiddle ! Dans la suite du livre, vérifie souvent que c'est bien ton pseudo qui est indiqué ici.

Pour partager une création JSFiddle

Puisque tu possèdes maintenant ta propre version du projet, voyons maintenant comment la rendre accessible à tes amis.

1. **Dans la barre d'outils du haut, clique la commande** `Share` **(Partager).**

   Les options proposées te permettent de copier l'adresse de la démo, d'afficher le programme en plein écran ou de partager le programme sur Facebook ou sur Twitter.

   Si tu veux partager ton code sur Facebook ou Twitter, pense à créer un lien vers l'auteur de la version américaine (`@watzthisco` sur Twitter ou `www.facebook.com/watzthisco`). Nous pourrons ainsi aller admirer tes créations !

2. **Dans le menu local** `Share`**, sélectionne l'adresse de la variante plein écran,** `Share full screen result` **(Figure 4.9) puis fais une copie par** `Ctrl + C` **(ou** `Pomme C`**). Tu peux aussi utiliser la commande** `Édition/Copier` **du navigateur.**

Figure 4.9 : Sélection de l'adresse de la démo en plein écran.

3. **Ouvre un autre onglet de navigateur par** `Ctrl + T` **(ou** `Pomme T`**) puis colle dans la barre d'adresse l'adresse que tu viens de copier.**

   Tu dois voir apparaître l'animation des bulles en plein écran, sans les panneaux.

   Si la démonstration refuse de fonctionner en mode plein écran chez toi, tu peux essayer de retoucher l'adresse de la page en remplaçant `https` par `http` avant de valider par `Entrée` ou `Retour`.

Pour revenir à la version originale du programme, il suffit de revenir à la page publique du livre :

`http://jsfiddle.net/user/PLKJS/fiddles/`

N.d.T. : la page de référence de la version américaine du livre est à cette adresse :

`http://jsfiddle.net/user/forkids`

Tu auras sans doute envie de pouvoir créer et enregistrer tes propres programmes dans JSFiddle. Voyons comment faire.

Sauvegarde tes créations

Une fois que tu as créé ton compte, tu peux créer ta propre partie publique. Voici comment faire :

1. **Revient à l'écran de JSFiddle, et dans la barre de navigation à gauche, ouvre les détails de la rubrique** `Fiddle Options`**.**

   Tu vois apparaître notamment la zone de saisie du titre et celle des commentaires.

2. **Donne un nom bien choisi pour ta version du projet.**

   Tu peux choisir ce que tu veux, mais je te conseille d'utiliser le mot « bulles » pour que tu te souviennes à quoi sert ce programme.

3. **Dans la barre d'outils en haut, clique** `Update` **pour lancer la mise à jour.**

4. **Toujours dans la barre d'outils, clique** `Set as base` **(Définir comme base).**

   JSFiddle crée une nouvelle version du programme chaque fois que tu en demandes la sauvegarde. C'est la commande `Set as base` qui fait que la version actuellement affichée sera celle visible par ceux qui visitent la partie publique de ton site.

5. **Clique dans ton nom d'utilisateur dans l'angle supérieur droit et choisis la commande** `Your Public Dashboard`**.**

   Tu dois voir apparaître ton portail public avec la version que tu as choisie du programme (Figure 4.10).

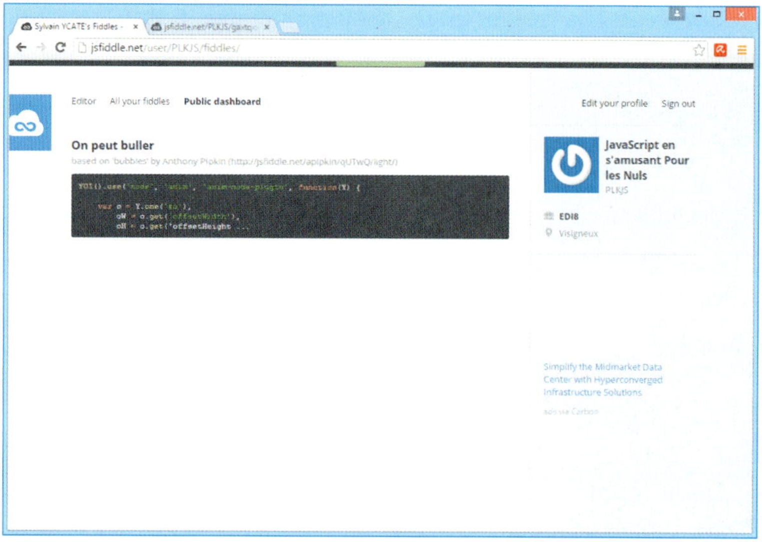

Figure 4.10 : Ton propre portail JSFiddle public.

Équipés de notre atelier de développement JSFiddle, nous sommes prêts à nous plonger dans la suite de la découverte de JavaScript !

Deuxième partie

Animons le Web

DANS CETTE PARTIE

» JavaScript et les balises HTML
» JavaScript et les styles CSS
» Un robot pour une synthèse

JavaScript et les balises HTML

Chapitre

5

JavaScript et le Web vont ensemble comme la pizza et le fromage : on peut demander une pizza sans fromage, mais c'est tellement moins bon !

C'est JavaScript qui permet de rendre les pages Web dynamiques et de réagir selon les actions du visiteur de la page. Pour savoir comment bien exploiter JavaScript dans tes pages Web, il faut d'abord apprendre comment est construite une page Web.

Je te propose dans ce chapitre d'explorer d'abord les principes du langage HTML, avant d'écrire des instructions JavaScript pour modifier le code HTML d'une page Web.

Comment écrire en HTML

HTML est un sigle constitué des initiales de *HyperText Markup Language*. En français, cela signifie langage de marquage (on dit plutôt balisage) hypertexte. C'est donc d'abord un langage pour définir des liens hypertextes, ces liens qu'on clique pour passer à une autre page. Mais le HTML ne sert pas qu'à définir des liens de page en page.

HTML sert à construire un squelette, une structure, dans laquelle on place les informations destinées au visiteur de la page (texte, images, vidéos, sons). C'est sur ce squelette que tu vas intervenir avec des instructions JavaScript.

D'abord un texte nu, sans HTML

Les langages de balisage comme le HTML ont été inventés pour emballer des contenus utiles dans des structures qu'un programme informatique peut ensuite parcourir, analyser et modifier.

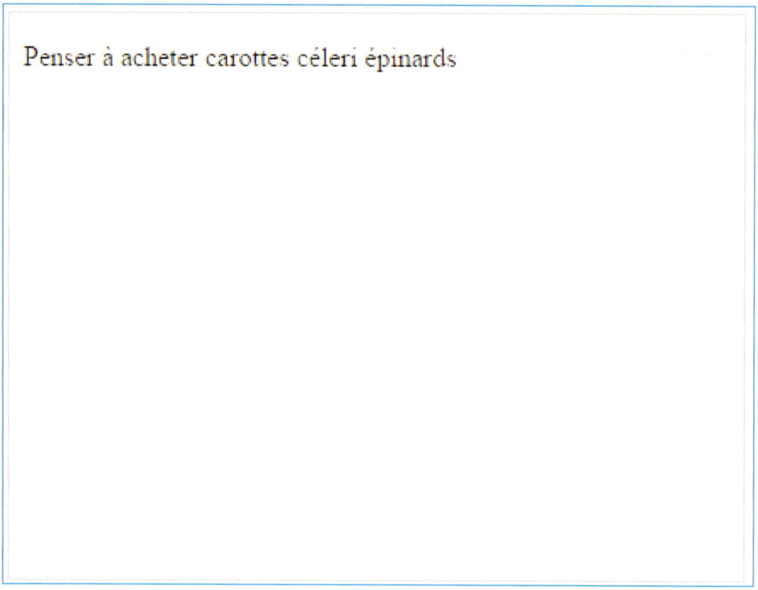

Figure 5.1: Affichage du contenu du Listing 5.1 dans JSFiddle.

Le Listing 5.1 montre une liste de courses comprenant trois légumes. Un être humain devine immédiatement de quoi il s'agit.

Listing 5.1 : Une liste de courses toute nue.

```
Penser à acheter
carottes
céleri
épinards
```

En revanche, un programme ne sait pas de quoi il s'agit. La première ligne est un titre, pas le nom d'un légume, mais le programme ne peut pas le deviner. La Figure 5.1 montre l'affichage de ces quatre lignes dans le navigateur.

Pour que le document soit mieux présenté, nous allons ajouter des balises HTML autour du texte.

Le HTML : des balises avec du contenu

Le langage HTML définit quelques dizaines de mots réservés toujours placés entre une paire de chevrons (< >). Ce sont des balises qui décrivent du contenu, un peu comme les étiquettes de vêtements qui rappellent les conditions de lavage et la matière.

Chaque balise HTML est un nom spécial précédé d'un chevron ouvrant < et suivi immédiatement d'un chevron fermant >. Il en existe deux variantes : la balise ouvrante et la balise fermante. Voici une balise ouvrante, donc placée avant le début du contenu à baliser :

```
<p>
```

Cette balise p sert à marquer un paragraphe de texte, donc une ou quelques phrases.

La balise fermante ne se distingue de l'autre que par l'ajout d'une barre oblique / entre le chevron ouvrant et le début du nom. Voici celle de la balise de paragraphe standard :

```
</p>
```

Pour utiliser une balise, il suffit d'insérer le contenu entre la balise ouvrante et la balise fermante. Voici comment créer un paragraphe de texte HTML :

```
<p>Je suis un paragraphe de texte. Un paragraphe est séparé du reste
du texte par un peu d'espace avant et après.</p>
```

L'ensemble ci-dessus (balise ouvrante, contenu et balise fermante) s'appelle un *élément HTML*.

HTML prédéfinit plusieurs dizaines de balises dont les noms sont figés. Tu utiliseras notamment la balise <p> pour les paragraphes de texte normal, <img> pour les images, <audio> pour les fichiers audio, <video> pour les clips vidéo, <header> pour l'en-tête de page et <footer> pour les mentions en pied de page Web.

Le Listing 5.2 reprend les contenus du Listing 5.1 en les enrobant dans des balises HTML.

Listing 5.2 : Notre premier document HTML.

```
<html>
  <head>
    <title>Liste de courses</title>
  </head>
  <body>
    <h1>Penser à acheter </h1>
    <ol>
      <li>carottes</li>
      <li>céleri</li>
      <li>épinards</li>
    </ol>
  </body>
</html>
```

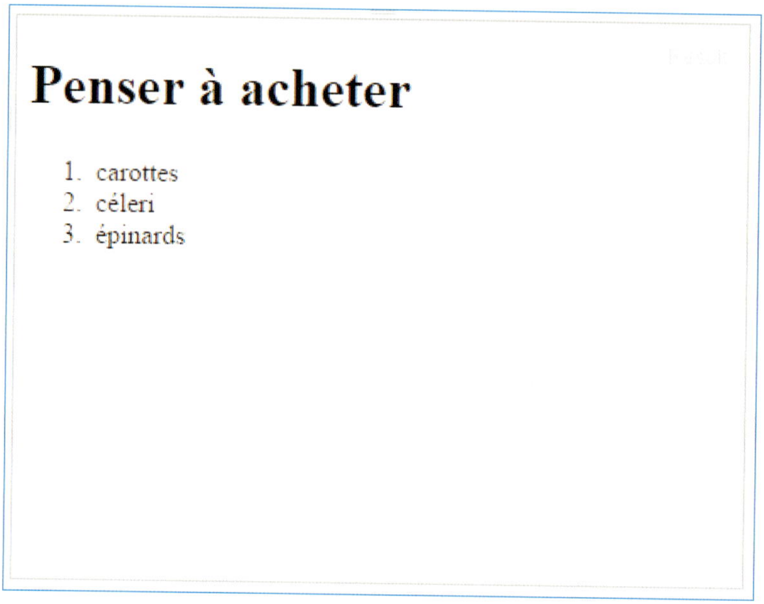

Figure 5.2 : Affichage du contenu du Listing 5.2.

La Figure 5.2 montre le résultat affiché par le Listing 5.2 dans un navigateur. Tu constates que c'est déjà bien plus agréable à lire !

Très important : les balises HTML ont totalement disparu. Il ne reste que les contenus affichés en fonction des directives que les balises ont fait appliquer à ce contenu par le moteur de rendu du navigateur, qu'il s'agisse de texte, de liens ou d'images.

La structure fondamentale d'une page Web

Une fois que tu as découvert quelques règles d'écriture, écrire le code HTML d'une page Web est assez facile, et très instructif. La première règle est que toutes les pages Web possèdent une structure de base similaire.

Les imbrications de balises doivent être ordonnées. Si tu commences une balise avant la fin d'une autre balise, tu as imbriqué la seconde balise dans la première. Dans ce cas, il faut refermer la seconde avant la première. Pour s'en souvenir, pense à la formule PODEF (Première Ouverte - Dernière Fermée.)

Revois le Listing 5.2. Il commence par la balise ouvrante `<html>` et tu ne retrouves sa collègue fermante `</html>` que tout à la fin. Cette balise est un peu spéciale, puisque tout document HTML doit la posséder. Toutes les autres balises seront des sous-balises de `html`.

La première sous-balise `<head>` doit donc se refermer avant `<html>`. De même, la balise de liste ordonnée `<ol>` est imbriquée dans la balise du corps de document `<body>`. La fermante `</ol>` doit donc être rencontrée avant la fermante `</body>`.

Un document HTML doit obligatoirement contenir au moins un élément `head` et un élément `body` pour marquer ses deux portions principales.

- La balise `head` : elle délimite la tête du document Web. Le code source JavaScript est souvent placé dans cette section, dont le contenu ne s'affiche pas dans le résultat.

  Dans le Listing 5.2, la section `head` ne contient qu'un élément de titre de fenêtre `title`. Son contenu est affiché dans la barre de titre du navigateur. C'est souvent ce contenu qui apparaît dans les résultats des recherches Web.

- La balise `body` : l'élément body sert de contenu pour tout ce que tu veux afficher dans le navigateur.

  Dans le Listing 5.2, cet élément `body` en contient plusieurs autres. Découvrons-les un à un.

» La balise h1 : la lettre h dans le nom vient de HEADING, c'est-à-dire titre, ici de niveau 1. Cet élément sert à afficher le titre principal de la page Web. Si ce chapitre du livre était rédigé en HTML, le premier élément codé avec h1 serait le sous-titre «Comment écrire en HTML».

» La balise ol : les éléments ol sont des ossatures de listes numérotées avec des chiffres ou des lettres minuscules. Il existe aussi une balise pour les listes non ordonnées avec une puce en marge de chaque entrée. C'est la balise ul (UNORDERED LIST).

» La balise li : la balise ol (ou ul) délimite le début et la fin d'une liste , mais pas son contenu. Il faut y insérer des sous-éléments marqués par la balise li (LIST ITEM, élément de liste). Tu peux ajouter autant d'éléments li que nécessaire pour remplir ta liste.

Créons notre première page Web

Voici comment rédiger le code HTML et le contenu de notre page Web dans JSFiddle.

1. **Démarre si nécessaire le navigateur Web et va à la page http://jsfiddle.net.**

2. **Utilise la barre de séparation entre panneaux pour agrandir le panneau HTML (nous n'utiliserons que ce panneau dans cet exercice).**

3. **Saisis les lignes HTML suivantes dans le panneau HTML. Respecte les indentations de deux ou quatre espaces de certaines lignes :**

```
<html>
  <head>
    <title>Modèle HTML</title>
  </head>
  <body>
    <h1>Un modèle HTML basique</h1>
  </body>
</html>
```

Tu auras remarqué que dès la saisie de la première balise, <html>, JSFiddle a affiché un message en bas de panneau (Figure 5.3) pour prévenir qu'il sait que tout document HTML doit commencer par cette balise <html>. Pour te faire gagner du temps, il insère la balise automatiquement, sans l'afficher. JSFiddle sait aussi insérer les deux autres balises fondamentales <head> et <body>.

N.d.T. : l'atelier JSFiddle veut bien faire en t'évitant de devoir sans cesse taper des balises qui sont obligatoires. Mais cela te rend dépendant de

JSFiddle ! Si tu rédiges ensuite du code HTML sans cet outil, tu vas oublier ces balises !

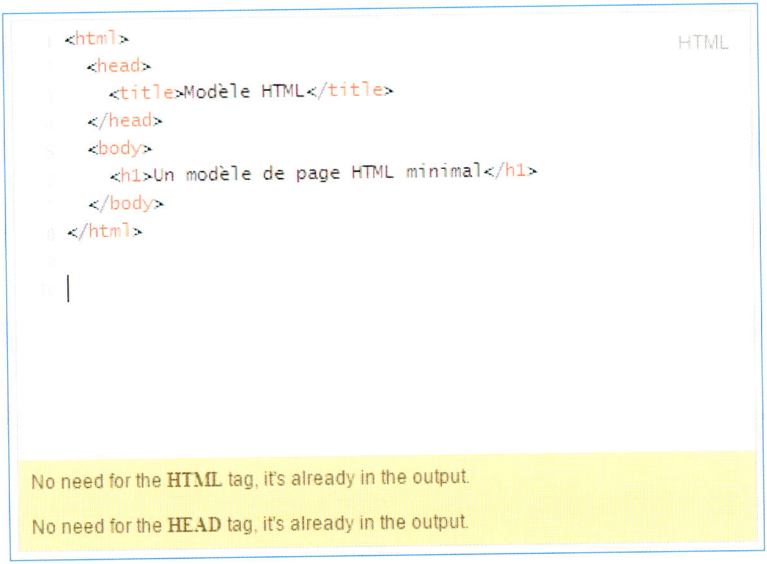

Figure 5.3 : JSFiddle te prévient qu'il connaît un peu le HTML.

4. **Du fait que JSFiddle connaît la structure de base, comme je viens de l'expliquer, nous pourrions effacer toutes les lignes que tu viens de saisir, sauf celle de la balise `<h1>`.**

Ne supprime rien ! Dans le prochain exemple, nous allons nous épargner la saisie des balises automatiques `<html>`, `<head>` et `<body>`, mais n'oublie pas qu'il faut normalement les saisir. Quant à la balise `<title>`, son absence ne se remarque pas puisqu'elle sert à définir le titre de la page (normalement affiché dans l'onglet). Dans JSFiddle, il n'y a pas d'onglet de page.

5. **Lance l'exécution par la commande `Run`.**

Le contenu de l'élément `<h1>` est affiché dans le panneau des résultats. Il se présente dans le style connu par défaut dans le navigateur pour cette balise de titre, donc en caractères plus gros, ce qui convient à un titre de niveau 1 (Figure 5.4).

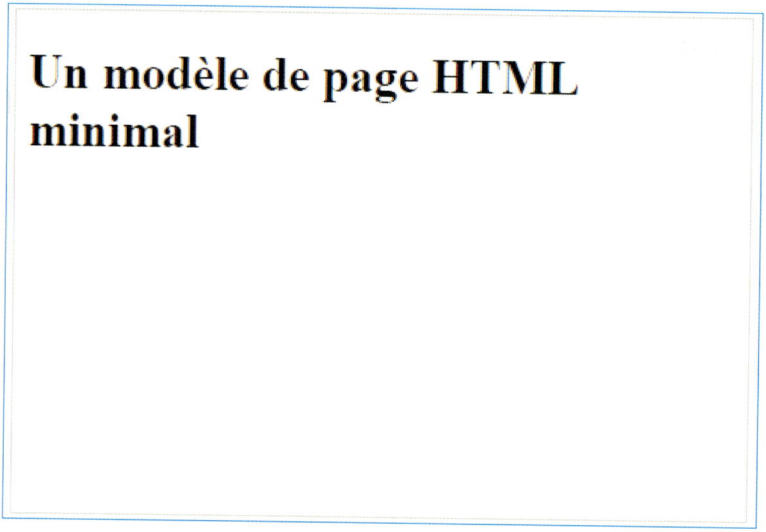

Figure 5.4 : Rendu du fichier HTML dans JSFiddle.

Ton magasin de balises HTML

Le langage HTML définit plusieurs dizaines de balises pour construire des éléments. Mais ici, nous sommes dans un livre consacré au langage JavaScript. Je n'ai donc pas de place pour les décrire une par une. Tu en apprendras néanmoins assez pour savoir rédiger le code source de plusieurs pages Web interactives.

Tu trouveras sur le Web des tutoriels sur le HTML, mais je te conseille un livre chez le même éditeur : *Programmation HTML5 avec CSS3 Pour les Nuls*. Pour une référence des balises HTML, je te propose le site officiel de la fondation Mozilla, qui a pris la peine de créer une version française :

`https://developer.mozilla.org/fr/docs/Web/HTML/Element`

Le Tableau suivant dresse la liste des principales balises HTML avec une description sommaire.

Mettons en pratique ces nouvelles balises en créant un projet de page Web dans laquelle tu vas pouvoir parler de toi !

Tableau 5.1 : Les balises HTML les plus utilisées.		
Élément	**Nom anglais**	**Description**
<h1> à <h6>	Heading 1 à 6	Titres et sous-titres de niveau 1 à 6.
<p>	Paragraph	Paragraphe de contenu normal.
<em>	EMphasis	Mot ou groupe de mots à afficher avec un effet d'emphase pour les faire ressortir. Dans la plupart des navigateurs, le résultat est un affichage en italique.
<strong>	strong	Comme <em>, mais pour attirer l'attention d'une autre façon. Dans la plupart des navigateurs, le résultat est un affichage en gras.
<a>	Anchor	Ancre pour positionner un lien hypertexte.
<ul>	Unordered List	Ossature de liste non ordonnée, ni numérotée (à puces).
<ol>	Ordered List	Ossature de liste numérotée, de 1 à x.
<li>	List Item	Balise de chaque entrée d'une liste, numérotée ou pas.
<img>	IMaGe	Pour marquer un contenu de type image fixe.
<hr>	Horizontal Rule	Filet séparateur horizontal.
<div>	DIVision	Technique de séparation dans la structure du document, sans effet visuel direct.

De retour dans l'atelier JSFiddle, déroule la procédure suivante :

1. **Efface tout le contenu du panneau HTML puis relance l'exécution par la commande `Run`.**

   Le panneau des résultats doit être vide.

2. **Insère un titre de niveau 1 avec la balise `<h1>` et en donnant ton nom comme contenu.**
3. **Insère un élément de séparateur horizontal. C'est une balise `<hr>` isolée, sans contenu.**
4. **Ajoute ensuite un paragraphe de texte avec un couple de balises `<p>` et `</p>`. Comme contenu, saisis une phrase d'exemple, une citation ou quelque chose dans le genre de mon exemple :**

   ```
   J'apprends à créer des pages Web dynamiques avec JavaScript et HTML !
   ```

5. **Insère un jeu de balises d'emphase em autour de ta phrase, donc à l'intérieur des balises du paragraphe p.**

   Si tu as bien suivi mes indications, le code source devrait se présenter ainsi :

Listing 5.3 : La page d'accueil (étape 1/4).

```
<h1>Prenom</h1>
<hr>
<p><em>J'apprends à créer des pages Web dynamiques avec JavaScript et
HTML !</em></p>
```

6. **Lance l'exécution par la commande Run.**

   Le résultat devrait ressembler au contenu de la Figure 5.5 (avec un texte différent sans doute).

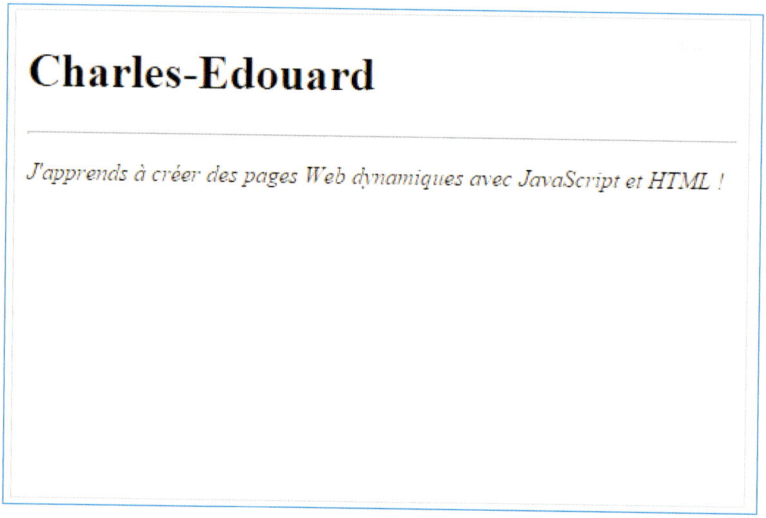

Figure 5.5 : Première étape d'une jolie page personnelle.

7. **Insère un autre élément de séparateur horizontal <hr> puis passe à la ligne.**

8. **Implante un sous-titre de niveau 2 (balise <h2>) avec comme contenu Mes activités préférées.**

   ```
   <h2>Mes activités préférées</h2>
   ```

9. **Insère une description avec une autre balise de paragraphe :**

   ```
   <p>Voici quelques-unes de mes activités préférées :</p>
   ```

10. **Ajoute enfin une liste non ordonnée en prévoyant trois entrées, vides pour l'instant. Voici ces cinq lignes :**

```
<ul>
  <li></li>
  <li></li>
  <li></li>
</ul>
```

11. **Ajoute enfin du contenu dans chacun des trois éléments `li`. Le Listing 5.4 récapitule toute la rédaction du code HTML.**

Listing 5.4 : La page d'accueil (étape 2/4).

```
<h1>Prenom</h1>
<hr>
<p><em>J'apprends à créer des pages Web dynamiques avec JavaScript et
HTML !</em></p>
<hr>
<h2>Mes activités préférées</h2>
<p>Voici quelques-unes de mes activités préférées :</p>
<ul>
  <li>Danser</li>
  <li>Rire</li>
  <li>Chanter</li>
</ul>
```

Lance l'exécution par la commande `Run` pour vérifier que le résultat est similaire à celui de la Figure 5.6.

Figure 5.6 : La page d'accueil avec une liste de préférences.

Ajoutons des attributs d'éléments

Les éléments HTML offrent déjà certaines capacités pour ajouter de l'intelligence au contenu brut. Ils rendent les navigateurs capables d'organiser la mise en page Web. Mais le HTML permet d'aller encore plus loin en autorisant l'ajout d'attributs dans les balises HTML !

Les attributs HTML permettent de préciser la nature du contenu d'un élément, pour mieux appliquer des styles CSS ou pour intervenir en JavaScript. S'il existait une balise `<chien>`, on pourrait lui ajouter un attribut `race=teckel` pour savoir à qui on a affaire. Un attribut est constitué d'un nom d'attribut invariable (en anglais), d'un signe égal et d'une valeur d'attribut. La balise pour insérer une image, `<img>`, est toujours dotée d'un attribut pour indiquer le nom du fichier d'image à afficher et d'un attribut facultatif contenant le texte alternatif (qui est affiché à la place de l'image lorsque le fichier est introuvable ou que le visiteur a déclaré être malvoyant) :

```
<img src="trombine.jpg" alt="Une vieille photo de moi">
```

Dans cette instruction, il y a deux attributs : `src` et `alt`.

Chaque balise HTML accepte quelques attributs. Certains attributs (c'est le cas de `src` et de `alt`), ont un effet sur le rendu visuel de l'élément. D'autres, comme celui d'identification `id`, ajoutent des informations techniques au sujet de l'élément, mais ne modifient pas l'aspect.

L'attribut `id` sert à identifier de façon unique un élément en particulier dans le document. Dans l'exemple, nous avons trois éléments `li`. Pour pouvoir cibler chaque élément tour à tour avec des instructions JavaScript, il suffit d'ajouter un attribut `id` différent à chacun d'eux.

Nous allons donc souvent nous servir de cet identificateur `id` dans les projets suivants.

Revenons à notre projet et ajoutons cinq attributs `id` au code HTML de la page :

1. **Insère un attribut `id` dans la balise <h1> pour pouvoir l'identifier comme contenant le prénom ou le nom :**

   ```
   <h1 id="monNom">
   ```

2. **Repère l'élément `p` placé entre les deux séparateurs `<hr>` et insère dans sa balise ouvrante un attribut `id` avec la valeur `surMoi` :**

   ```
   <p id="surMoi">
   ```

3. **Ajoute enfin un attribut `id` unique pour chaque entrée de la liste :**

   ```
   <li id="acti1">Danser</li>
   ```

```
    <li id="acti2">Rire</li>
    <li id="acti3">Chanter</li>
```

Voici l'aspect du code source dans cette troisième étape d'avancement (Listing 5.5).

Listing 5.5 : La page d'accueil avec des attributs id (étape 3/4).

```
<h1 id="monNom">Charles-Edouard</h1>
<hr>
<p id="surMoi"><em>J'apprends à créer des pages Web dynamiques avec
JavaScript et HTML !</em></p>
<hr>
<h2>Mes activités préférées</h2>
<p>Voici quelques-unes de mes activités préférées :</p>
<ul>
  <li id="acti1">Danser</li>
  <li id="acti2">Rire</li>
  <li id="acti3">Chanter</li>
</ul>
```

Lance l'exécution par la commande `Run`. Normalement, tu ne devrais voir… rien de nouveau ! La page ne change pas suite à l'ajout de ces attributs d'identification `id`. Ce n'est pas très utile, pourrait-on croire. Attends de voir ce que l'on peut faire en JavaScript grâce à ces attributs !

Modifions le HTML avec du JavaScript

Avec des instructions JavaScript, tu peux intervenir partout dans un document HTML, et notamment en réaction à un choix ou une saisie du visiteur de la page. Nous allons voir cela en détail.

Mais restons encore quelques instants au niveau des concepts que nous allons mettre en pratique, en commençant par la méthode standard qui porte le nom `getElementById()`.

J'ai déjà expliqué dans le Chapitre 3 qu'une méthode était une série d'actions appartenant à un objet d'un programme JavaScript.

Récupérons un élément avec getElementById()

Dans le nom `getElementById`, la partie « get » est le verbe anglais qui signifie « prendre ». Cette méthode représente la technique la plus facile pour manipuler du contenu HTML depuis la partie JavaScript. Elle sert à trouver un élément de façon unique. On peut ensuite appliquer à l'élément ainsi sélectionné des modifications, le supprimer ou l'enrichir. Ce mécanisme de ciblage d'un élément correspond à une sélection d'élément.

N.d.T. : tu remarques que les noms des méthodes étaient écrits avec une paire de parenthèses vides à la fin. Cela permet de voir tout de suite qu'il s'agit d'un nom de méthode ou de fonction.

Pour pouvoir utiliser `getElementById()`, il faut évidemment que l'élément visé possède un attribut `id`. C'est le nom de cet élément qu'il faut fournir à la méthode lorsque tu veux la déclencher :

```
document.getElementById("valeur_id")
```

Voici par exemple comment sélectionner un élément possédant un `id` ayant la valeur `monTruc` :

```
document.getElementById("monTruc")
```

Manipulons le contenu d'un élément avec innerHTML()

Si tu as cherché à sélectionner un élément, c'est pour agir sur cet élément, et notamment sur son contenu.

Chaque élément possède une propriété portant le nom `innerHTML` (contenu HTML). Il permet de récupérer ou de modifier le contenu, c'est-à-dire tout ce qui est entre la balise ouvrante et la balise fermante de l'élément.

Un objet ne peut posséder que des propriétés (des données) ou des méthodes (des instructions). Une propriété d'objet sert à mémoriser une valeur concernant cet objet.

Prenons en exemple l'élément HTML suivant :

```
<p id="monPara">Ceci est <em>MON</em> paragraphe.</p>
```

Tu peux lui appliquer l'instruction JavaScript suivante pour sélectionner le paragraphe et modifier son contenu :

```
document.getElementById("monPara").innerHTML = "Et voici <em>TON</em>
paragraphe !";
```

Rendons une liste modifiable

Maintenant que nous connaissons la méthode `getElementById()` et la propriété `innerHTML`, exploitons ces nouveautés pour rendre la page HTML interactive.

Nous allons ajouter un bouton HTML pour déclencher une action et du code JavaScript pour demander la saisie de nouvelles valeurs et les réinjecter dans le code HTML.

1. **Commençons par le panneau `HTML`. Tout à la fin, après la liste, nous ajoutons un nouvel élément de type bouton :**

   ```
   <button id="btChangerListe" type="button">
     Modifier la liste
   </button>
   ```

   Le navigateur va afficher un bouton rectangulaire portant comme légende le texte fourni entre la balise ouvrante et la balise fermante.

2. **Nous passons ensuite au panneau `JavaScript`. Nous avons besoin de trois variables de travail pour y stocker de façon temporaire la valeur qui va être saisie dans chacune des boîtes de saisie pour les entrées de liste :**

   ```
   var chose1;
   var chose2;
   var chose3;
   ```

   Ces variables sont nécessaires parce que ce n'est que dans un deuxième temps que nous allons réinjecter les valeurs dans les éléments HTML de la page.

3. **Toujours dans le panneau JavaScript, nous programmons ensuite un auditeur d'événement en reliant le bouton HTML à une fonction qui reste à écrire :**

   ```
   document.getElementById("btChangerListe").onclick = saisirListe;
   ```

   Cette instruction provoque l'appel (le déclenchement) de la méthode `getElementById()`, en lui demandant de chercher dans le document un élément dont l'attribut `id` possède la valeur `btChangerListe`. Tu sais que c'est le nom choisi dans le panneau HTML comme valeur de l'attribut `id` du bouton.

   Dès que JavaScript a trouvé le bouton, il se met à l'écoute des clics se produisant sur ce bouton, ce qui est le travail d'un gestionnaire d'événement. Ce sous-programme déclenche une fonction se trouvant dans ton code JavaScript lorsque l'événement que tu lui as demandé de surveiller se produit dans le navigateur (ou le panneau des résultats dans JSFiddle). Ici, le type d'événement est le clic de souris.

La fonction qui est déclenchée dans notre exemple porte le nom `saisirListe`. Je rappelle qu'une fonction est un sous-programme, un bloc de plusieurs instructions placé dans le programme, mais non exécuté immédiatement. Nous reviendrons en détail sur les fonctions dans le Chapitre 12.

N.d.T. : observe bien le fait que le nom de la fonction est indiqué sans la paire de parenthèses habituelle des appels de fonctions. C'est tout simplement parce qu'il ne faut pas la déclencher immédiatement. C'est le gestionnaire qui va s'en charger quand l'événement se produira.

4. **Saisis maintenant le bloc complet de définition de la fonction déclenchée par clic. Elle va demander au visiteur de saisir les trois nouvelles valeurs de la liste :**

```
function saisirListe() {
    chose1 = prompt("Saisir l'activité 1 : ");
    chose2 = prompt("Saisir l'activité 2 : ");
    chose3 = prompt("Saisir l'activité 3 : ");
    actualiserListe();
}
```

Tu sais qu'il s'agit d'une définition de fonction par le mot réservé de la première ligne, `function` et par le fait qu'elle se termine par une accolade ouvrante. Ce genre de bloc n'est exécuté que lorsque la fonction est citée ailleurs dans le programme.

Le corps de la fonction comporte quatre instructions. Les trois premières similaires exploitent la fonction standard `prompt()` qui demande de saisir du texte dans une fenêtre temporaire.

La dernière instruction est un appel de fonction. Elle déclenche immédiatement l'exécution des instructions d'une fonction portant le nom `actualiserListe()`, qui va être définie juste après. Tu constates que cette fois-ci le nom de la fonction à déclencher est bien suivi de la paire de parenthèses.

5. **Saisis enfin le bloc complet de définition de la seconde fonction, celle qui est appelée d'office par la précédente une fois la saisie de la troisième activité terminée :**

```
function actualiserListe() {
    document.getElementById("acti1").innerHTML = chose1;
    document.getElementById("acti2").innerHTML = chose2;
    document.getElementById("acti3").innerHTML = chose3;
}
```

Notre fonction `actualiserListe()` cible tour à tour chacun des trois éléments d'entrée de la liste grâce à son attribut `id` unique. Elle accède à sa propriété `innerHTML` en y copiant le contenu de la variable JavaScript `choseX` qui a recueilli la valeur saisie par le visiteur en réponse à la fonction `prompt()`.

Une fois que cette fonction `actualiserListe()` a fini son travail, le navigateur doit afficher les nouvelles valeurs dans la liste.

Le code dans le panneau JavaScript doit correspondre au Listing 5.6. Relis soigneusement ce que tu as saisi.

Listing 5.6 : Version finale du JavaScript de la page d'accueil (étape 4/4).

```
var chose1;
var chose2;
var chose3;

document.getElementById("btChangerListe").onclick = saisirListe;

function saisirListe() {
    chose1 = prompt("Saisir l'activité 1 : ");
    chose2 = prompt("Saisir l'activité 2 : ");
    chose3 = prompt("Saisir l'activité 3 : ");
    actualiserListe();
}

function actualiserListe() {
    document.getElementById("acti1").innerHTML = chose1;
    document.getElementById("acti2").innerHTML = chose2;
    document.getElementById("acti3").innerHTML = chose3;
}
```

6. Lance l'exécution par la commande `Run`.

Sur les 15 lignes de code JavaScript du programme, seules les quatre premières sont exécutées immédiatement. Si tu ne cliques jamais le bouton, les deux fonctions ne sont jamais exécutées.

Dès que tu le cliques, tu peux saisir les trois nouvelles activités dans la fenêtre de saisie et admirer le résultat (Figure 5.7).

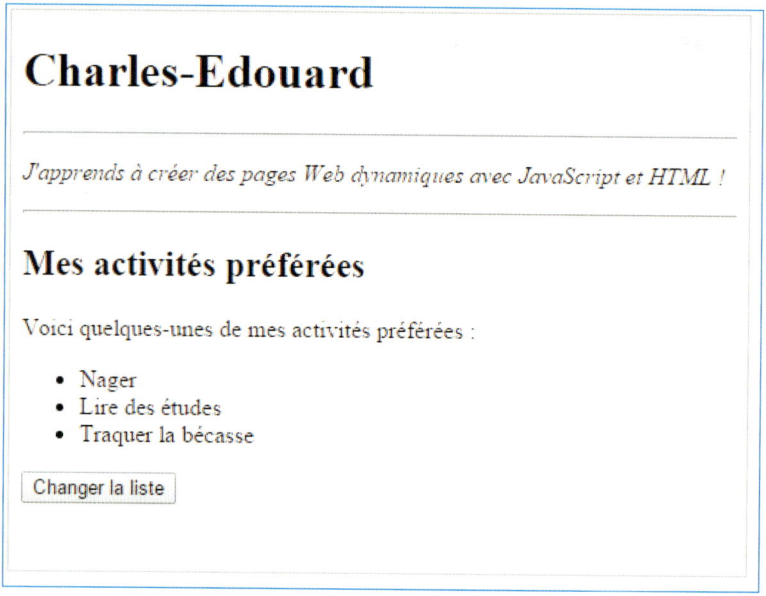

Figure 5.7 : Aspect du projet après modification des entrées de la liste.

JavaScript et les styles CSS

Chapitre

6

À chacun son style. Une personne préférera se promener en jean sombre et l'autre en survêtement clair. Les styles vont et viennent et ce qui paraît tendance aujourd'hui sera dépassé le lendemain.

Nous avons la liberté de changer notre façon de nous habiller, et donc notre apparence. En revanche, ce qui constitue vraiment le caractère de chacun de nous ne change pas. Quand le moine change d'habits...

C'est la même chose avec les pages Web : on peut changer l'aspect d'une page Web sans toucher au contenu et à la manière dont ce contenu est structuré.

Pour modifier le style et l'aspect visuel d'une page Web, il existe un langage spécialisé : le CSS. Ce sigle signifie CASCADING STYLE SHEETS, parce qu'il sert à définir des règles de style qui dépendent les unes des autres sous forme d'une cascade de niveaux de précision du ciblage. Nous allons découvrir ici ce qu'est le CSS et comment nous pouvons nous en servir pour donner du style à nos pages et à nos applications Web.

CSS permet notamment d'intervenir au niveau des couleurs, des contours et bordures, du fond et de la taille des différents éléments que sont les textes et les images. CSS permet de contrôler précisément la position de chaque élément dans la fenêtre et CSS permet même d'ajouter des animations !

Douglas, le robot JavaScript

Dans ce projet, tu vas modifier des styles et en définir d'autres à partir d'une page HTML représentant l'image d'un robot que nous avons baptisé Douglas. Lorsqu'il a été livré par l'usine, il avait déjà certaines capacités JavaScript, et ne réclame pas beaucoup de personnalisation.

Mais il y a un souci : son aspect n'est pas très engageant. Il a de jolis yeux bleus et une mention sur son T-shirt comme quoi il aime JavaScript, mais c'est tout. Voyons donc comment le rendre plus sympathique.

Pour commencer, ouvre si nécessaire ton navigateur Web et visite la page de la liste des projets du livre :

```
http://jsfiddle.net/user/PLKJS
```

Voici la procédure à suivre :

1. **Cherche le projet du Chapitre 6 dans son état initial et clique dans son titre pour y accéder.**

   La fenêtre qui apparaît doit montrer un peu de code dans le panneau HTML et quelques lignes dans le panneau CSS.

2. **Dans la barre de menu en haut, clique** `Fork` **pour créer une copie de ce projet dans ton propre compte JSFiddle.**

Nous sommes maintenant parés pour ajouter des styles à notre robot Douglas.

Les principes du CSS

Observe bien les trois lignes de la première règle dans le panneau CSS :

```
body {
    font-family: Arial;
}
```

L'ensemble de ces trois lignes constitue une règle de style CSS. Chaque règle CSS comprend deux parties :

» **Un sélecteur.** Le sélecteur sert à choisir le ou les éléments du code HTML auquel la règle de style CSS doit être appliquée. Dans cet exemple, le sélecteur indique le nom de la balise `body`.

» **Un bloc de déclaration de règle.** Ce bloc contient une ou plusieurs déclarations CSS qui définissent le style appliqué aux éléments sélectionnés par le sélecteur. Dans l'exemple, nous déclarons une seule règle qui demande d'afficher le texte avec une police de la famille Arial. La famille Arial correspond à des lettres de type bâton, sans les petits appuis de fin de trait comme tu peux les voir dans ce paragraphe imprimé.

Le sélecteur CSS est ce qui se trouve avant l'accolade ouvrante. Il permet d'indiquer au navigateur Web quels éléments du code HTML il faut modifier au niveau du style.

Lorsque tu sélectionnes ainsi un élément, les règles sont appliquées par défaut à tous les sous-éléments de cet élément.

Types de sélecteurs CSS

Il y a plusieurs manières d'écrire un sélecteur CSS. Découvrons les trois principales techniques de sélecteur CSS :

» **Sélecteur d'élément.** Revoyons les deux premières règles du panneau CSS de notre projet :

```
body {
     font-family: Arial;
}
p {
     font-size: 1em;
}
```

» Il s'agit de deux sélecteurs d'éléments. En effet, dans les deux cas, le sélecteur est le nom d'une balise HTML. Il suffit d'indiquer ce nom sans les chevrons. Dans l'exemple, nous sélectionnons l'élément `body` qui utilise le couple de balises `<body>` et `</body>` ainsi que les éléments p délimités par le couple de balises `<p>` et `</p>`.

» **Sélecteur de classe.** Observe la troisième règle CSS :

```
.oeil {
     background-color:blue;
     width:20%;
     height:20%;
     border-radius: 50%;
}
```

Tu constates que le nom du sélecteur est précédé d'un point. Ce qui suit ce point est le nom d'un attribut HTML qui a été défini dans le fichier HTML en complément d'un nom de balise, en écrivant `class="oeil"`. Si tu regardes le code source HTML, tu peux voir que certains éléments comportent cette définition `class="oeil"`. Ils correspondent aux deux yeux du robot.

Les sélecteurs de classe sont très pratiques lorsqu'il faut appliquer le même style à plusieurs éléments. Dans l'exemple du robot, nous appliquons les mêmes styles aux deux yeux, car ils ont plusieurs choses en commun, la couleur et la taille notamment.

» **Sélecteur d'identifiant.** Ce troisième type de sélecteur commence par le signe `#`. Il fonctionne sur le même principe que le sélecteur de classe, car il doit indiquer un attribut d'un élément, sauf qu'il doit avoir été défini avec `id=""`. Les deux yeux du robot ont des attributs `id` différents, ce qui permet d'appliquer des règles distinctes :

```
#oeildroit {
    position: absolute;
    left: 20%;
    top: 20%;
}
#oeilgauche {
    position: absolute;
    left: 60%;
    top: 20%;
}
```

» Le sélecteur d'identifiant est très pratique lorsqu'il faut intervenir sur un élément en particulier dans le document HTML.

La condition est que chaque attribut `id` doit être unique au sein du même document.

» Dans le code source HTML, tu peux constater que les deux yeux du robot ont le même attribut de classe, mais un attribut `id` différent. C'est ce qui nous permet de donner le même aspect général aux deux yeux, tout en positionnant chacun à un autre endroit dans le visage de Douglas.

Les déclarations CSS

Plusieurs déclarations CSS sont regroupées dans un bloc délimité par un jeu d'accolades, juste à la suite du sélecteur CSS. Chaque déclaration comporte deux parties :

» **Un nom de propriété.** Ce nom désigne l'attribut de style qu'il faut modifier. On peut par exemple changer la couleur, l'épaisseur de trait ou la position d'un élément. Le nom de la propriété doit être suivi d'un signe deux-points pour le séparer de sa nouvelle valeur.

- **Une valeur.** La valeur détermine de quelle façon la propriété doit être modifiée.

Chaque déclaration doit se terminer par un signe point-virgule. On peut ajouter autant de déclarations que nécessaire dans un bloc.

Voici par exemple le bloc de déclaration des règles pour la classe `bras`. Il regroupe cinq déclarations :

```
.bras {
    background-color: #cacbcc;
    position: absolute;
    top: 35%;
    width: 5%;
    height: 40%;
}
```

Appliquons des propriétés CSS

Tu sais maintenant que les propriétés de style CSS permettent de modifier les paramètres visuels des éléments. Au niveau du projet de robot, les propriétés de style définissent de nombreux paramètres : la couleur des yeux, la longueur des bras et du corps, les arrondis de la tête et la position des membres.

Retouchons quelques valeurs de propriétés CSS pour modifier l'aspect du Douglas initial :

1. **Cherche dans le panneau CSS la règle de style de l'élément `p`. Normalement, c'est la deuxième.**
2. **Modifie la valeur de la propriété `font-size` pour qu'elle indique `2.5em`.**

   Voici comment doit se présenter la règle modifiée :

   ```
   font-size: 2.5em;
   ```

   Cette propriété contrôle la taille des caractères. Il y a plusieurs formats possibles, le plus utilisé consistant à exprimer la taille en pixels, en pourcentage ou en em. Les valeurs en pourcentage ou en em définissent une taille relative à celle de l'élément parent. En indiquant `2.5em`, le texte de l'élément sélectionné sera 2,5 fois plus grand que le texte dans lequel est affiché le parent de cet élément. Nous verrons plus loin dans le chapitre l'utilisation des pourcentages et des pixels.

   N.d.T. : l'unité de mesure EM correspond à la taille (le corps) des caractères du texte courant et provient de la largeur de la lettre M en capitale.

3. **Vérifie le résultat de ta retouche en utilisant la commande Run.**

Douglas doit maintenant ressembler à ce que montre la Figure 6.1.

Figure 6.1 : Douglas avec un message plus lisible sur le T-shirt.

4. **Remonte maintenant jusqu'à la règle CSS pour l'élément body.**
5. **Modifie la valeur de la règle pour qu'elle se lise comme ci-après, en faisant bien attention aux guillemets, qui sont nécessaires parce que le nom de la police contient des espaces :**

```
body {
    font-family: "Comic Sans MS", cursive, sans-serif;
}
```

6. **Relance l'exécution avec Run.**

Dorénavant, la police utilisée pour le message sur le T-shirt a changé (Figure 6.2).

Essayons maintenant de modifier la couleur des yeux de Douglas.

7. **Trouve la règle CSS correspondant à la couleur des yeux. Pour l'instant, elle se lit ainsi (c'est la deuxième ligne) :**

```
.oeil {
    background-color:blue;
    width:20%;
    height:20%;
    border-radius: 50%;
}
```

8. **Modifie la valeur de la propriété de la couleur de fond, `background-color`, en choisissant un autre nom de couleur en anglais. Je propose par exemple de choisir le brun, c'est-à-dire le mot `brown` :**

```
background-color:brown;
```

9. **Utilise le bouton `Run` ou le raccourci `Ctrl + Entrée` pour relancer l'exécution et voir le résultat.**

Figure 6.2 : Changement de la police du texte sur le message du T-shirt.

Les couleurs correspondant aux noms de couleurs basiques en anglais (white, red, blue, *etc.*) n'offrent pas beaucoup de choix. Pour choisir plus précisément une nuance de couleur, tu peux piocher dans les noms de couleurs prédéfinies présentées dans le précédent chapitre. Tu peux également choisir une nuance en spécifiant une valeur numérique hexadécimale. Voyons cela en détail.

Contrôle tes nuances de couleur avec CSS

Les couleurs indiquées en notation numérique permettent de choisir parmi des millions de nuances, toutes celles qu'un navigateur Web sait afficher en combinant les trois couleurs primaires rouge, vert et bleu.

Voici un exemple de valeur de couleur CSS en notation hexadécimale :

```
#9BE344
```

Décortiquons cette valeur. Le signe dièse prévient le navigateur que la suite va être un code sur six chiffres hexadécimaux. Les deux premiers symboles qui suivent, 9B dans l'exemple, correspondent à la composante rouge, les deux suivants, E3, à la composante verte, et les deux derniers à la composante bleue (44). Le mélange de ces trois nuances donne un joli vert.

Tu te demandes peut-être comment il est possible de définir une valeur numérique en utilisant des lettres de l'alphabet. C'est tout simplement pour augmenter le nombre de possibilités.

La notation hexadécimale est la manière dont apprendraient à compter des animaux dotés de huit doigts à chaque main. Nous autres humains n'avons que dix doigts. C'est pourquoi nous comptons de un à dix, donc aussi de 0 à 9.

Si tu avais seize doigts, il faudrait créer de nouveaux symboles pour les doigts qui suivent celui du 9. Les ordinateurs travaillent en base 2, et il est beaucoup plus facile de leur donner des valeurs dans une base qui est un multiple de deux, par exemple 8 et 16. Tu peux considérer qu'un ordinateur est un animal à 16 doigts.

Au lieu d'inventer de nouveaux symboles, les inventeurs du calcul en base 16 ont choisi d'utiliser des lettres de l'alphabet. Le A majuscule vaut 10 en décimal, le B vaut 11, le C vaut 12, le D vaut 13, le E 14 et le F 15. Cela nous fait bien seize possibilités de 0 à 15.

N.d.T. : pour en savoir plus sur les notations binaire et hexadécimale, je t'invite à lire PROGRAMMER POUR LES NULS dans son édition la plus récente.

Les codes hexadécimaux sur deux chiffres commencent à 00, ce qui est la même chose que le zéro de notre base 10. Ils se terminent à FF, ce qui équivaut à 255 dans notre base décimale (16 fois 16 moins 1). Si nous décidons de donner la valeur 00 à la composante du rouge, c'est qu'il ne faut pas du tout utiliser de rouge dans le mélange. Si nous demandons 01 pour le rouge, il doit y avoir le moins de rouge possible, ce qui devrait à peine se voir. En revanche, si nous demandons FF pour le rouge, il y aura du rouge pur dans le mélange.

Au lieu de tâtonner pour trouver les trois valeurs des composantes, tu peux utiliser des outils disponibles sur le Web, par exemple à l'adresse `colorpicker.com`.

Contrôle la taille des éléments en CSS

Chacun des éléments d'un document HTML possède une forme rectangulaire. Même si l'élément semble circulaire, comme c'est le cas des yeux du robot, il est traité comme un rectangle englobant le cercle. Cette caractéristique permet de contrôler la taille et la position des éléments avec une règle CSS simplement en fournissant la largeur et la hauteur.

Dans le monde réel, lorsque nous mesurons un objet, nous utilisons des unités de distance comme des centimètres ou des mètres. Dans le monde de CSS, nous disposons de plusieurs unités de mesure : les pixels (abréviation `px`) et les pourcentages avec le symbole `%`.

» **Pixels.** Les pixels sont les atomes de l'affichage. Chaque pixel est un point élémentaire qui peut être allumé ou éteint. Si tu choisis de spécifier les dimensions en pixels, tu indiques au navigateur le nombre de pixels que l'élément doit occuper en largeur et en hauteur. Le problème de cette unité de mesure est que l'objet sera toujours affiché dans la même taille, même si la fenêtre du navigateur devient trop petite ou trop grande.

» **Pourcentages.** Lorsque tu utilises une valeur en pourcentage, tu laisses le navigateur adapter les dimensions de l'élément de façon proportionnelle, en respectant un certain pourcentage par rapport à l'élément HTML parent.

Dans ce projet, nous utiliserons des pourcentages, ce qui garantit que l'affichage restera correct, que la page soit visitée depuis le petit écran d'un telliphone (smartphone) ou affiché sur un écran géant sur les Champs-Élysées. Pour vérifier à quel point cette retaille relative est pratique, utilise les séparateurs de panneaux dans JSFiddle : augmente et réduis les dimensions du panneau des résultats. Tu dois remarquer que les dimensions du robot changent en conséquence.

Tu as peut-être entendu parler de conception Web adaptative (*responsive design*) ? Il s'agit d'une manière de concevoir les pages Web pour les rendre adaptables à la taille de l'écran de visualisation. L'approche choisie pour Douglas est un exemple de conception adaptative.

Mettons ces connaissances en pratique avec quelques autres modifications :

1. **Trouve la règle CSS pour la classe `oeil` :**

```
.oeil {
    background-color:blue;
    width:  20%;
    height: 20%;
    border-radius: 50%;
}
```

2. **Modifie la largeur `width` et la hauteur `height` pour qu'elles indiquent `30%`.**

3. **Relance l'exécution avec `Run`.**

   Les yeux sont plus gros, mais ils ne sont plus bien centrés dans le visage (Figure 6.3). Nous allons corriger cela un peu plus loin.

Figure 6.3 : Douglas a de gros yeux qui ne sont plus au bon endroit.

4. **Trouve la règle CSS pour la classe `bras`.**

```
.bras {
    background-color: #cacbca;
    position: absolute;
    top: 35%;
    width: 5%;
    height: 40%;
}
```

   Cette règle contrôle la couleur et la taille des deux bras.

Elle précise aussi la distance des bras par rapport au haut de la fenêtre, comme tu vas le voir un peu plus loin.

5. **Réduis l'épaisseur des bras (attribut `width`) à `3%` puis relance l'exécution. Les bras de Douglas ont maigri.**

6. **Trouve la règle CSS du bras gauche de Douglas, `#brasGauche`.**

7. **Dans cette règle, ajoute deux propriétés pour augmenter la largeur par rapport à la hauteur. Sers-toi de cet exemple :**

```
#brasGauche {
    position: absolute;
    left: 70%;
    width: 27%;
    height: 5%;
}
```

8. **Relance l'exécution pour voir le résultat. Dorénavant, le bras gauche de Douglas est à l'horizontale (Figure 6.4).**

Figure 6.4 : Douglas nous montre quelque chose.

Dans la dernière étape, tu as ajouté une règle concernant la largeur et la hauteur grâce à un sélecteur `id`, alors que l'élément concerné était déjà contrôlé au niveau de ces deux attributs avec un sélecteur de classe.

C'est tout à fait autorisé. La règle qui décidait de la largeur et la hauteur des deux bras est remplacée par la règle qui se base sur un identificateur pour ne viser que le seul bras gauche.

C'est un exemple de définition de règles en cascade. C'est le mécanisme qui a donné son nom au langage CSS, le C signifiant Cascade.

Une jolie cascade !

Un objet tel que le bras gauche du robot ne peut avoir qu'une largeur et une hauteur. Que se passe-t-il lorsque deux règles CSS veulent définir la même propriété ? Le navigateur met les deux règles CSS en compétition.

Il regarde d'abord quelle est la règle CSS qui a été rencontrée en dernier. Il tient également compte de la règle la plus spécifique, et choisit en conséquence.

Lorsque les règles sont comparées, celle qui sélectionne selon l'attribut `id` a priorité sur celle qui sélectionne selon l'attribut `class`, parce que l'identifiant est différent pour chaque élément, donc plus précis que le nom d'une classe d'éléments.

Contrôle la position des éléments en CSS

Les styles CSS ne se limitent pas aux couleurs et à l'aspect des éléments. Tu peux choisir la position d'un élément HTML avec une règle CSS. Ce genre d'opération correspond au positionnement.

Essayons de changer la position de certains des éléments de notre robot.

1. **Cherche la règle CSS qui s'intéresse à l'œil droit de Douglas.**

```
#oeilDroit {
    position: absolute;
    left: 20%;
    top:  20%;
}
```

La première propriété s'écrit `position`. Elle permet de choisir comment le navigateur doit interpréter les propriétés de position, comme `top` et `left`, par rapport à la fenêtre. Lorsque tu choisis `absolute`, l'élément (l'œil donc) peut être placé n'importe où dans les limites de l'objet parent (la tête) sans risque qu'un autre élément le repousse plus loin. Lorsque deux éléments sont envoyés au même endroit dans le mode `absolute`, ils sont affichés l'un au-dessus de l'autre.

Nous avions décidé de placer l'œil droit à `20%` plus bas que le haut de la tête (en comptant à partir du bord supérieur de l'élément `tete`) et autant dans le sens de la largeur à partir du bord gauche de l'élément.

2. **Essaye de décaler l'œil droit vers la gauche et de le faire remonter un peu en réduisant les valeurs des deux propriétés `left` et `top`. Voici mon exemple :**

```
    left: 10%;
    top:  10%;
}
```

3. **Relance l'exécution pour voir le résultat (Figure 6.5).**

Figure 6.5 : Douglas lève son œil droit.

Personnalise ton robot JavaScript !

Tu as maintenant assez appris pour pouvoir faire quelques essais tout seul. Utilise ce que nous avons présenté au long de ce chapitre pour personnaliser Douglas. Tu peux intervenir au niveau des couleurs, des positions et des détails des éléments.

Tu peux même partager ensuite ta version de Douglas sur Twitter ou sur Facebook.

Un robot pour une synthèse

Chapitre

7

Les trois langages HTML, CSS et JavaScript forment une bonne équipe. Chacun se combine très bien aux deux autres pour réaliser des choses formidables dans un simple navigateur Web.

Je te propose dans ce chapitre de réunir les connaissances des trois chapitres précédents en faisant danser notre robot Douglas !

Modifier du CSS en JavaScript

Tu sais modifier le contenu d'un document HTML avec du code JavaScript. Puisque tu connais maintenant les règles de styles CSS, rien ne t'empêche de modifier ces règles depuis JavaScript.

Il faut d'abord sélectionner l'élément sur lequel tu veux appliquer les modifications. Dans le Chapitre 5, nous avons déjà utilisé `getElementById()`. Voici par exemple comment sélectionner l'œil gauche de Douglas en JavaScript :

```
document.getElementById("oeilGauche")
```

Une fois qu'un élément est sélectionné, tu peux intervenir sur ses styles au moyen de la propriété `style` que tu ajoutes à la suite du sélecteur avec un point séparateur. Tu ajoutes ensuite le nom de la propriété que tu veux modifier puis sa valeur. Voici par exemple comment modifier la couleur de l'œil gauche en JavaScript :

```
document.getElementById("oeilGauche").style.backgroundColor =
"purple";
```

Tu as peut-être remarqué quelque chose de bizarre dans le nom de propriété, qui n'est pas exactement le même que le nom de la même propriété CSS. Il y a deux règles à connaître pour modifier des styles depuis le JavaScript :

- Lorsque le nom de la propriété CSS ne comporte qu'un seul mot, comme c'est le cas de `margin` ou de `border`, tu utilises le même nom dans l'instruction JavaScript.
- En revanche, si le nom de la propriété CSS comporte un tiret séparateur (ou plusieurs), le nom de propriété doit être modifié en supprimant les tirets et en écrivant dans le mode droMaDaire. C'est ainsi que le nom de la propriété CSS `background-color` doit être écrit `backgroundColor`.

Voici quelques exemples de noms de propriétés CSS avec l'écriture correspondante en JavaScript :

Tableau 7.1 : Comparaison de quelques noms de propriétés CSS.

Propriété CSS	Orthographe en JavaScript
background-color	backgroundColor
border-radius	borderRadius
font-family	fontFamily
margin	margin
font-size	fontSize
border-width	borderWidth
text-align	textAlign

JavaScript est très pointilleux au niveau de la distinction entre lettres minuscules et lettres majuscules. Les majuscules doivent être respectées dans les noms des propriétés de style pour que ces propriétés soient réellement modifiées depuis le JavaScript.

Retouchons Douglas en JavaScript

Le fait de pouvoir modifier les règles de style CSS depuis le JavaScript nous permet d'intervenir sur l'aspect et la position des éléments en réagissant à ce que l'utilisateur saisit.

Nous allons faire danser Douglas, mais commençons par un peu de chirurgie esthétique.

1. **Tu es connecté à ton compte JSFiddle. Accède à la partie publique des exemples (jsfiddle.net/user/PLKJS) et ouvre le projet du Chapitre 7 dans son état initial (`07: Robot (initial)`) ou bien repars de celui de la fin du chapitre précédent (Figure 7.1).**

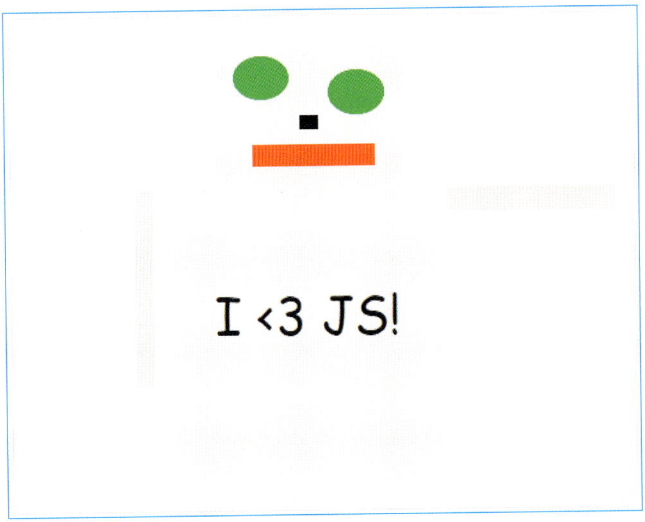

Figure 7.1 : Douglas dans son état initial inanimé.

2. **Démarre une variante du programme en utilisant le bouton `Fork`. Cela le transporte dans ton propre compte.**

3. **Saisis l'instruction suivante dans le panneau JavaScript. Elle modifie la couleur de l'œil gauche de Douglas :**

```
document.getElementById("oeilGauche").style.backgroundColor =
"purple";
```

4. **Lance l'exécution avec `Run`.**

   Normalement, l'œil gauche de Douglas devient violet (Figure 7.2).

Figure 7.2 : L'œil gauche de Douglas a changé de couleur.

5. **Commence la saisie d'une nouvelle instruction en frappant d'abord la touche Entrée ou Retour dans le panneau JavaScript. Saisis l'instruction suivante :**

```
document.getElementById("tete").style.transform = "rotate(15deg)";
```

6. **Relance l'exécution.**

Figure 7.3 : Douglas est prêt à danser.

La tête de Douglas doit s'être inclinée vers sa gauche. On dirait qu'il est prêt à commencer à danser (Figure 7.3) !

7. **Dans le panneau des options à gauche, ouvre les options de Fiddle et saisis un nom original pour ta version du programme.**

8. **Dans la barre d'outils du haut, clique** `Update` **pour lancer la mise à jour puis** `Set as base` **pour que le projet soit enregistré dans ta partie publique.**

Continuons la personnalisation

En accédant à une propriété de style depuis JavaScript, les possibilités deviennent quasiment infinies. Pour t'en rendre compte, essaie successivement chacune des instructions suivantes dans le panneau JavaScript en relançant l'exécution après chacune d'elles :

```
document.getElementById("corps").style.border = "2px black solid";
document.getElementById("bouche").style.borderRadius = "4px";
document.getElementById("oeilDroit").style.border = "4px yellow
dotted";
document.getElementById("brasGauche").style.backgroundColor =
"#ff00ff";
document.getElementById("corps").style.color = "#ff0000";
document.getElementById("tete").style.borderTop = "5px black solid";
```

À toi de jouer maintenant. Est-ce que tu saurais apporter seul les modifications suivantes en JavaScript ?

- Faire pencher la tête de Douglas de l'autre côté.
- Arrondir le nez de Douglas.
- Repeindre le bras droit de Douglas en vert.
- Ajouter du rouge à lèvres à la bouche de Douglas.

Si tu as besoin d'aide, tu peux aller regarder la solution dans notre version du projet qui porte le nom `7: Changer du CSS depuis JS`.

Je rappelle que JavaScript est très pointilleux au niveau de l'orthographe. Si tu fais une faute de frappe ou si tu oublies un signe de ponctuation, toutes les lignes qui doivent être exécutées ne le seront pas, et ça n'altérera pas seulement l'instruction dans laquelle se trouve l'erreur au départ. Et les messages d'erreur sont rares.

Faisons danser Douglas !

Tu sais maintenant modifier les règles CSS depuis JavaScript. Voyons maintenant comment ajouter de l'animation à notre robot.

1. **Reviens si nécessaire à la version initiale du robot de ce chapitre ou repars du projet `07: Robot (initial)`.**
2. **Ouvre les options de Fiddle dans le panneau de gauche et donne à cette version du projet le nom `Robot animé` (par exemple).**
3. **Enregistre ton travail par `Update`.**

Tu peux maintenant travailler sur la nouvelle variante de Douglas le danseur tout en gardant la possibilité de revoir la version qui ne danse pas.

Notre Douglas n'est pas un grand danseur, mais il possède quelques mouvements bien à lui. Le premier est son effet oculaire. Il fait monter son œil rapidement puis le laisse redescendre doucement. Un bel effet hypnotique.

La Figure 7.4 montre Douglas avec un œil en train de redescendre.

Figure 7. 4 : Douglas en plein effet oculaire.

Pour faire danser Douglas, nous allons proposer à l'utilisateur de cliquer dans différentes parties du corps pour les animer. Commençons par l'œil droit qui doit se lever et redescendre lorsque l'on clique dedans.

1. **Le panneau JavaScript doit être vide. S'il ne l'est pas, sélectionne tout ce qu'il contient et utilise la touche `Suppr` pour faire le ménage. Saisis alors l'instruction suivante :**

```
var vOeilD = document.getElementById("oeilDroit");
```

Il s'agit d'une déclaration de variable qui va nous permettre de simplifier l'écriture de l'instruction de sélection de l'œil droit. Une fois cette variable définie, nous allons désigner l'œil droit de Douglas dans toute la suite du programme en indiquant simplement le nom de la variable `vOeilD`.

2. **Nous devons maintenant prévenir JavaScript de se tenir à l'écoute de la survenue d'un événement de type clic dans les limites de l'œil droit. Voici l'instruction correspondante :**

```
vOeilD.addEventListener("click", monterDescendre);
```

La gestion des événements

JavaScript possède un mécanisme qui lui permet de faire déclencher une action que tu as définie lorsqu'un événement se produit au niveau d'un élément de la page Web. L'événement peut être par exemple le fait de cliquer dans les limites d'un élément ou d'en approcher le pointeur de souris.

Pour que ce mécanisme fonctionne, il faut utiliser la méthode standard de JavaScript portant le nom `addEventListener()` qui sert à mettre en place un AUDITEUR D'ÉVÉNEMENT. Pour créer cette relation entre une instruction de ton programme JavaScript et un événement de la page, il faut définir trois choses :

» **Le nom de l'événement.** Lorsque quelque chose se produit dans une page Web, on appelle cela un événement. Les événements les plus fréquents sont les clics de souris, les frappes de touches, les glisser/déplacer, les positionnements du pointeur de souris, la sélection de texte et le copier/coller.

» Les événements se ne se limitent pas à ceux provoqués par l'utilisateur devant la page Web. Certains événements se produisent sans que le visiteur ne fasse rien : fin du chargement de la page, affichage d'un élément, survenue d'une erreur, fin d'une animation. Voici les noms réservés des huit événements les plus fréquents dans une page Web :

- `click` : l'utilisateur a cliqué avec le bouton principal de souris.
- `submit` : l'utilisateur a validé le formulaire.
- `drag` : l'élément a été agrippé à la souris, mais pas encore relâché.
- `drop` : l'élément qui avait été déplacé a été relâché.

- `copy` : l'utilisateur a copié du contenu.
- `paste` : l'utilisateur a collé du contenu.
- mouseover : le pointeur de souris est passé dans les limites visuelles de l'élément.
- load : la page a terminé son chargement.

» Pour définir l'événement auquel tu veux réagir, il suffit d'indiquer le nom de l'événement entre guillemets dans les parenthèses qui suivent le nom de la méthode d'ajout d'auditeur. Voici le format générique de l'instruction :

» `cible.addEventListener("nom_événement", fonction_à_déclencher);`

» **La cible de l'événement.** Dans la ligne précédente, nous avons commencé par le mot `cible`. C'est ce mot que tu dois remplacer par le nom d'un de tes objets. C'est cet objet qui est concerné par l'événement. Par exemple, pour réagir à l'événement clic survenu dans l'œil droit de Douglas, il faut écrire ceci :

```
vOeilD.addEventListener("click", monterDescendre);
```

» C'est la cible pour laquelle JavaScript va surveiller la survenue d'un événement dans ses limites. Dans l'exemple, il s'agit de la variable JavaScript portant le nom `vOeilD`. Je te rappelle que nous avons défini cette variable comme équivalente à la longue expression suivante :

```
document.getElementById("oeilDroit");
```

» **La fonction de l'auditeur**. La troisième chose qu'il faut définir pour créer un auditeur d'événement est l'action qu'il doit déclencher. C'est cet objet qui doit être prévenu que l'événement s'est produit.

» Dans le cas de notre robot Douglas, nous voulons déclencher une fonction qui reste encore à écrire. Nous choisissons déjà son nom, qui sera `monterDescendre()`. C'est dans cette fonction que nous allons réunir les instructions pour faire monter l'œil et le faire descendre doucement.

```
vOeilD.addEventListener("click", monterDescendre);
```

Après cette section un petit peu complexe, puisqu'elle concerne les auditeurs d'événements, revenons à notre robot. Nous devons écrire la fonction qui va être déclenchée lorsque l'on clique dans l'œil.

Écrivons une fonction auditeur

Pour l'instant, le panneau JavaScript ne doit contenir que deux instructions :

```
var vOeilD = document.getElementById("oeilDroit");
vOeilD.addEventListener("click", monterDescendre);
```

Si tu lances l'exécution maintenant, tu ne verras rien de spécial. C'est normal : nous n'avons pas encore écrit la fonction déclenchée par l'auditeur. Note cependant que JavaScript ne déclenche pas d'erreur.

L'écriture d'un auditeur est notre première occasion de rencontrer les fonctions. Une fonction est un miniprogramme inséré dans ton programme JavaScript. Lorsque l'événement se produit, les instructions qui sont rassemblées dans le bloc de cette fonction vont être exécutées.

Nous avons choisi de donner à notre fonction auditeur le nom `monterDescendre()`. Voici comment créer cette fonction.

1. **Place-toi après la dernière ligne de code dans le panneau JavaScript et insère une ligne vide avec Entrée ou Retour.**
2. **Saisis la ligne de tête de la fonction d'auditeur :**

   ```
   function monterDescendre(e) {
   ```

   Cette première ligne n'est pas une instruction complète. C'est la tête de définition de la fonction. Tu indiques que tu vas créer une fonction et tu fournis son nom. Tu remarques qu'il y a une lettre `e` entre parenthèses. Lorsque la fonction va être déclenchée par `addEventListener()`, cette variable va contenir des informations au sujet de l'événement qui s'est produit. Nous pourrons analyser cette valeur dans notre fonction, comme je vais l'expliquer très bientôt.
3. **Passe à la ligne suivante par Entrée ou Retour après l'accolade ouvrante puis saisis les trois autres instructions qui vont constituer le corps de la fonction et toute la sous-fonction `frame()` imbriquée :**

   ```
     var robotPart = e.target;
     var pos = 0;
     var id = setInterval(frame, 10) // Toutes les 10 ms

     function frame() {
       robotPart.style.top = pos + '%';
       pos++;
       if (pos === 20){
         clearInterval(id);
       }
     }
   }
   ```

   Voilà une partie assez complexe à saisir. Relis-toi et compare avec ce qui est montré dans ce livre. En réalité, les choses sont assez simples. Je vais expliquer cette fonction, mais testons d'abord pour vérifier qu'il n'y a pas de faute de saisie.
4. **Utilise la commande `Run` pour exécuter le projet.**

Si tu n'as pas fait de faute de frappe, tu dois pouvoir maintenant cliquer dans l'œil droit de Douglas pour le voir monter puis redescendre (Figure 7.5).

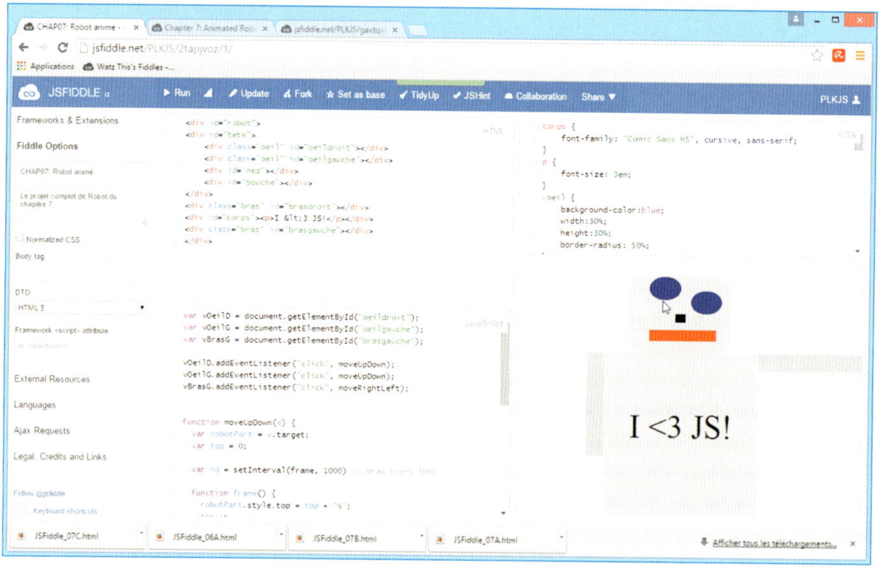

Figure 7.5 : Un clic dans l'œil de Douglas le fait s'animer.

Si le programme ne fonctionne pas, relis soigneusement ce que tu as saisi. Tu dois avoir exactement le même résultat que dans le Listing 7.1.

Listing 7.1 : Code source du début de l'animation JavaScript.

```
var vOeilD = document.getElementById("oeilDroit");

vOeilD.addEventListener("click", monterDescendre);

function monterDescendre(e) {
  var robotPart = e.target;
  var pos = 0;
  var id = setInterval(frame, 10) // Toutes les 10 ms

  function frame() {
    robotPart.style.top = pos + '%';
    pos++;
    if (pos === 20){
      clearInterval(id);
    }
  }
}
```

Une fois que l'événement déclenche ta fonction lorsque tu cliques dans l'œil, tu peux passer à la suite pour découvrir comment tout cela fonctionne.

Les animations JavaScript

Qu'il s'agisse d'un film ou d'une animation vidéo, les animations sont toujours des effets d'optique. Leur principe consiste à afficher une série d'images fixes à un rythme assez rapide, afin de donner l'impression d'un mouvement de l'œil.

Chacune des images fixes de l'animation est un cadre (*frame*). Pour animer la redescente de l'œil dans notre animation, nous réaffichons l'œil à une position légèrement différente toutes les 10 millisecondes, en commençant par la position la plus haute pour revenir à 20 % depuis le haut de la tête.

Dans la Figure 7.6, on peut voir la position de l'œil à différents moments de l'animation, comme dans un ralenti.

Figure 7.6 : Décomposition de l'animation de l'œil de Douglas.

Passons maintenant en revue une par une les huit instructions de la fonction que nous venons de rédiger. Commençons par la première instruction sous la ligne de tête de la fonction :

```
var robotPart = e.target;
```

Dans cette instruction, nous récupérons dans une variable l'objet événement qui a été envoyé automatiquement par la méthode addEventListener(). Nous avons besoin de savoir quel est l'élément HTML dans lequel l'événement s'est produit. Dans notre cas, c'est l'œil droit du robot. Nous stockons cela dans la nouvelle variable robotPart.

Nous créons ensuite une variable en lui donnant le nom pos et la valeur initiale 0 :

```
var pos = 0;
```

C'est dans cette variable que va se trouver à tout moment la position de l'œil par rapport au haut de la tête. Nous ferons varier la valeur de la variable pour faire redescendre l'élément.

La troisième instruction utilise une fonction standard de JavaScript nommée setInterval(). C'est une fonction un peu magique qui sert à programmer un temporisateur :

```
var id = setInterval(frame, 10) // Toutes les 10 ms
```

Cette fonction va déclencher de façon répétée la fonction qui est indiquée en premier entre ses parenthèses. La fréquence de répétition des appels est définie par la valeur fournie en deuxième entre parenthèses.

Cette valeur est exprimée en millisecondes. La valeur 1000 vaut donc une seconde. Plus la valeur est grande, plus l'attente est longue entre deux déclenchements.

Nous arrivons ensuite à la définition d'une petite fonction imbriquée dans la précédente. C'est elle qui est déclenchée à intervalles réguliers. Elle va créer chacune des positions de l'animation :

```
function frame() {
```

Dans cette minifonction, nous utilisons la valeur de notre variable pos en y ajoutant le signe % et nous stockons cette valeur dans la propriété de position du haut de l'élément :

```
robotPart.style.top = pos + '%';
```

Dorénavant, lorsque tu cliques l'œil, la variable pos sera au départ égale à 0 %, ce qui va amener l'œil contre le bord supérieur de la tête de Douglas.

L'instruction suivante augmente de un la valeur de la variable pos en utilisant une technique compacte, l'opérateur d'incrémentation :

```
pos++;
```

(Nous reverrons cet opérateur plus en détail dans le Chapitre 9.)

Nous entrons ensuite dans un test pour savoir si nous sommes arrivés à la dernière des images fixes de l'animation. Il suffit de comparer la position actuelle de la variable pos à la valeur 20 qui marque la position basse de repos :

```
    if (pos === 20){
```

Une fois que l'égalité est satisfaite, nous exécutons l'instruction placée entre les accolades de cette condition :

```
      clearInterval(id);
```

Il ne reste plus qu'à refermer correctement les trois niveaux d'imbrication de notre fonction monterDescendre(), en ajoutant les bons décalages aux trois accolades fermantes :

```
    }
  }
}
```

Animons un autre élément

Maintenant que nous connaissons l'écriture d'une fonction auditeur pour animer un œil, nous n'allons avoir aucun souci pour animer l'autre. Il suffit de définir un autre auditeur.

1. **Commence par enregistrer le travail dans l'état actuel en utilisant la commande Update en haut.**
2. **Place-toi juste sous la déclaration de la variable vOeilD et insère une déclaration similaire pour l'autre œil :**

   ```
   var vOeilG = document.getElementById("oeilGauche");
   ```

3. **Descends de quelques lignes pour insérer une deuxième définition d'auditeur pour cet autre œil :**

   ```
   vOeilG.addEventListener("click", monterDescendre);
   ```

4. **Relance l'exécution.**

Dorénavant, tu peux cliquer dans chacun des deux yeux pour voir se déclencher l'animation.

Créons une autre fonction d'animation

Douglas a plus d'un tour dans son sac. En plus de jouer avec ses yeux, il sait réaliser un mouvement spécial avec son bras gauche, un mouvement typiquement robotique puisqu'il consiste à détacher son bras et l'envoyer de l'autre côté puis le ramener jusqu'à sa position normale.

Pour créer cette animation du bras gauche, nous allons définir une troisième fonction auditeur. Nous allons repartir de la fonction `monterDescendre()` en la modifiant pour animer le bras dans le sens latéral plutôt que de haut en bas.

1. **Commençons par définir une nouvelle variable en la plaçant juste après les deux autres pour simplifier l'écriture de la cible correspondant à l'élément `brasGauche` :**

```
var vBrasG = document.getElementById("brasGauche");
```

2. **Nous ajoutons ensuite un troisième gestionnaire d'événement, juste sous les deux autres :**

```
vBrasG.addEventListener("click", decalerGD);
```

3. **Pour gagner du temps, sélectionne toutes les lignes de ta fonction auditeur `monterDescendre(e)` et copie-les dans le Presse-papiers (`Ctrl + C` sous Windows ou `Pomme C` sous Mac OS).**

4. **Descends tout à la fin de ton programme et insère la copie de la fonction.**

Nous pouvons maintenant modifier cette copie pour obtenir rapidement une nouvelle fonction auditeur que nous avons décidé de nommer `decalerGD()`. (Attention : pas d'accents dans les noms des variables et des fonctions !)

1. **Commence par donner à la copie de la fonction le nom `decalerGD`.**

```
function decalerGD(e) {
```

2. **Modifie la seconde ligne du corps de la fonction pour qu'elle se lise ainsi :**

```
var gauche = 0;
```

3. **Dans la sous-fonction `frame()`, modifie la première ligne ainsi :**

```
robotPart.style.left = gauche + '%';
```

4. **Modifie la deuxième ligne de la fonction `frame()` ainsi :**

```
gauche++;
```

5. **Modifie la troisième ligne de la fonction ainsi :**

```
if (gauche === 70){
```

Une fois ces cinq modifications effectuées, la nouvelle fonction auditeur doit se présenter comme dans le Listing 7.2.

Listing 7.2 : La nouvelle fonction auditeur decalerGD().

```
function decalerGD(e) {
  var robotPart = e.target;
  var gauche = 0;
  var id = setInterval(frame, 10) // Chaque 10 ms

  function frame() {
    robotPart.style.left = gauche + '%';
    gauche++;
    if (gauche === 70){
      clearInterval(id);
    }
  }
}
```

Pense à enregistrer ton travail avec la commande `Update` puis lance l'exécution. Dorénavant, tu peux cliquer dans le bras gauche de Douglas (celui à droite sur l'écran) pour voir se déclencher l'animation que tu viens d'écrire (Figure 7.7).

Figure 7.7 : Douglas effectue sa fameuse translation de bras gauche.

Voici pour finir le code source complet du projet dans le panneau JavaScript.

Listing 7.3 : Code source JavaScript complet de l'animation de Douglas.

```
var vOeilD = document.getElementById("oeilDroit");
var vOeilG = document.getElementById("oeilGauche");
var vBrasG = document.getElementById("brasGauche");

vOeilD.addEventListener("click", monterDescendre);
vOeilG.addEventListener("click", monterDescendre);
vBrasG.addEventListener("click", decalerGD);

function monterDescendre(e) {
  var robotPart = e.target;
  var pos = 0;
  var id = setInterval(frame, 10) // Toutes les 10 ms

  function frame() {
    robotPart.style.top = pos + '%';
    pos++;
    if (pos === 20){
      clearInterval(id);
    }
  }
}

function decalerGD(e) {
  var robotPart = e.target;
  var gauche = 0;
  var id = setInterval(frame, 10) // Chaque 10 ms

  function frame() {
    robotPart.style.left = gauche + '%';
    gauche++;
    if (gauche === 70){
      clearInterval(id);
    }
  }
}
```

Tu peux continuer à t'amuser à ajouter d'autres mouvements à Douglas. Choisis par exemple un morceau de musique et essaie de faire cligner les yeux ou bouger les bras en cadence. Ajoute de nouveaux gestionnaires d'événement pour animer d'autres parties du corps de Douglas : son nez, sa bouche ou son bras droit !

Troisième partie

Des chiffres et des lettres

DANS CETTE PARTIE

- » Découvrons les opérandes
- » Jouons avec les opérateurs
- » Un générateur d'histoires

Découvrons les opérandes

Chapitre

8

Lorsque tu parles ou lorsque tu écris avec ton langage d'humain, tu combines des noms communs qui désignent des choses et des verbes qui désignent des actions. Tu y ajoutes des adjectifs, des adverbes, des pronoms, des conjonctions et des prépositions. Les deux composants essentiels d'une phrase restent les noms (substantifs) et les verbes.

Pour écrire une phrase en JavaScript, c'est-à-dire une INSTRUCTION, tu combines des OPÉRANDES (qui correspondent à des noms) et des OPÉRATEURS (qui correspondent à des verbes).

Nous allons découvrir au cours de ce chapitre les catégories d'opérandes de JavaScript et verrons comment les utiliser dans un projet complet.

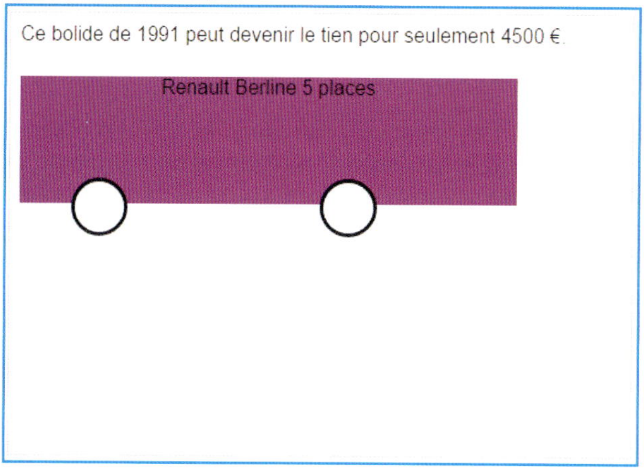

Expressions et opérandes

En JavaScript, une expression et un ensemble d'éléments de code source qui est analysé par JavaScript (évalué) pour produire un résultat, une valeur.

Quand nous disons qu'une expression produit une valeur, cela signifie que lorsque l'interpréteur JavaScript a terminé d'analyser l'expression et de la traiter, il renvoie une donnée d'un type ou d'un autre. Voici deux exemples :

- l'évaluation de l'expression `1 + 1` produit la valeur numérique 2. On peut également dire que l'expression « donne » 2.
- l'expression `memoire = 7` n'est pas du même genre. C'est une action qui copie la valeur située à droite (la numérique littérale 7) dans l'emplacement mémoire symbolisé par la variable portant le nom `memoire`.

Une expression combine un ou plusieurs opérandes (par exemple la valeur 1 ou le nom de variable `memoire`) et au moins un opérateur (dans les exemples, il s'agit du signe plus et du signe égal). Un opérande possède toujours un type de donnée ; il peut s'agir d'un des types simples de JavaScript : numérique, chaîne ou booléen (comme vu dans le Chapitre 3). Il peut également s'agir du type objet ou du type tableau que nous verrons plus loin.

Nous verrons au cours de ce chapitre comment créer et utiliser des objets. En ce qui concerne les tableaux, nous verrons cela dans le Chapitre 11.

Au lieu de présenter l'un après l'autre les types de données sur lesquels tu peux faire travailler des opérandes, je te propose de créer un petit jeu. Nous allons essayer plusieurs opérandes JavaScript, et ce sera à toi de deviner le type de donnée de chaque opérande.

Au départ, je vais donner les réponses, mais dans les derniers essais, je vais te laisser chercher un peu avant de fournir les réponses tout de même. Allons-y !

Pour chacun des opérandes suivants, je te demande de deviner s'il s'agit d'une valeur numérique, chaîne ou booléenne (logique) :

- `100` : c'est clairement une valeur numérique puisqu'il n'y a pas de guillemets et rien d'autre que des chiffres en base décimale.
- `"Salut les amis de JavaScript"` : ici, c'est clairement une chaîne de caractères, puisqu'il y a des délimiteurs (guillemets) autour.
- `false` : écrit ainsi, c'est évidemment la valeur booléenne qui correspond au résultat négatif d'une expression logique. Il n'y a pas de guillemets pour que ce soit une chaîne.

» "true" : cette fois-ci, il s'agit d'une chaîne qui contient le mot anglais signifiant vrai. Ce n'est pas un booléen parce qu'il y a des guillemets.

À ton tour maintenant. Pour chacun des opérandes ci-après, tu dois décider s'il s'agit d'un nombre, d'une chaîne ou d'un booléen :

```
187
"007"
"chiffre 9"
true
86
"Il est minuit, docteur Schweitzer"
```

Alors ? Voici mes réponses :

» 187 est une valeur numérique (entière).

» "007" est une chaîne de caractères.

» "chiffre 9" est aussi une chaîne.

» true est un booléen.

» 86 est une valeur numérique.

» "Il est minuit, docteur Schweitzer" est une chaîne.

Tous les opérandes que nous venons de voir sont des valeurs littérales, les valeurs directement exprimées dans le code. En général, les programmeurs manipulent les valeurs indirectement, en les stockant dans des variables. Ce sont les noms des variables qui sont indiqués comme opérandes. Voici quelques exemples qui copient des valeurs dans les variables. Pour chacune de ces expressions, tu dois deviner le type de données de la variable après l'opération (nombre, chaîne ou booléen) :

```
distance = 3000
resultat = 800 * 4
chansonTrad = "Mon" + "beau" + "sapin"
comparaison = 2 > 3
```

C'était facile : les deux premières expressions utilisent des opérandes numériques. Le résultat l'est donc aussi. La troisième expression raccorde trois petites chaînes pour produire une chaîne. La dernière expression compare deux valeurs ; le résultat est donc obligatoirement booléen. Il ne peut être que soit True, soit False.

Après ces essais théoriques, voyons cela en pratique.

1. **Si nécessaire, ouvre la console JavaScript de Chrome (raccourci** Ctrl + Maj + J **ou** Pomme Option J**).**

   Le panneau de la Console JavaScript apparaît (Figure 8.1).

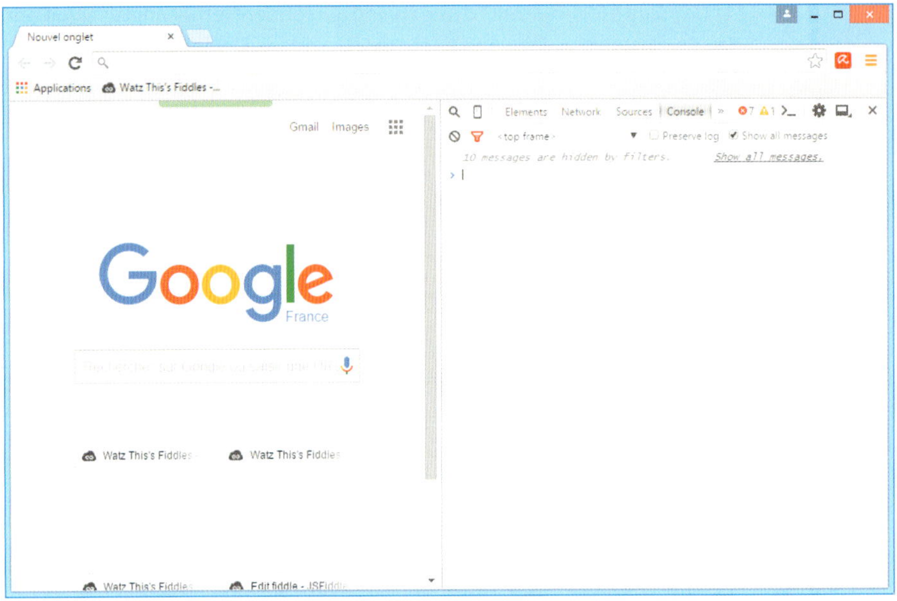

Figure 8.1 : La console JavaScript vide.

2. **Pour connaître le type de données d'une valeur littérale, tu peux utiliser directement la commande `typeof`. Essaie par exemple ceci :**

   ```
   typeof 8
   ```

   La Console JavaScript répond en indiquant `number` (Figure 8.2).

3. **Insère l'instruction suivante qui déclare une variable puis copie dans cette variable le résultat d'une expression :**

   ```
   var resultat = 7 + 8 + 36 +18 + 12
   ```

   Le type que renvoie la console est `undefined`, ce qui ne veut pas dire que le type n'est pas défini, mais qu'elle a bien exécuté l'instruction.

4. **Pour connaître le type de la variable que nous venons de créer, nous utilisons la commande `typeof` :**

   ```
   typeof resultat
   ```

   La réponse est, comme tu t'en doutes sûrement, `number`. La variable contient donc une valeur de type numérique.

5. **Faisons un essai avec une chaîne :**

   ```
   typeof "Le chat aime se déguiser en souris"
   ```

   Dès que tu valides, tu peux confirmer que le résultat est `string`, c'est-à-dire une chaîne de caractères.

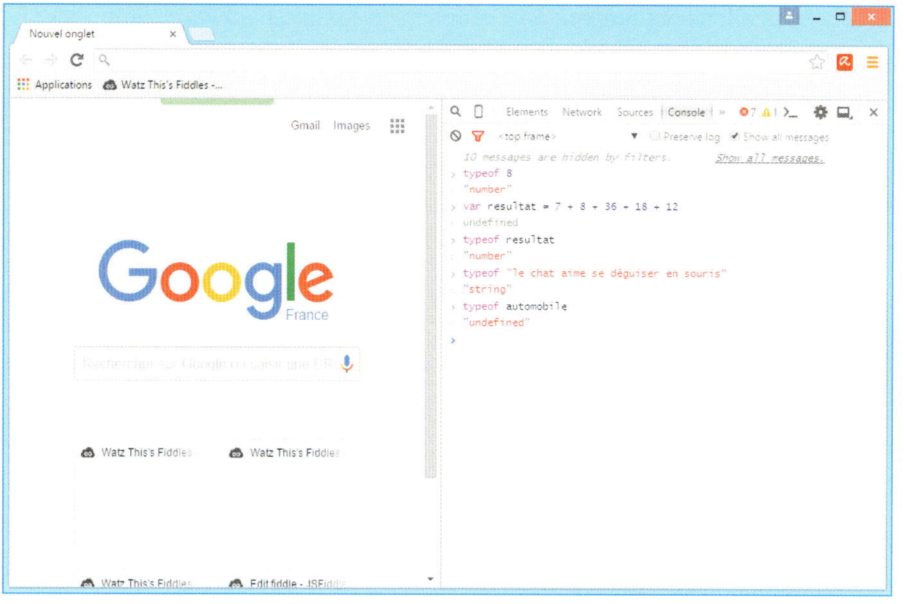

Figure 8.2 : Recherche du type de données d'un opérande.

6. **Essaie maintenant de demander le type d'un mot qui n'est pas délimité par des guillemets :**

   ```
   typeof automobile
   ```

   Cette fois-ci, la réponse est à nouveau `undefined`, mais pour une bonne raison. Lorsque JavaScript détecte un mot qui n'est pas entre délimiteurs, il considère que c'est le nom d'une variable. Mais ici, nous n'avons encore jamais déclaré de variable portant le nom `automobile`. JavaScript répond donc à juste titre que le type de la variable `automobile` est non défini.

Créons un objet

J'ai dit plus haut que JavaScript connaissait les trois types de données fondamentaux chaîne, nombre et booléen, ainsi que le type `object`. Nous avons vu dans le Chapitre 5 que les objets JavaScript étaient des regroupements de propriétés (leurs données) et des méthodes (leurs actions ou fonctions).

Nous allons maintenant voir comment créer un objet. Pour commencer la définition d'un objet, on utilise d'abord le mot réservé `var`, comme pour une variable classique puis le nom choisi pour l'objet puis le signe égal :

```
var monObjet =
```

C'est à partir de ce moment que les choses changent. Pour créer un objet, il faut toujours commencer par ouvrir le bloc dans lequel vont être indiqués tous les détails internes de l'objet. Cette ouverture de bloc se fait avec une accolade. Comme il faudra également refermer ce bloc avec une accolade fermante, nous écrivons déjà les deux accolades puis le signe point-virgule de fin d'instruction pour ne pas l'oublier :

```
var monObjet = { };
```

C'est entre les deux accolades que nous allons implanter des définitions de propriétés et de méthodes. Chaque propriété et chaque méthode doit indiquer le nom puis un signe deux-points puis la valeur et enfin une virgule, sauf après la dernière définition.

Passons immédiatement à la pratique en rédigeant la définition de notre premier objet dans JSFiddle.

1. **Dans ton navigateur, va à la page d'accueil de JSFiddle :**

   `http://jsfiddle.net`

   Tu peux aussi repartir de la liste des projets de ton compte JSFiddle. Choisis dans ce cas la commande `Editor` en haut.

   Tu dois voir les quatre panneaux vides (HTML, CSS, JavaScript et les résultats).

2. **Dans le panneau JavaScript, saisis la définition de l'objet portant le nom `bolide`. Je rappelle qu'il ne faut pas utiliser de lettres accentuées dans les identifiants :**

```
var bolide = {
    bMarque: "Renault",
    bModele: "Golf",
    bMillesime: 1991,
    bCouleur: "purple",
    bCarrosserie: "Berline 5 places",
    bPrix: 4500
}
```

   Tu peux choisir d'autres valeurs librement, sauf pour la couleur qui doit être un des noms de couleurs anglais prédéfinis.

   Tu remarques qu'un objet regroupe des propriétés de types différents. Dans l'exemple, la marque, le modèle et la carrosserie sont des chaînes, alors que le millésime et le prix sont des valeurs numériques.

3. **Sur une nouvelle ligne après l'accolade fermante qui définit l'objet, ajoute l'instruction suivante pour afficher le type de l'objet :**

```
alert("Le type de l'objet bolide est : " + typeof bolide);
```

4. **Lance l'exécution par** `Run`**.**

Tu vois apparaître une boîte message qui confirme que l'objet `bolide` existe et qu'il est du type `object` (Figure 8.3).

Figure 8.3 : Le bolide est bien un objet JavaScript.

Configurons notre bolide

Notre objet existe. Il reste maintenant à l'exploiter.

Quand on construit une voiture, il faut commencer par le châssis. Nous allons faire l'équivalent en langage HTML.

1. **Dans le panneau HTML de JSFiddle, saisis les instructions HTML suivantes :**

Listing 8.1 : Ossature HTML du bolide.

```
<div id="vehic">
    Ce  bolide de <span id="millesime"></span> peut devenir le tien
pour seulement <span id="prixBase"></span>  .
    <div id="forme"></div>
    <div id="essieuAV"></div>
    <div id="essieuAR"></div>
</div>
```

Ces instructions permettent de construire une représentation très schématique de notre bolide, en ajoutant le millésime et le prix. Donnons un peu plus de style au véhicule avec des règles CSS.

2. **Dans le panneau CSS, saisis les règles de style suivantes :**

Listing 8.2 : Règles CSS du bolide.

```
#vehic {
  font-family: Arial;
}
#forme {
    position: absolute;
    top:    50px;
    width:  80%;
    height: 100px;
    background-color: #000000;
    text-align: center;
}
#essieuAR {
    position: absolute;
    left:   10%;
    top:    130px;
    background-color: #ffffff;
    border: 3px solid black;
    border-radius: 50%;
    width:  40px;
    height: 40px;
}
#essieuAV {
    position: absolute;
    left:   50%;
    top:    130px;
    background-color: #ffffff;
    border: 3px solid black;
    border-radius: 50%;
    width:  40px;
    height: 40px;
}
```

Bien. Nous avons construit une représentation visuelle de notre voiture et nous lui avons appliqué des styles. La voiture possède une carrosserie noire, des roues et une légende incomplète.

3. **Lance l'exécution par** `Run` **pour voir où nous en sommes.**

Notre véhicule schématique apparaît bien dans le panneau des résultats (Figure 8.4).

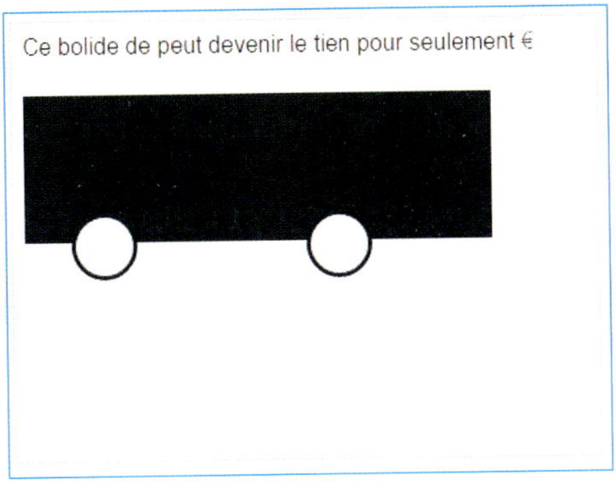

Figure 8.4 : Un véhicule très schématique (la beauté est à l'intérieur).

Passons maintenant à la personnalisation de la page avec du code JavaScript.

1. **Le panneau JavaScript contient normalement déjà la définition de l'objet `bolide`. Si tu l'avais effacée, revoici la définition complète que nous allons utiliser.**

Listing 8.3 : Code source JavaScript définissant l'objet bolide.

```
var bolide = {
    bMarque: "Renault",
    bModele: "Golf",
    bMillesime: 1991,
    bCouleur: "purple",
    bCarrosserie: "Berline 5 places",
    bPrix: 4500
};
```

2. **Supprime, si elle est présente, l'instruction d'affichage utilisant la fonction `alert()`.**

3. **Nous allons maintenant ajouter quatre instructions qui vont modifier la partie HTML en y injectant des propriétés extraites de l'objet. La première met à jour le prix du bolide pendant l'exécution :**

```
document.getElementById("prixBase").innerHTML = bolide.bPrix;
```

4. **L'instruction suivante fait de même pour le millésime :**

```
document.getElementById("millesime").innerHTML = bolide.bMillesime;
```

5. **La troisième instruction renseigne la couleur :**

```
document.getElementById("forme").style.backgroundColor = bolide.
bCouleur;
```

6. **La dernière instruction construit une chaîne à partir de deux propriétés, la marque et la carrosserie :**

```
document.getElementById("forme").innerHTML = bolide.bMarque + " " +
bolide.bCarrosserie;
```

Voici le bloc d'instructions à ajouter dans le panneau JavaScript :

Listing 8.4 : Code source JavaScript utilisant l'objet bolide.

```
document.getElementById("prixBase").innerHTML = bolide.bPrix;
document.getElementById("millesime").innerHTML = bolide.bMillesime;
document.getElementById("forme").style.backgroundColor = bolide.
bCouleur;
document.getElementById("forme").innerHTML = bolide.bMarque + " " +
bolide.bCarrosserie;
```

Tu peux relancer l'exécution pour admirer le résultat (Figure 8.5).

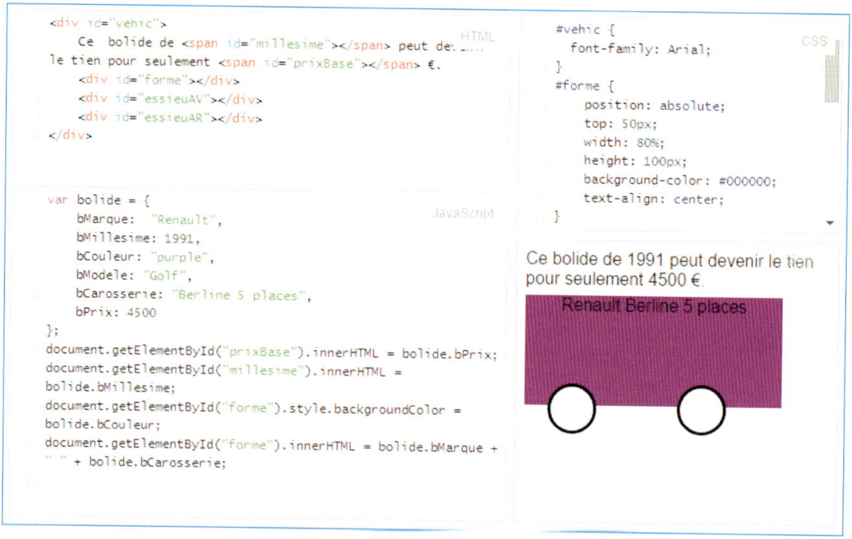

Figure 8.5 : Admire ton nouveau véhicule !

Tu peux maintenant customiser le bolide en modifiant des paramètres, sans oublier à chaque fois de relancer l'exécution (le raccourci clavier Ctrl + Entrée est ton ami !). Tu vois que les propriétés d'un objet permettent de modifier les résultats affichés et d'intervenir aussi sur les styles CSS de la page Web.

Jouons avec les opérateurs

Chapitre 9

Un opérateur est un symbole qui permet de réaliser une opération avec un ou plusieurs opérandes. Faisons le tour des opérateurs de JavaScript.

JavaScript possède tous les opérateurs dont tu peux avoir besoin, et même certains dont tu n'auras jamais besoin. Au lieu d'en dresser la liste, essayons les différents opérateurs avec un programme conçu à cet effet. Il te suffit de choisir un opérateur, de saisir des opérandes et leur type de donnée puis de demander d'afficher le résultat.

Ce programme est une super-calculette : elle sait travailler non seulement avec des chiffres, mais également avec des lettres et des mots.

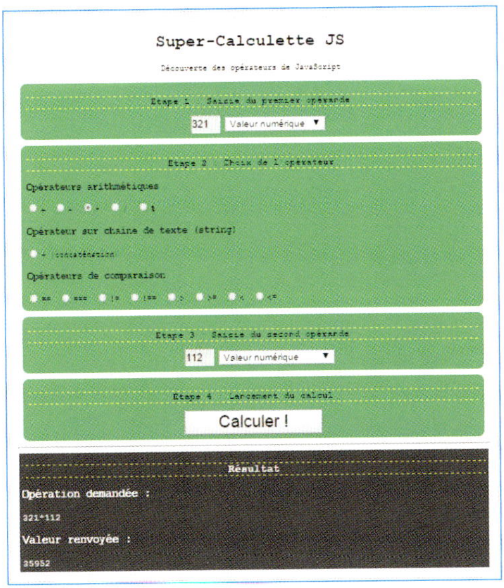

N.d.T. : exceptionnellement, nous n'écrirons pas une seule ligne de code dans ce chapitre.

La super-calculette

Tu n'as jamais vu une calculette pareille. Elle sait faire toutes les opérations arithmétiques habituelles, addition, soustraction, multiplication et même division. Mais pas seulement ! Notre machine sait trouver le reste de la division d'un nombre entier par un autre. Cette opération formidable est le MODULO. Tu vas pouvoir moduler gratuitement !

Il y en a encore. La super-calculette peut raccorder des mots ensemble. Si tu as le mot Java et le mot Script, tu peux utiliser la colle de la super-calculette. Comment ? De la colle dans une calculette ? Aucun souci avec notre super-calculette.

Pour combiner des mots, notre machine utilise l'opérateur de concaténation. Ne prends pas peur en lisant ce mot. La CONCATÉNATION est la meilleure invention depuis les chaussettes. Pourtant, l'opérateur correspondant est exactement le même que celui de l'addition : c'est le signe plus. On ne peut pas faire plus simple. Tu fournis le premier mot, tu ajoutes l'opérateur de concaténation, puis le deuxième mot et boum ! Tu es devenu le roi de la concaténation.

Si tu passes ta commande aujourd'hui, je fournis également toute la panoplie des opérateurs de comparaison, sans surcoût. Un opérateur de comparaison permet de comparer deux valeurs, par exemple 3 et 8 pour savoir si un chiffre est plus grand qu'un autre. Et le résultat est on ne peut plus simple : il ne peut être que soit vrai (True), soit faux (False). Tu ne risques pas de devoir gérer des résultats intermédiaires du style « presque identiques » ou « quasiment pareils ».

Mais comment fonctionne cette super-calculette ? Et comment en acheter une ? Je vais tout expliquer, et ta vie ne sera plus jamais la même.

Approprie-toi le projet

Pour bien commencer, tu vas réutiliser le projet de super-calculette qui accompagne le livre afin de disposer de ta version dérivée.

1. **Ouvre ton navigateur Web et rends-toi sur le site** `http://jsfiddle.net` **puis accède à ton compte en saisissant ton identifiant et ton mot de passe.**

2. **Va ensuite dans la page publique de l'atelier JSFiddle du livre :**

   `http://jsfiddle.net/user/PLKJS`

   Cherche dans la liste le projet de ce Chapitre 9. Il porte le nom suivant :

   `09: Super-calculette JS`

   (La version anglaise est disponible à `http ://jsfiddle.net/forkids/LdtbfnL0`).

   La page de la Super-calculette s'affiche (Figure 9.1).

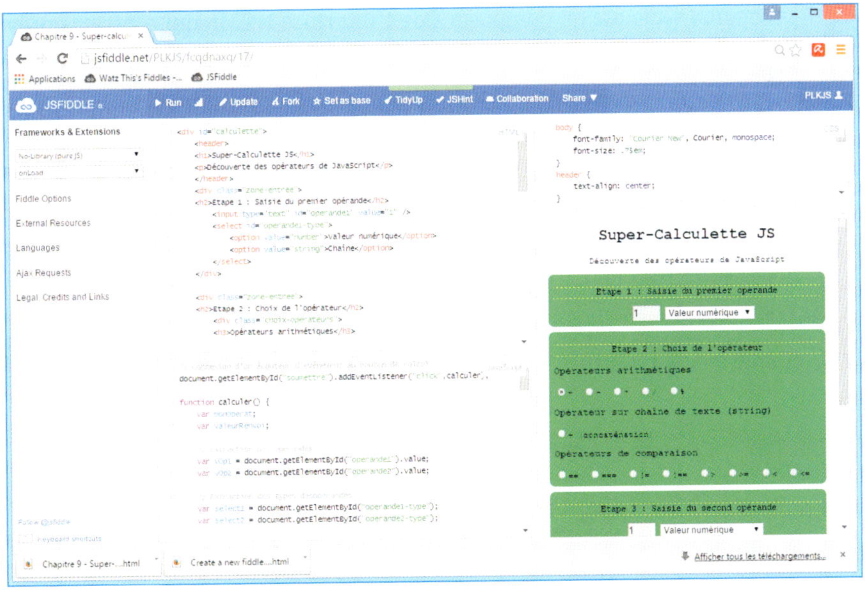

Figure 9.1 : La Super-calculette JS.

3. **Fais une copie locale du projet avec la commande** `Fork`**.**

4. **(Facultatif) Ouvre à gauche les options** `Fiddle Options` **pour personnaliser le titre du projet.**

5. **Utilise la commande** `Update` **pus la commande** `Set as Base`**.**

Une fois que tu as ta propre version de la super-calculette, tu es prêt à découvrir comment utiliser les opérateurs.

N.d.T. : nous n'allons pas écrire le code source de la super-calculette, car il est trop complexe à expliquer pour le moment. En revanche, nous allons utiliser le projet.

Découvrons la super-calculette

La super-calculette utilise deux opérandes d'entrée. Le champ de saisie de chacun est accompagné d'un menu déroulant pour choisir entre deux types de données (numérique ou chaîne). Toute une série de boutons radio permet de choisir l'opérateur à appliquer aux deux opérandes.

Un BOUTON RADIO est un composant de l'interface HTML qui n'est pas prévu pour rester seul. Il se distingue de la case à cocher par le fait qu'on ne peut choisir qu'un bouton radio parmi plusieurs. Pour les cases à cocher, on peut tout à fait en cocher plusieurs dans le même groupe. Le nom « bouton radio » vient de l'époque où les récepteurs de radio et autoradios à transistors avaient de gros boutons pour changer de station ou de gamme d'ondes. Quand on enfonçait un des boutons, le bouton qui était initialement enfoncé remontait.

Pour commencer, regardons les paramètres qui sont affichés dans le panneau des résultats au démarrage.

Tout en haut se trouve la zone de saisie (Figure 9.2). Elle contient la valeur numérique `1`. La liste de choix du type de données indique `Valeur numérique`.

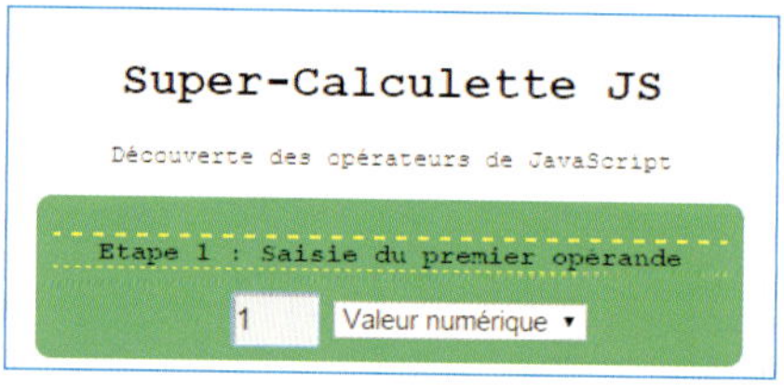

Figure 9.2 : La valeur initiale du premier opérande est égale à 1.

Sous la zone de saisie du premier opérande se trouve la section concernant le choix de l'opérateur. Les opérateurs sont répartis en trois groupes : opérateurs arithmétiques, opérateur sur chaîne de texte (un seul), opérateurs de comparaison. Nous découvrirons la plupart d'entre eux dans la suite du chapitre. Pour l'instant, tu peux remarquer que le premier opérateur du premier groupe, arithmétique, est sélectionné. C'est le signe + de l'addition (Figure 9.3). Voyons s'il fonctionne.

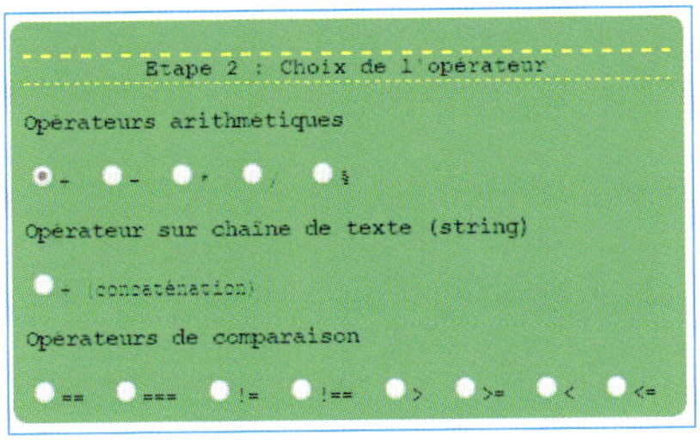

Figure 9.3 : L'opérateur d'addition est sélectionné au départ.

Sous la section des opérateurs, tu trouves la section de saisie du second opérande. Au départ, elle contient également la valeur numérique 1 (Figure 9.4).

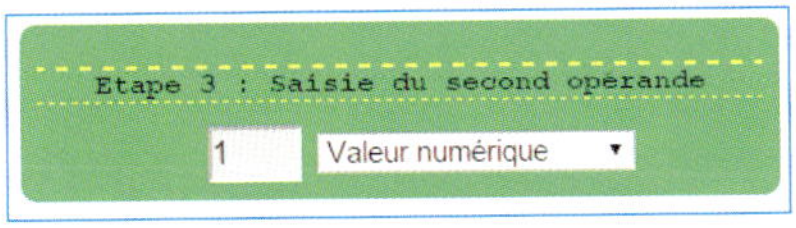

Figure 9.4 : Le second opérande possède lui aussi la valeur numérique 1.

Autrement dit, l'opération proposée au départ dans la super-calculette est la plus simple du monde : `1 + 1`.

Il ne reste donc qu'à utiliser le bouton `Calculer` situé un peu plus bas dans la fenêtre de la calculette.

L'opération construite à partir des choix dans les trois premières sections et la valeur résultant du calcul sont affichées dans la quatrième section des résultats en bas d'écran (Figure 9.5).

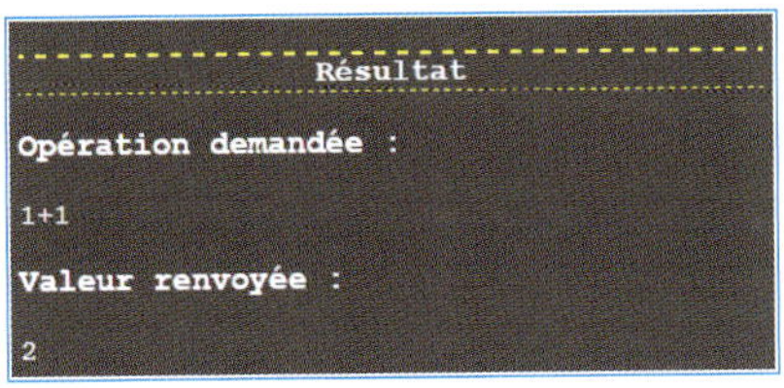

Figure 9.5 : La valeur renvoyée par l'opération est affichée dans la zone `Résultat`.

Tu as bien sûr deviné le résultat. Tu pourrais donc te demander si ce projet mérite vraiment son nom de super-calculette. Mais attends un peu. Tu vas voir dans la prochaine section ce que cette calculette sait faire.

Opérons sur des chaînes

Voyons maintenant comment faire des opérations qui, tout en étant simples parce qu'il n'y a que deux opérandes, permettent de découvrir des choses intéressantes au sujet de JavaScript.

1. **Ne modifie pas la valeur (1) des deux opérandes, mais change le type de donnée des deux opérandes vers `Chaîne` en ouvrant la liste puis en sélectionnant l'unique opérateur sur chaîne, +.**

   Si tu cliques maintenant le bouton `Calculer`, tu peux constater que le résultat est devenu 11 et non 2 (Figure 9.6).

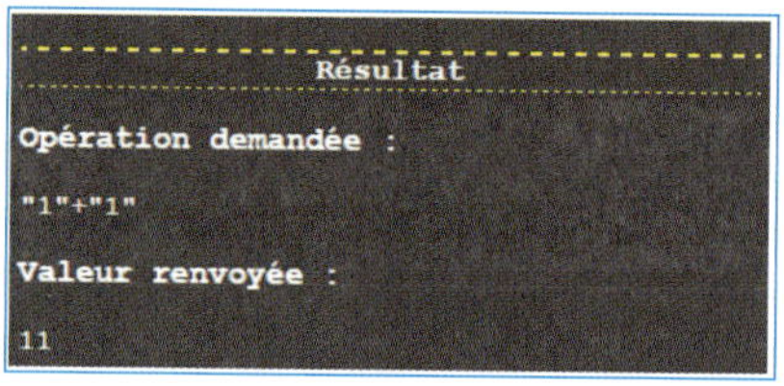

Figure 9.6 : Concaténation des deux chiffres 1 et 1.

2. **Ne change pas le type d'opérateur, ni les types de données. Pour le premier opérande, saisis le mot `Java` et pour le second opérande, saisis `Script`.**

   Tu peux voir le résultat de la concaténation de ces deux mots dans la Figure 9.7.

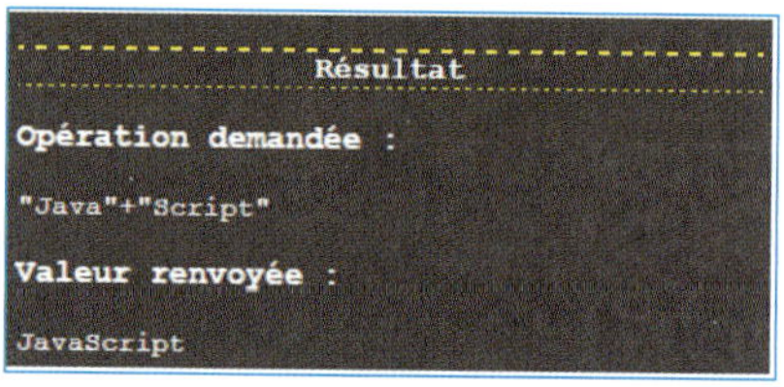

Figure 9.7 : Concaténation des mots Java et Script.

3. **Ne change toujours pas ni l'opérateur ni les deux types de données, mais pour le premier opérande, saisis ton prénom suivi d'une espace et pour le second opérande ton nom de famille.**
4. **Clique le bouton `Calculer`.**

   Le résultat est une chaîne contenant ton prénom et ton nom, avec une espace entre les deux. Cet essai permet de vérifier que l'opération de concaténation ne supprime pas les espaces dans les chaînes qu'elle raccorde.

5. Modifie l'opérateur en choisissant n'importe lequel des opérateurs arithmétiques. Ne modifie pas le type de données chaîne.

6. Clique le bouton `Calculer`.

   Le résultat est étrange puisqu'il indique `NaN`. Cela signifie que ce n'est pas un nombre. JavaScript ne peut pas effectuer de calcul avec tes lettres de l'alphabet, et te le confirme en affichant ce message spécial (Figure 9.8).

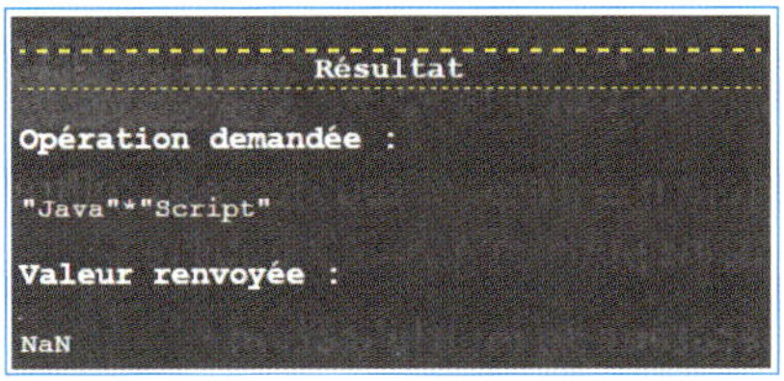

Figure 9.8 : La tentative de calculer le nom renvoie le message NaN.

7. Pour le premier opérande, saisis la valeur `9` et le type de donnée `Valeur numérique`.

8. Choisis l'opérateur modulo (il ressemble à un signe pourcentage).

   Cet opérateur permet de connaître le reste d'une division d'un nombre par un autre.

9. Pour le second opérande, saisis aussi la valeur `2` et choisis le type de donnée `Valeur numérique`.

10. Clique le bouton `Calculer`.

    Le résultat de l'opération est 1. Est-ce que tu comprends pourquoi ? L'opérateur modulo a tenté de savoir combien de fois on pouvait faire entrer le deuxième opérande dans le premier, les deux étant des valeurs entières. Il renvoie le reste de la division. 9 divisé par 2 égal 4, reste 1.

11. Pour le second opérateur, indique la valeur `2.5` (utilise bien un point, pas une virgule).

12. Clique le bouton `Calculer`.

    Cette fois-ci, le résultat est égal à `1.5`, parce que 9 divisé par 2.5 donne 3 avec un reste de 1.5 (Figure 9.9).

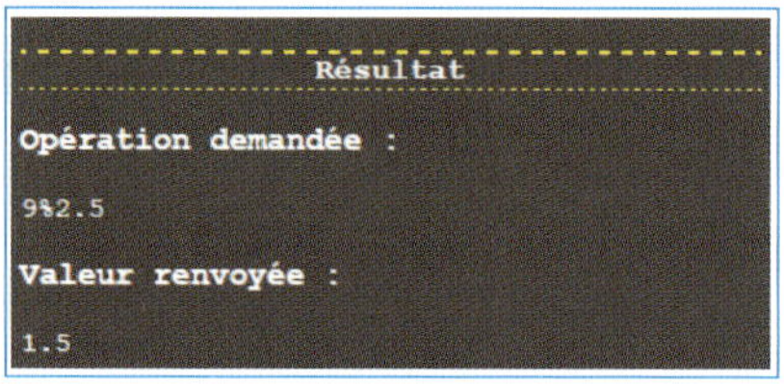

Figure 9.9 : Affichage du reste de la division de 9 par 2.5.

13. **Pour le premier opérande, prépare-toi maintenant à saisir un 1 suivi de 12 zéros, c'est-à-dire la valeur `1000000000000`.**

N'ajoute surtout pas d'espace tous les trois chiffres comme cela se fait chez les humains pour améliorer la lisibilité.

14. **Choisis l'opérateur de multiplication `*`.**

15. **Pour le second opérande, saisis la même valeur avec 12 zéros.**

16. **Clique `Calculer`.**

Le résultat pourra te sembler étrange (Figure 9.10). C'est qu'il est affiché en notation scientifique, la seule utilisable pour les très grandes valeurs. Le nombre indiqué à droite de la mention `e+` correspond au nombre de zéros, c'est-à-dire aux puissances de 10. Pour obtenir le nombre dans son écriture normale, il suffit d'ajouter autant de zéros que nécessaire.

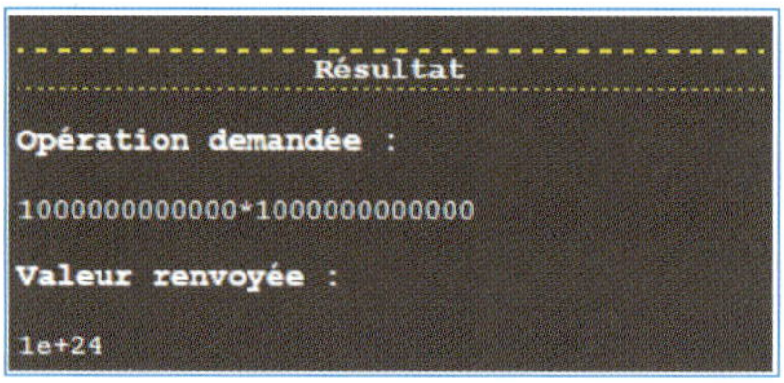

Figure 9.10 : Affichage du résultat en notation scientifique.

Dans l'exemple, le résultat affiché par JavaScript est égal à mille milliards multiplié par mille milliards. Cela correspond à 1 suivi de 24 zéros. Il est plus facile de lire `1e24` que `1000000000000000000000000`.

Des comparaisons incomparables

Les opérateurs de comparaison servent à écrire des expressions de test, par exemple pour comparer le contenu de deux variables et lancer une action ou une autre selon le résultat de la comparaison. Les comparaisons sont donc d'abord utilisées dans les instructions conditionnelles basées sur `if` et `else`. (Nous les verrons dans le Chapitre 14.)

Un opérateur de comparaison ne peut renvoyer que l'une des deux valeurs `true` ou `false`.

Faisons quelques essais avec notre super-calculette.

1. **Si nécessaire, reviens dans le projet Super-calculette dans JSFiddle.**
2. **Dans le champ du premier opérande, saisis le nombre `5` et choisis le type de données `Valeur numérique`.**
3. **Dans la section des opérateurs de comparaison, choisis l'opérateur d'égalité simple (`==`).**
4. **Dans le champ du second opérande, saisis le même nombre `5` et choisis aussi le type de données `Valeur numérique`.**
5. **Clique le bouton `Calculer`.**

   Le résultat est vrai, `true` (Figure 9.11). Formidable, un ordinateur sait que 5 est égal à 5.

Passons à des choses plus intéressantes.

1. **Laisse la valeur 5 dans les deux champs des opérandes, mais choisis le type `Chaîne` pour le premier.**
2. **L'opérateur d'égalité simple (`==`) reste sélectionné.**
3. **Clique le bouton `Calculer`.**

Tu viens de demander de comparer la chaîne «5» au nombre 5. Le résultat (Figure 9.11) est étonnant.

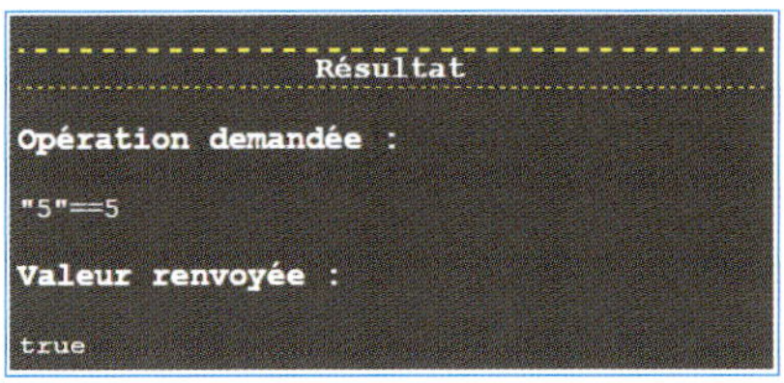

Figure 9.11 : Comparaison d'une chaîne et d'un nombre.

Voilà pourquoi cet opérateur est celui d'égalité simple : il considère que la chaîne contenant le chiffre 5 pouvant être facilement convertie en vraie valeur numérique 5, les deux opérandes sont égaux. Pour décider cela, JavaScript effectue une conversion de type de chaîne vers numérique.

Ce comportement peut devenir une vraie source d'ennuis. Je te déconseille d'utiliser cet opérateur « flou », puisqu'il en existe un autre, beaucoup plus sérieux.

En effet, JavaScript propose un opérateur de comparaison stricte qui ne tente pas de deviner si une chaîne pourrait contenir un nombre. Découvrons-le.

1. **Ne change rien aux opérateurs et aux types (même nombre, mais type chaîne pour le premier et numérique pour le second).**
2. **Sélectionne l'opérateur de comparaison stricte, constitué de trois signes égal (`===`).**
3. **Clique le bouton `Calculer`.**

Comme le prouve la Figure 9.12, l'opérateur d'égalité stricte ne considère jamais qu'une chaîne est identique à un nombre. Même si le contenu semble identique, les types sont différents.

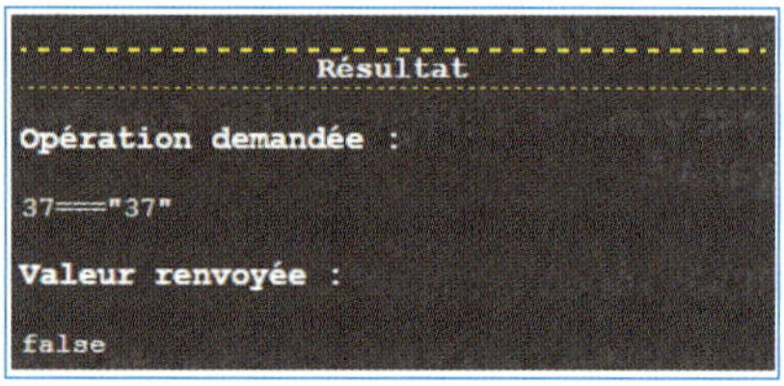

Figure 9.12 : Un nombre et une chaîne ne sont pas égaux.

Tester la différence

Il est parfois plus pratique de tester si deux opérandes sont différents. JavaScript propose un opérateur pour cela, lui aussi en deux variantes, simple et stricte. La logique est l'inverse de celle des opérateurs d'égalité.

Je te conseille, comme pour l'opérateur d'égalité `==` de ne pas utiliser l'opérateur d'inégalité simple `!=`. Voici pourquoi :

1. **Saisis le même nombre pour les deux opérandes, mais le type numérique pour le premier et chaîne pour l'autre.**
2. **Sélectionne l'opérateur d'inégalité simple `!=`.**
3. **Clique le bouton `Calculer`.**

   Le résultat est faux (Figure 9.13). Attention, cela veut dire que les deux opérandes ne sont PAS différents, donc qu'ils sont identiques !

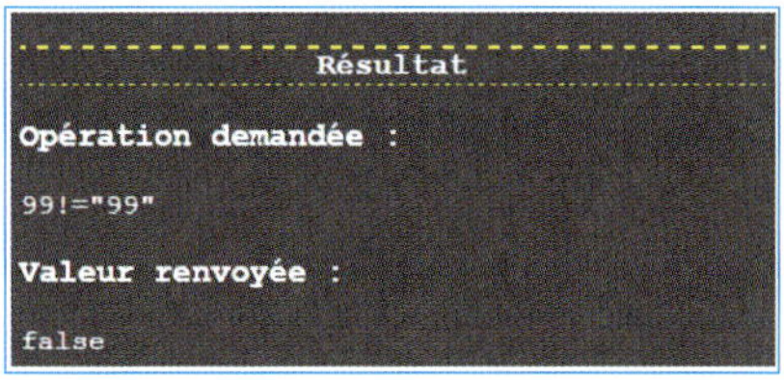

Figure 9.13 : Test de l'opérateur !=.

4. **Refais un essai en optant pour l'opérateur d'inégalité stricte `!==`.**
5. **Clique le bouton `Calculer`.**

Le résultat est `true` (Figure 9.14). Il est vrai que les deux opérandes sont différents.

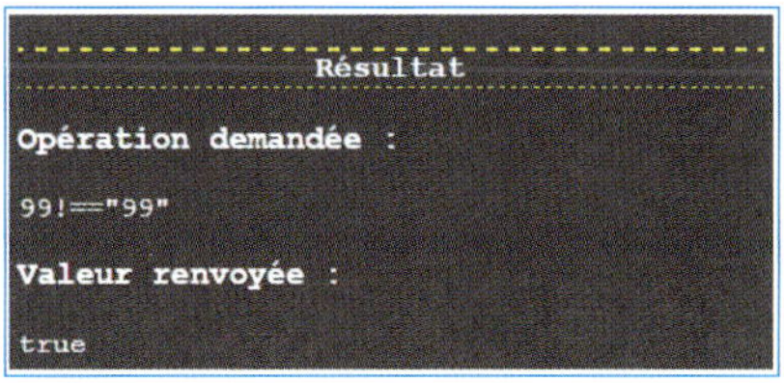

Figure 9.14 : L'opérateur d'inégalité stricte !== ne confond pas chaînes et nombres.

Supérieur ou inférieur ?

Comparer deux choses, c'est aussi découvrir laquelle est la plus grande des deux. Quatre opérateurs de comparaison sont à ta disposition pour savoir si une valeur est supérieure ou inférieure à une autre.

1. **Pour le premier opérande, saisis `10` et choisis le type Valeur numérique.**
2. **Sélectionne l'opérateur de comparaison « supérieur à », un chevron droit `>`.**

   Les chevrons sont comme des crocodiles affamés : ils se dirigent toujours vers la plus grosse proie. Le chevron forme une sorte de bouche dirigée vers la valeur qui devrait être la plus grande (mais le test peut se révéler faux).

3. **Pour le premier opérande, saisis `5` et choisis aussi le type Valeur numérique.**
4. **Clique le bouton `Calculer`.**

Bien sûr, le résultat est vrai puisque 10 est supérieur à 5. JavaScript propose aussi la variante non stricte, « supérieur ou égal ».

1. **Ne change rien au premier opérande.**
2. **Sélectionne l'opérateur « supérieur ou égal », un chevron droit suivi d'un signe égal (`>=`).**
3. **Pour le second opérande, saisis `10` (le type doit être Valeur numérique).**
4. **Clique le bouton `Calculer`.**

Le test est vrai (Figure 9.15). En effet, la valeur 10 est bien supérieure OU EGALE à la valeur 10.

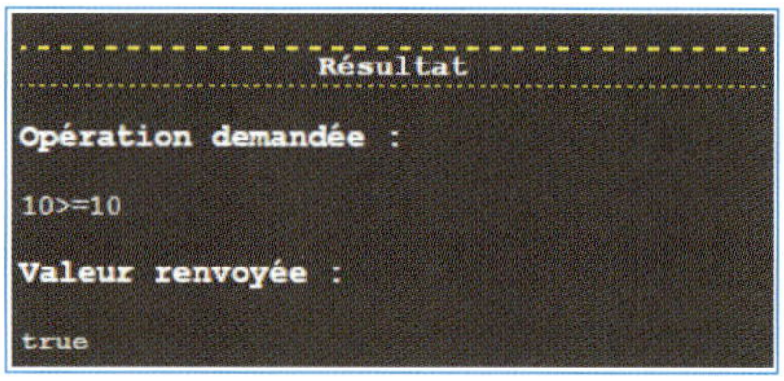

Figure 9.15 : La valeur 10 est bien supérieure ou égale à 10.

Les deux derniers opérateurs fonctionnent de la même manière, mais en testant si le premier opérande est inférieur à l'autre. Tu peux les essayer !

Astuces de super-calculette

JavaScript réserve quelques surprises au niveau des opérateurs. Tout devient clair si on prend la peine de comprendre la logique. Voyons cela par la pratique.

1. **Pour le premier opérande, saisis `1` avec le type Valeur numérique.**
2. **Sélectionne l'opérateur d'addition (`+`).**
3. **Pour le second opérande, saisis aussi `1` mais avec le type de donnée Chaîne.**
4. **Clique le bouton `Calculer`.**

   Le résultat est déroutant, puisque c'est `11`. JavaScript a supposé que puisqu'un opérande est de type chaîne, il doit convertir l'autre nombre en chaîne et concaténer le tout. Le résultat est bien la combinaison des deux chaînes «1» et «1».

N.d.T. : ceux qui connaissent le calcul en base 2 auront vu que le résultat n'est même pas celui d'une addition binaire, car 1 binaire + 1 binaire font 10 binaire, pas 11.

5. **Pour le premier opérande, saisis `10` avec le type de donnée Chaîne.**

6. **Sélectionne l'opérateur « Supérieur à » (`>`).**

7. **Pour le premier opérande, saisis `5` avec le type de donnée Valeur numérique.**

8. **Clique le bouton `Calculer`.**

Intéressant ! Le résultat reste vrai (Figure 9.16) alors que nous comparons une serviette chaîne à un torchon numérique. C'est qu'il n'est pas prévu de variante stricte pour les opérateurs d'infériorité et de supériorité. Si la chaîne contient la représentation de la même valeur que l'autre opérande, le test réussit, comme si c'était deux nombres.

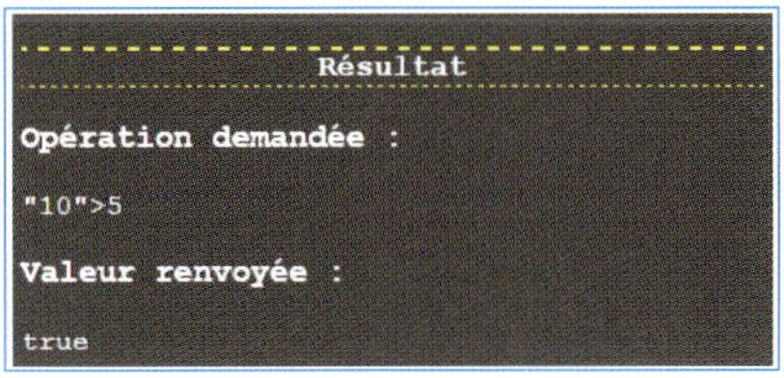

Figure 9.16 : Le mot «10» est supérieur au nombre 5.

La super-calculette reste à ta disposition. Plonge dans le code JavaScript, CSS et HTML pour essayer de comprendre comment tout cela fonctionne. Sers-toi des commentaires.

Tu peux même ajouter de nouvelles possibilités pour faire une méga-calculette ! Cherche par exemple à augmenter la largeur des champs de saisie des opérandes que j'ai choisis un peu étroits. Où faut-il intervenir ?

(Spoiler : va voir du côté de la quatrième règle CSS.)

Un générateur d'histoires

Chapitre 10

Il existe une catégorie de jeux consistant à laisser des trous dans une histoire pour les faire remplir par le joueur. Les trous correspondent à des noms, des verbes, des adjectifs, des adverbes, *etc.* En fait, ce genre de jeu ressemble beaucoup à ce qui se passe dans une application Web avec JavaScript :

- l'ossature du document est fournie par le HTML ;
- la mise en page est définie par le CSS ;
- le code JavaScript permet de récupérer les parties variables et de les injecter dans l'ossature.

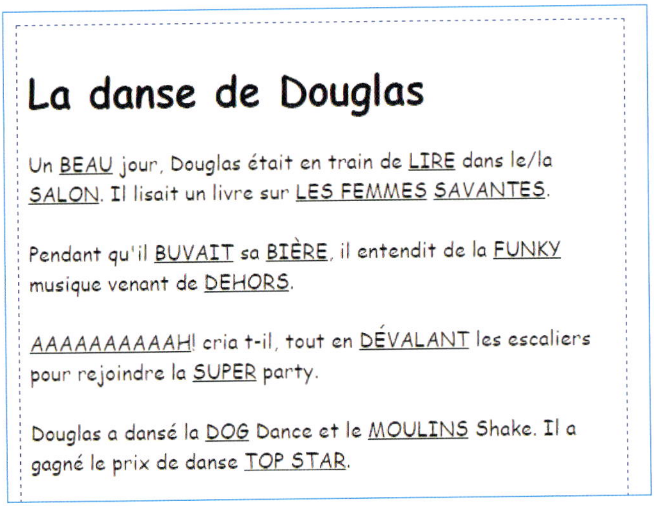

C'est grâce aux variables JavaScript que l'histoire peut être différente à chaque fois.

Nous allons découvrir, dans ce chapitre, un jeu de remplacement qui utilise beaucoup l'opérateur de concaténation de chaînes pour combiner les mots figés au départ à ceux que tu vas saisir pour générer l'histoire.

De l'ossature du texte de l'histoire

En guise d'exemple, j'ai choisi d'inventer une petite histoire qui concerne notre robot Douglas. J'ai enlevé certains mots dans l'histoire et rempli les trous par la description du genre de mot qu'il faut saisir à chaque emplacement. C'est au joueur de remplir les trous.

Voici donc d'abord l'histoire de Douglas le robot JavaScript avec les mots à contenu variable. Ce sont les mots écrits en lettres capitales.

```
La danse de Douglas

Un ADJECTIF jour, Douglas était en train de VERBE À L'INFINITIF dans
le/la PIÈCE DE MAISON. Il lisait un livre sur SUBSTANTIF PLURIEL
COULEUR.

Pendant qu'il VERBE (IMPARFAIT) sa BOISSON, il entendit de la GENRE DE
MUSIQUE musique venant de AUTRE LIEU.

EXCLAMATION! cria-t-il, tout en VERBE (PARTICIPE PRÉSENT) les
escaliers pour rejoindre la ADJECTIF party.

Douglas a dansé la ANIMAL Dance et le VILLE Shake. Il a gagné le prix
de danse SUBSTANTIF.
```

Une fois que nous avons écrit la partie fixe de l'histoire, nous pouvons construire le programme JavaScript pour demander à l'utilisateur de saisir chacun des mots puis de les combiner au texte fixe et afficher le résultat, qui devrait être assez amusant à lire.

Tour d'horizon du projet terminé

Dans ce projet, tu vas exploiter toutes les connaissances des chapitres précédents du livre : les variables, les opérateurs, les gestionnaires d'événements, le code HTML, les règles CSS, les entrées et sorties de données.

Mais avant de nous lancer dans le codage de ce projet, découvrons comment il fonctionne en accédant à la version finale :

1. **Ouvre ton navigateur Web et va à la page d'accueil des exemples du livre :**

   `http://jsfiddle.net/user/PLKJS`

2. **Parcours la liste jusqu'à trouver le projet du Chapitre 10 (`10: Générateur de phrases (2)`) et clique dans le titre pour y accéder.**

   Tu vois apparaître le projet au complet.

3. **Règle éventuellement la hauteur et la largeur du panneau des résultats pour bien le visualiser.**

   Tu dois pouvoir voir toutes les légendes des champs de saisie du côté gauche et un petit rectangle avec une bordure pointillée à droite des questions. C'est à cet endroit que sera affichée l'histoire terminée.

4. **Clique dans la zone de saisie juste au-dessus de la première question pour sélectionner le premier champ de saisie. Il est indiqué par un trait.**

5. **Saisis un mot approprié dans ce champ.**

   Dès que tu as saisi la valeur, sers-toi de la touche Tabulation pour passer au champ de saisie suivant et pour poursuivre la saisie. Tu peux également cliquer avec la souris, mais c'est moins confortable.

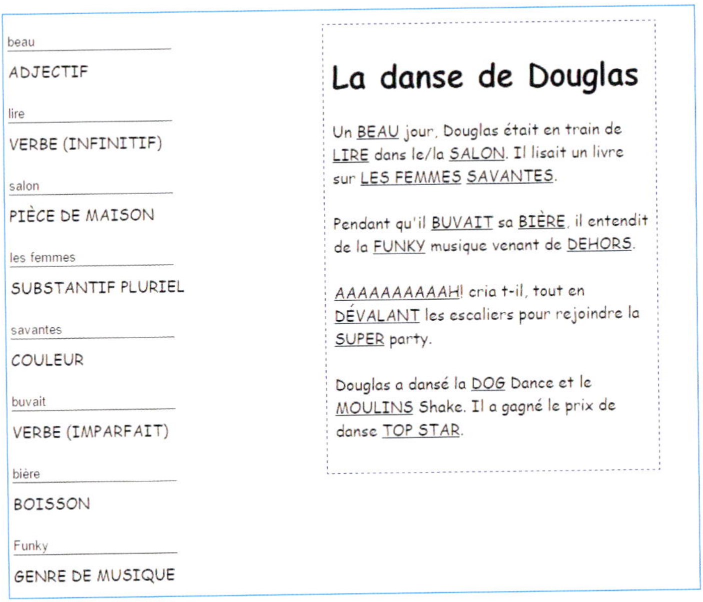

Figure 10.1 : Aspect de l'histoire de Douglas générée.

6. **Une fois que tu as saisi tous les champs, clique le bouton** `Remplacer` **tout en bas du formulaire. Utilise ensuite l'ascenseur de marge droite du panneau pour revoir le début du contenu.**

Tu dois voir apparaître l'histoire des aventures de Douglas du côté droit avec tous les mots que tu as saisis dans les champs (Figure 10.1).

Création du projet

Maintenant que tu sais comment fonctionne le programme, lançons-nous dans sa création à partir de zéro. Quand tu sauras comment le programme est créé, tu pourras facilement l'améliorer, et même changer totalement l'histoire.

Voici comment démarrer la création de ta propre version du jeu de remplacement :

1. **Dans ton navigateur, ouvre un nouvel onglet avec le raccourci** `Ctrl + T` **(Windows) ou** `Pomme T` **(Mac OS) puis va à la page d'accueil de JSFiddle :**

   `http://jsfiddle.net`

2. **Connecte-toi à ton compte JSFiddle. L'angle supérieur droit de la fenêtre doit mentionner ton nom d'utilisateur. C'est important.**
3. **Dans le panneau de gauche, clique dans Fiddle Options pour donner un nom suggestif à ton projet, par exemple** `La danse de Douglas`**.**
4. **Dans la barre de menu en haut, clique la commande** `Save` **pour enregistrer le projet.**

Nous sommes prêts à plonger dans le codage, en commençant par la partie HTML.

Rédaction du code HTML

L'interface utilisateur de notre générateur d'histoire est divisée en trois zones ou sections :

- la **zone des questions :** c'est la zone qui englobe tous les champs de saisie.
- la **zone du bouton :** c'est la zone inférieure dans laquelle nous plaçons le bouton pour lancer l'opération de remplacement afin de remplir les trous dans l'histoire avec la saisie.

» la **zone de l'histoire :** c'est la zone dans laquelle sera affichée l'histoire qui résulte du remplissage des trous sur ordre du bouton Remplacer.

Commençons par définir ces trois zones en utilisant l'élément de structure div.

1. **Dans le panneau HTML, nous allons insérer trois balises d'éléments <div>.**

   Chaque balise doit avoir un attribut ID unique, portant un nom approprié. Pour la première zone, ce sera saisieMots. La deuxième sera imbriquée dans la première avec l'identifiant divBouton. La troisième s'appellera tout simplement divHistoire.

```
<div id="saisieMots">

  <div id="divBouton">
  </div>
</div>

<div id="divHistoire"></div>
```

2. **Nous implantons ensuite la structure qui va recevoir les champs de saisie.**

   Nous choisissons la balise HTML de liste non ordonnée, ul. Voici le début de l'ossature HTML à ajouter dans la première division :

```
<ul>
    <li> </li>
</ul>
```

3. **Nous pouvons alors insérer le premier champ de saisie dans le premier élément de liste (li signifie** *list item***).**

   Nous nous servons de l'élément input avec les valeurs type="text" et id="adj1".

```
<input type="text" id="iAdj1"  />
```

Tu as peut-être remarqué la barre oblique juste avant le chevron fermant de la balise ? Ce n'est pas une erreur. Cette barre n'est pas obligatoire en HTML 5, mais JSFiddle parvient mieux à gérer le format HTML lorsque tu l'ajoutes à la fin des balises uniques, comme la norme le demande. C'est notamment le cas des éléments input et br. La raison en est que les balises de ces éléments n'ont pas de balise fermante correspondante. La même balise ouvre et ferme l'élément.

4. **Pour ajouter une légende sous le champ de saisie, forçons un saut de ligne avec <br /> suivi du texte de la légende de champ :**

```
<br />Adjectif
```

5. **Il ne reste plus qu'à refermer l'élément li avec sa balise fermante :**

```
</li>
```

6. **Dans la ligne suivante, nous allons insérer un commentaire HTML pour nous souvenir qu'il faudra ajouter les options de saisie plus tard.**

```
<!-- Autres champs de saisie ici -->
```

Tu constates que les commentaires HTML commencent avec les quatre caractères `<!--` et se terminent avec `-->`. Ce n'est pas la même chose qu'en JavaScript, attention !

7. **Nous pouvons maintenant mettre en place le troisième élément de division à la fin du code source du panneau HTML.**

```
<div id="divHistoire"></div>
```

Si tu as tout saisi sans erreur, le panneau HTML doit contenir les lignes suivantes :

```
<div id="saisieMots">
    <ul>
        <li><input type="text" id="iAdj1"  /><br />Adjectif</li>
        <!-- Autres champs de saisie ici -->

    </ul>
  <div id="divBouton">
  </div>
</div>

<div id="divHistoire"></div>
```

8. **Utilise dans la barre d'outils la commande `Update` pour pouvoir juger du résultat de cette première version de notre application Web.**
   - Tu devrais voir la même chose qu'en Figure 10.2.
   - La dernière action que nous allons réaliser dans le panneau HTML pour l'instant consiste à mettre en place le bouton.

9. **Place le curseur dans l'élément `div` portant l'identifiant `divBouton` et saisis l'élément suivant :**

```
<button id="btnRemplacer">Remplacer tout</button>
```

10. **Clique à nouveau la commande `Update`.**

Tu devrais voir apparaître un champ de saisie avec sa légende et un bouton (Figure 10.3).

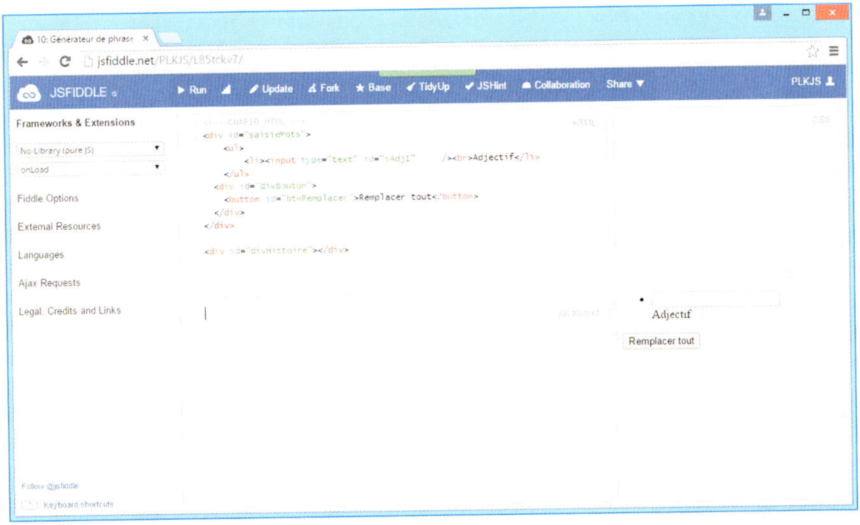

Figure 10.2 : Première étape du projet de générateur d'histoire.

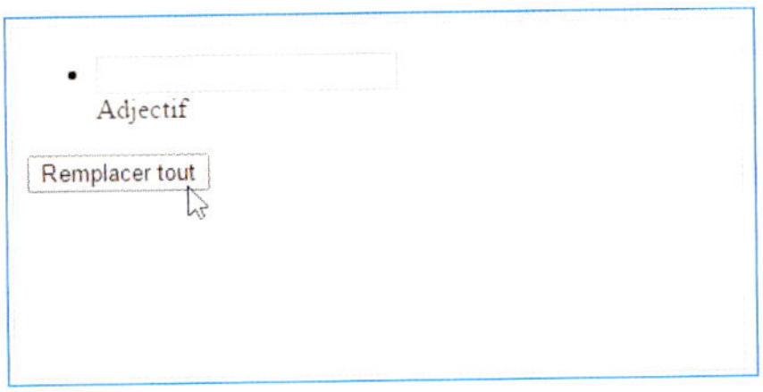

Figure 10.3 : Les composants fondamentaux sont en place.

Tous les autres champs de saisie ne sont que des copies du premier. Je ne vais donc pas expliquer en détail comment les mettre en place. Tu copies le premier champ et tu le colles autant de fois que nécessaire. Tu peux aussi faire un copier/coller depuis le panneau HTML de notre version du projet (dans PLKJS).

Voici ces autres champs tels que je propose de les rédiger :

```
<li><input type="text" id="iVerbeInf"  /><br>Verbe (infinitif)</li>
<li><input type="text" id="iSalle1"    /><br>Pièce de maison</li>
<li><input type="text" id="iSubstPl"   /><br>Substantif pluriel</li>
<li><input type="text" id="iCouleur"   /><br>Couleur</li>
<li><input type="text" id="iVerbePS1"  /><br>Verbe (imparfait)</li>
<li><input type="text" id="iABoire"    /><br>Boisson</li>
<li><input type="text" id="iMusik"     /><br>Genre de musique</li>
<li><input type="text" id="iSalle2"    /><br>Autre lieu</li>
<li><input type="text" id="iExcla"     /><br>Exclamation</li>
<li><input type="text" id="iVerbePS2" /><br>Verbe (participe prés.)</li>
```

```
<li><input type="text" id="iAdj2"     /><br>Adjectif</li>
<li><input type="text" id="iAnimal"   /><br>Animal</li>
<li><input type="text" id="iVille"    /><br>Ville</li>
<li><input type="text" id="iDiplome"  /><br>Nom du prix</li>
```

Nous pouvons maintenant passer au panneau des règles de style CSS.

Création des règles CSS

Avant de plonger dans l'écriture de nos règles CSS, parlons un peu de la structure de la partie CSS.

Lorsque tu utilises un grand nombre de règles CSS dans un projet, il est vraiment conseillé de bien s'organiser pour pouvoir retrouver facilement chacun des styles d'après son nom.

Une première approche pour bien organiser les styles CSS consiste à se baser sur le document HTML auquel chaque style s'applique. Cela permet de voir les styles CSS apparaître à peu près dans le même ordre que les éléments auxquels ils s'appliquent dans le fichier HTML.

Suivons cette approche. Le premier élément pour lequel nous allons créer un style est l'élément prédéfini `body`. Nous nous intéressons ensuite à la division des champs de saisie puis à la liste, puis aux champs de saisie, au bouton, *etc.*

Une fois cela décidé, il ne reste plus qu'à inventer les styles de notre générateur d'histoire.

1. Nous commençons par définir une règle pour choisir la police de caractères de tous les textes du document. Il suffit de définir un style `font-family:` pour l'élément standard `body`. Je propose d'utiliser la police de fantaisie Comic Sans MS.

   ```
   body {
       font-family: "Comic Sans MS";
   }
   ```

   Tu trouveras une liste des polices les plus utilisées à l'adresse suivante :

   `www.w3schools.com/cssref/css_websafe_fonts.asp`

2. **Passons maintenant au style de la section qui regroupe tous les champs de saisie :**

   ```
   #saisieMots {
       float:left;
       width: 45%;
   }
   ```

La première propriété, float:, force toute la section marquée par div à être alignée sur le bord gauche de l'élément parent (dans notre cas, l'élément de niveau supérieur est le document). Tous les autres éléments seront positionnés autour de cet élément ancré.

Au final, cette directive demandant de faire flotter cette section du côté gauche va faire en sorte que tous les champs de saisie vont rester sur le bord gauche de la section dans laquelle nous allons afficher l'histoire générée, au lieu d'être au-dessus de la section suivante.

3. **Nous définissons ensuite un style pour la liste qui va contenir les champs de saisie. Nous avons besoin de deux règles :**

```
ul {
    list-style-type: none;
    padding: 0px;
    margin: 0px;
}
li {
    line-height: 2em;
    text-transform: uppercase;
    margin-top: 8px;
}
```

Voyons à quoi sert chacune des propriétés de la liste :

La première propriété, list-style-type, permet de supprimer la puce à gauche de chaque entrée de liste.

En donnant la valeur 0px aux deux propriétés padding (remplissage) et margin, nous supprimons l'espace de remplissage et de marge pour bien aligner la liste du côté gauche par rapport aux autres textes de la page.

En donnant une hauteur de ligne de 2em à chaque entrée de liste par line-height: 2em;, (balise <li>), nous aérons un peu les éléments. Sans cette propriété, ils seraient trop serrés dans le sens vertical.

La propriété text-transform de la balise <li> force toutes les légendes des champs de saisie à être affichées en lettres capitales (majuscules).

Enfin, la propriété margin-top ajoute encore un peu plus d'espace entre les éléments.

4. **Une fois ces règles CSS définies, utilise la commande Update pour voir leurs effets (et pour vérifier que tu n'as pas fait de faute de frappe).**

Il reste quelques styles à appliquer pour embellir les champs de saisie eux-mêmes, le bouton et l'affichage de l'histoire.

5. **Ajoute les cinq règles suivantes dans le panneau CSS :**

```
input[type=text] {
```

```
        border-width: 0 0 1px 0;
        border-color: #333;
    }
    #divBouton {
        text-align: center;
    }
    #btnRemplacer {
        margin-top: 30px;
        width: 200px;
    }
    #divHistoire {
        margin-top: 12px;
        width: 45%;
        border: 1px dashed blue;
        padding: 8px;
        float: left;
    }
    .remplacement {
        text-decoration: underline;
        text-transform: uppercase;
    }
```

6. **Enregistre ton travail par `Update`.**

   Le panneau des résultats doit avoir le même aspect que celui de la Figure 10.4.

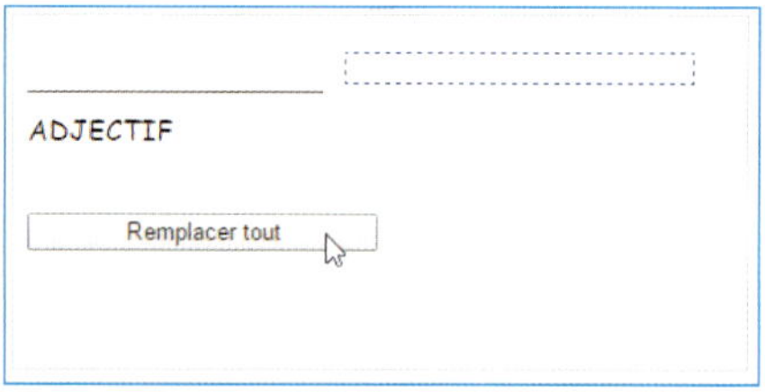

Figure 10.4 : Le panneau des résultats une fois les styles CSS définis.

Notre code HTML est prêt, nos règles CSS aussi. Nous pouvons donc passer à la rédaction du code JavaScript !

Rédigeons le code JavaScript

La première chose que nous allons faire en JavaScript consiste à définir le gestionnaire d'événement du bouton. Nous utilisons la méthode standard `addEventListener()` déjà vue dans le Chapitre 7 et opérons en deux étapes, comme tu l'as appris.

```
var vBtnRemplacer = document.getElementById("btnRemplacer");
vBtnRemplacer.addEventListener("click",fRemplacer);
```

Nous déclarons une variable nommée `vBtnRemplacer` qui va contenir une référence technique permettant de retrouver l'élément bouton. La seconde instruction exploite cette référence pour relier une fonction nommée `fRemplacer()` (qu'il nous reste à définir) à un événement standard, le clic de souris.

Avant d'oublier, créons immédiatement cette fonction `fRemplacer()`.

1. **Commence par écrire la ligne de tête de la définition de la fonction.**

```
function fRemplacer() { }
```

2. **Place le curseur entre les deux accolades. Insère un saut de ligne puis écris une instruction de création de variable qui fait référence à l'élément HTML `divHistoire` dans lequel doit être injectée l'histoire une fois générée.**

```
    var divHistoire = document.getElementById("divHistoire");
```

Nous utilisons cette variable un peu plus loin. Pour l'instant, il nous faut récupérer les valeurs qui auront été saisies par le visiteur dans les champs HTML.

3. **Définis une variable qui va contenir la valeur du premier champ de saisie HTML :**

```
    var vAdj1 = "<span class='remplacement'>"+ document.
getElementById("iAdj1").value + "</span>";
```

Tu constates que j'utilise l'opérateur de concaténation pour enrober la valeur nulle (récupérée avec `document.getElementById`) avec les deux balises d'un élément HTML de structure nommé `span`. C'est grâce à cet élément que nous pouvons appliquer des règles de style spécifiques au texte des champs de saisie.

4. **Pour l'instant, ajoute une ligne de commentaires juste après celle de création de la précédente variable :**

```
        /* Autres définitions de variables à venir */
```

C'est grâce à ce commentaire que tu te souviendras qu'il faudra plus tard ajouter les définitions de variables des autres champs de saisie. Avançons déjà dans le programme avec une seule instruction.

N.d.T. : nous sommes ici dans le panneau JavaScript. Les délimiteurs de commentaires ne sont pas les mêmes qu'en HTML.

5. **Définissons maintenant une variable qui va avoir un gros travail : elle va servir à recevoir progressivement la totalité du texte de l'histoire construite à partir de petites bribes.**

Je choisis de nommer la variable `vHistoire`.

```
        var vHistoire =
```

6. **Commençons par stocker au début de cette variable le titre délimité dans un élément de titre `h1` :**

```
var vHistoire = "<h1>La danse de Douglas</h1>";
```

7. **Nous pouvons ensuite ajouter la première portion de l'histoire dans la même variable en utilisant l'opérateur combiné de concaténation et affectation, qui s'écrit `+=`.**

   Cet opérateur ajoute la valeur située à sa droite au contenu actuel de la variable, sans effacer ce contenu.

```
vHistoire += "Un " + vAdj1 + " jour, Douglas était en train
de ";
```

8. **Ici aussi, je te conseille de laisser un commentaire pour que tu puisses revenir plus tard ajouter les instructions pour générer la suite de l'histoire.**

```
/* Autres portions de l'histoire */
```

9. **Il ne reste qu'à ajouter une instruction pour injecter la chaîne dans son état actuel depuis la variable JavaScript vers l'élément HTML dans lequel nous avons prévu de faire apparaître cette histoire.**

```
divHistoire.innerHTML = vHistoire;
```

Le panneau JavaScript doit à ce moment contenir les instructions suivantes.

Listing 10.1 : Code source JavaScript de [10: Générateur de phrases (1)].

```
var vBtnRemplacer = document.getElementById("btnRemplacer");
vBtnRemplacer.addEventListener("click",fRemplacer);

function fRemplacer() {
    var divHistoire = document.getElementById("divHistoire");
    var vAdj1 = "<span class='remplacement'>"+ document.
getElementById("iAdj1").value + "</span>";
    /* Autres définitions de variables à venir */

    var vHistoire = "<h1>La danse de Douglas</h1>";
    vHistoire += "Un " + vAdj1 + " jour, Douglas était en train de ";

    /* Autres portions de l'histoire */

    divHistoire.innerHTML = vHistoire;
}
```

Si tu vois que ton code source ne se présente pas aussi bien que dans le listing précédent, tu peux utiliser la commande Tiny up dans la barre d'outils en haut. Elle fait son maximum pour réaligner toutes les tabulations et espaces afin que le code soit plus facile à lire.

Le moment est venu de voir si tout fonctionne bien. Utilise la commande `Update` pour admirer la première version de ton générateur d'histoire !

Indique un adjectif dans le champ de saisie puis clique le bouton `Remplacer`. Tu dois voir apparaître le début de l'histoire du côté droit (Figure 10.5).

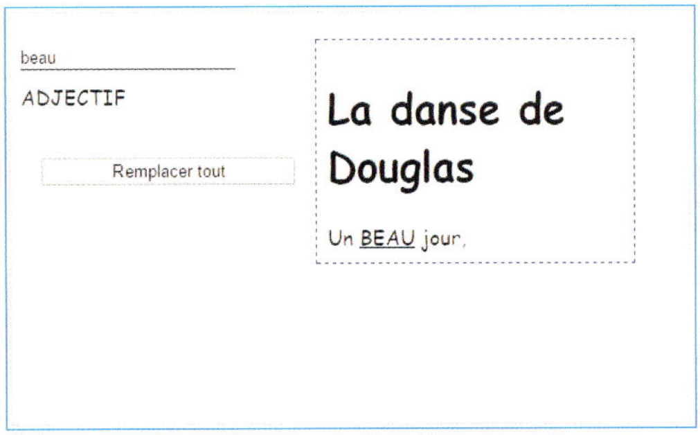

Figure 10.5 : Première étape du générateur d'histoire.

Finissons-en avec cette histoire

Tu connais maintenant tous les éléments techniques qu'il te faut pour amener seul le projet à sa version complète. La rédaction de ce projet est un peu plus complexe que celle des chapitres précédents. Sois patient et calme comme doit l'être un programmeur.

1. **Dans le panneau HTML, si tu n'as pas encore rédigé toutes les instructions des champs de saisie, revois le Listing 10.2 ci-après.**

Listing 10.2 : Code source complet du panneau HTML.

```
<div id="saisieMots">
    <ul>
        <li><input type="text" id="iAdj1"     /><br>Adjectif</li>
        <li><input type="text" id="iVerbeInf" /><br>Verbe (infinitif)</
li>
        <li><input type="text" id="iSalle1"   /><br>Pièce de maison</
li>
        <li><input type="text" id="iSubstPl"  /><br>Substantif
pluriel</                                         li>
        <li><input type="text" id="iCouleur"  /><br>Couleur</li>
        <li><input type="text" id="iVerbePS1" /><br>Verbe
(imparfait)</                            li>
        <li><input type="text" id="iABoire"   /><br>Boisson</li>
        <li><input type="text" id="iMusik"    /><br>Genre de musique</
li>
        <li><input type="text" id="iSalle2"   /><br>Autre lieu</li>
```

```
            <li><input type="text" id="iExcla"     /><br>Exclamation</li>
            <li><input type="text" id="iVerbePS2" /><br>Verbe (participe
           présent)</li>
            <li><input type="text" id="iAdj2"      /><br>Adjectif</li>
            <li><input type="text" id="iAnimal"   /><br>Animal</li>
            <li><input type="text" id="iVille"     /><br>Ville</li>
            <li><input type="text" id="iDiplome"  /><br>Nom du prix</li>
        </ul>
      <div id="divBouton">
        <button id="btnRemplacer">Remplacer tout</button>
      </div>
    </div>

    <div id="divHistoire"></div>
```

2. **Dans le panneau CSS, tout est déjà en place. Vérifie en relisant le Listing 10.3 qui suit.**

Listing 10.3 : Code source complet du panneau CSS.

```
body {
    font-family: "Comic Sans MS";
}
#saisieMots {
    float:left;
    width: 45%;
}
ul {
    list-style-type: none;
    padding: 0px;
    margin: 0px;
}
li {
    line-height: 2em;
    text-transform: uppercase;
    margin-top: 8px;
}
input[type=text] {
    border-width: 0 0 1px 0;
    border-color: #333;
}
#divBouton {
    text-align: center;
}
#btnRemplacer {
    margin-top: 30px;
    width: 200px;
}
#divHistoire {
    margin-top: 12px;
    width: 45%;
    border: 1px dashed blue;
    padding: 8px;
    float: left;
```

```
}
.remplacement {
    text-decoration: underline;
    text-transform: uppercase;
}
```

3. **Dans le panneau JavaScript, ajoute les instructions pour construire la suite du texte avec les nouvelles variables, tout devant être accumulé dans la variable `vHistoire`. Sers-toi du listing suivant.**

Listing 10.4 : Code source complet du panneau JavaScript.

```
var vBtnRemplacer = document.getElementById("btnRemplacer");
vBtnRemplacer.addEventListener("click", fRemplacer);

function fRemplacer() {
    var divHistoire = document.getElementById("divHistoire");

    var vAdj1     = "<span class='remplacement'>"+ document.
getElementById("iAdj1").value + "</span>";
    var vVerbeInf = "<span class='remplacement'>"+ document.
getElementById("iVerbeInf").value + "</span>";
    var vSalle1   = "<span class='remplacement'>"+ document.
getElementById("iSalle1").value + "</span>";
    var vSubstPl  = "<span class='remplacement'>"+ document.
getElementById("iSubstPl").value + "</span>";
    var vCouleur  = "<span class='remplacement'>"+ document.
getElementById("iCouleur").value + "</span>";
    var vVerbePS1 = "<span class='remplacement'>"+ document.
getElementById("iVerbePS1").value + "</span>";
    var vABoire   = "<span class='remplacement'>"+ document.
getElementById("iABoire").value + "</span>";
    var vMusik    = "<span class='remplacement'>"+ document.
getElementById("iMusik").value + "</span>";
    var vSalle2   = "<span class='remplacement'>"+ document.
getElementById("iSalle2").value + "</span>";
    var vExcla    = "<span class='remplacement'>"+ document.
getElementById("iExcla").value + "</span>";
    var vVerbePS2 = "<span class='remplacement'>"+ document.
getElementById("iVerbePS2").value + "</span>";
    var vAdj2     = "<span class='remplacement'>"+ document.
getElementById("iAdj2").value + "</span>";
    var vAnimal   = "<span class='remplacement'>"+ document.
getElementById("iAnimal").value + "</span>";
    var vVille    = "<span class='remplacement'>"+ document.
getElementById("iVille").value + "</span>";
    var vDiplome  = "<span class='remplacement'>"+ document.
getElementById("iDiplome").value + "</span>";

    var vHistoire = "<h1>La danse de Douglas</h1>";
    vHistoire += "Un " + vAdj1 + " jour, Douglas était en train de ";
    vHistoire += vVerbeInf + " dans le/la " + vSalle1 + ". ";
    vHistoire += "Il lisait un livre sur " + vSubstPl + " " + vCouleur
+ ".<br><br>";
```

```
    vHistoire += "Pendant qu'il " + vVerbePS1 + " sa " + vABoire + ",
";
    vHistoire += "il entendit de la " + vMusik + " musique venant de
" + vSalle2 + ".<br><br>";
    vHistoire += vExcla + "! cria t-il, tout en " + vVerbePS2 + " ";
    vHistoire += "les escaliers pour rejoindre la " + vAdj2 + "
party.<br><br>";
    vHistoire += "Douglas a dansé la " + vAnimal + " Dance et ";
    vHistoire += "le " + vVille + " Shake. Il a gagné le prix de danse
";
    vHistoire += vDiplome + ".<br><br>";

    divHistoire.innerHTML = vHistoire;
}
```

4. Enregistre le travail avec la commande Update.

Teste le programme. Tu dois constater qu'il y a dorénavant de nombreux champs de saisie et que l'histoire générée est plus longue. Le résultat doit ressembler au contenu de la Figure 10.6.

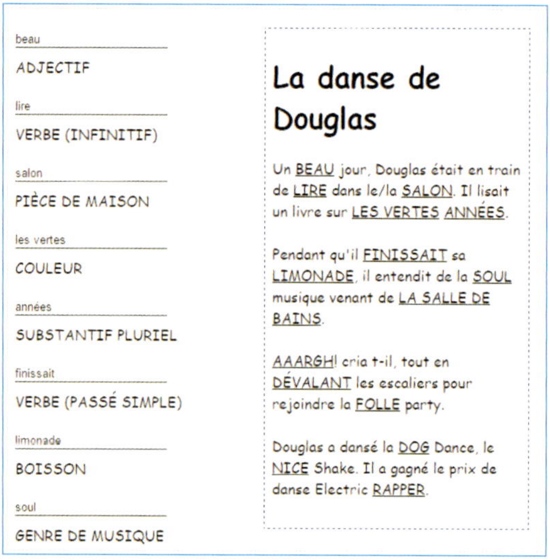

Figure 10.6 : Le générateur d'histoire dans sa version finale.

Tu disposes maintenant d'une version complète du projet dans ton espace de travail personnel. Tu peux te servir de la commande Fork pour en créer une variante que tu peux personnaliser pour générer une toute autre histoire.

Si le programme ne fonctionne pas comme prévu, relis encore et compare aux listings de code source ligne par ligne. Souvent, c'est une simple faute de frappe ou l'oubli d'un signe de ponctuation.

Quatrième partie

Tableaux et fonctions

DANS CETTE PARTIE

Dessine-moi un tableau

Chapitre

11

Tout le monde utilise des listes. Il y en a partout : la liste de tes chansons préférées, la liste de ce que tu dois faire d'ici la fin de la journée, la liste des animaux les plus sympathiques, la liste de tes amis. Des listes et encore des listes.

Une liste est une collection de plusieurs éléments qui peuvent être réunis par un point commun. En programmation, on peut créer des listes de données avec un type de données qui s'appelle le tableau (ARRAY). Je te propose dans ce chapitre de découvrir ce nouveau type tableau, puis de voir comment stocker des valeurs dans un tableau et les relire. Nous visiterons enfin quelques méthodes pour modifier un tableau et exploiter son contenu.

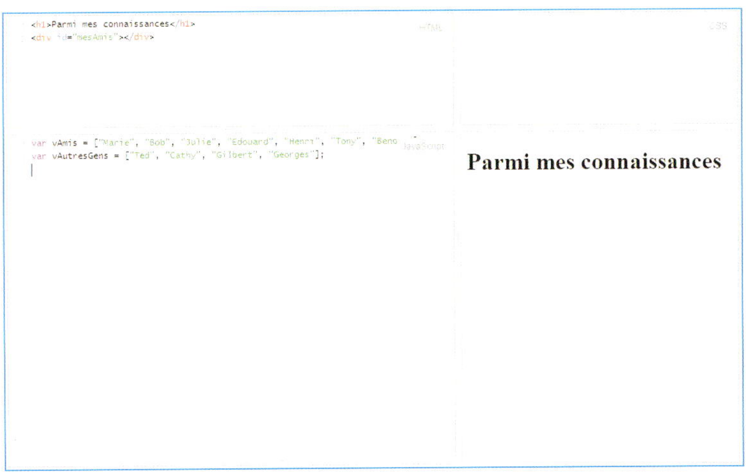

Qu'est-ce qu'un tableau ?

Le tableau est un nouveau type de variable. Il sert de conteneur pour y stocker plusieurs variables d'un type plus simple. Tu peux comparer le tableau à une armoire avec plusieurs tiroirs. Dans chaque tiroir, il y a une chose différente, mais l'ensemble des tiroirs forme l'armoire.

Si tu dois indiquer à quelqu'un où se trouvent tes chaussettes dans ton armoire, tu pourrais dire « Mes chaussettes sont dans le tiroir du haut ». S'il faut chercher dans le tiroir suivant, tu diras : « Regarde dans le deuxième tiroir en partant du haut ». S'il faut dresser la liste de tout ce qu'il y a dans ton armoire, tiroir par tiroir, tu créerais quelque chose dans ce genre :

```
tiroir du haut : chaussettes
deuxième tiroir : shorts
troisième tiroir : pantalons
```

Ce classement offre de nombreux avantages, puisque cela permet de toujours bien ranger les données. Un autre avantage est qu'il est possible de considérer ces données globalement, tout comme il est possible de déménager toute ton armoire sans vider les tiroirs.

Voici le genre d'instruction JavaScript qu'il faudrait écrire pour définir un tableau représentant le contenu de notre armoire de vêtements :

```
var armoire = ["chaussettes","shorts","pantalons"];
```

Cette instruction définit une armoire contenant trois tiroirs qui sont appelés éléments en JavaScript. Pour lire le contenu de chaque élément, il suffit de le demander poliment à JavaScript. Voici par exemple comment savoir la valeur que contient le troisième élément :

```
armoire[2]
```

Tu seras peut-être étonné, mais la valeur contenue à la position `armoire[2]` est `pantalons` et non `shorts`.

J'ai déjà dit dans le Chapitre 3 que JavaScript, comme la plupart des info-langages, commençait à compter à partir de zéro. Dans notre exemple, le premier tiroir est le tiroir numéro zéro, le deuxième tiroir le numéro un, et le troisième le numéro deux. Souviens-t'en.

Le nombre maximal d'éléments que peut accepter un tableau JavaScript s'élève à 4,29 milliards. Autrement dit, tu as de la marge et tu devrais pouvoir placer n'importe quelle liste d'objets dans un tableau ;

Puisque nous savons maintenant comment définir un tableau, voyons plus en détail quelles en sont les possibilités.

Créons et accédons à un tableau

La création ou définition d'un tableau utilise la même syntaxe que les variables plus simples. Il faut commencer par le mot réservé var. Mais pour que JavaScript sache qu'il s'agit d'un tableau, il faut utiliser des crochets après le signe =.

Nous pouvons par exemple préréserver un tableau vide, c'est-à-dire lui donner un nom sans y stocker aucune valeur. Il suffit d'utiliser un jeu de crochets vides :

```
var mesLegumes = [];
```

Pour peupler le tableau dès le départ tout en le définissant, il suffit d'indiquer les valeurs entre les deux crochets, en les séparant par des virgules :

```
var mesLegumes = ["brocoli","aubergine", "radis","champignon"];
```

Le mélange des genres

Un tableau JavaScript peut contenir des données de n'importe quel type, et donc des valeurs numériques, des chaînes, des booléens et des objets.

À la différence d'autres langages, un tableau JavaScript peut même mélanger plusieurs types de données. La définition de tableau suivante définit un tableau qui regroupe une valeur numérique, une chaîne et une valeur booléenne :

```
var monMixte = [5, "Salut", true];
```

Comme dans les variables classiques, les valeurs de type chaîne doivent être délimitées par des apostrophes ou des guillemets.

Lisons la valeur d'un élément

Pour connaître la valeur stockée dans un élément du tableau, il faut indiquer le nom du tableau, puis un crochet gauche (ouvrant), l'indice correspondant à la position de l'élément en comptant à partir de zéro puis un crochet droit (fermant) :

```
monMixte[0]
```

Si nous conservons la définition donnée juste au-dessus, cette demande de lecture doit renvoyer la valeur numérique 5.

Les noms de variables dans les tableaux

Tu peux spécifier un nom de variable dans la définition d'un tableau. Dans l'exemple suivant, nous commençons par créer trois variables, puis nous utilisons leurs noms dans la définition d'un autre tableau :

```
var prenom1 = "Pierre";
var prenom2 = "Gilles"
var nomfam  = "De Gennes";
var Scientif = [prenom1, prenom2, nomfam];
```

Les variables sont des symboles qui renvoient à des valeurs. Le résultat de l'exemple précédent est exactement le même que si nous avions écrit directement les valeurs dans le dernier des quatre tableaux :

```
var Scientif = ["Pierre","Gilles" "De Gennes"];
```

Poursuivons notre découverte des tableaux en apprenant en pratique dans la Console JavaScript à lire, écrire et modifier les éléments d'un tableau.

Modifions la valeur d'un élément

JavaScript offre plusieurs possibilités pour modifier le contenu d'un tableau.

La première approche consiste à spécifier une nouvelle valeur pour un élément existant. Cela revient à lui affecter sa valeur initiale. Voici comment procéder dans la console JavaScript :

1. **Commence par créer le nouveau tableau :**

   ```
   var vAmis = ["Ted","Cathy","Bob"];
   ```

2. **Demande un affichage du contenu du tableau avec l'instruction suivante :**

   ```
   console.log(vAmis);
   ```

   La console doit afficher la même liste d'éléments que celle qui a été fournie dans la création du tableau.

3. **Modifions maintenant la valeur du premier élément avec l'instruction suivante. Pense à utiliser Entrée ou Retour pour valider :**

```
vAmis[0] = "Georgette";
```

4. **Demande un nouvel affichage du contenu du tableau :**

```
console.log(vAmis);
```

Tu constates que le premier élément contient dorénavant la valeur Georgette et non Ted.

À toi de jouer. Essaie de modifier le tableau afin qu'il contienne la liste de noms suivante, dans le même ordre :

```
Marie, Bob, Julie, Edouard, Henri, Tony
```

Une fois que tu as créé un tableau de noms ou d'autres choses, tu as accès à toute une série d'opérations : tu peux trier la liste, ajouter et enlever des éléments, comparer les éléments, *etc.* Dans la prochaine section, je vais te montrer comment JavaScript permet de simplifier la plupart des opérations qu'il faut appliquer à des tableaux, et cela grâce aux méthodes du type tableau.

Découvrons les méthodes des tableaux

Les méthodes des tableaux sont des fonctions prédéfinies qui sont automatiquement disponibles pour toute variable du type tableau. Elles constituent un réel avantage des tableaux JavaScript. Lorsque tu sauras les utiliser, tu gagneras bien du temps. Et certaines sont d'une grande polyvalence.

Découvrons d'abord dans le tableau suivant toutes les méthodes prédéfinies des tableaux JavaScript.

Tableau 11.1 : Méthodes des tableaux JavaScript.

Méthode	Description
concat()	Construit un nouveau tableau à partir du tableau spécifié en premier, auquel sont ajoutés (le ou) les autres tableaux et valeurs.
IndexOf()	Renvoie l'indice de la première occurrence de la valeur demandée ou la valeur -1 si la valeur n'est pas trouvée.
join()	Fusionne tous les éléments d'un tableau pour obtenir une chaîne.
lastIndexOf()	Renvoie l'indice de la dernière occurrence de la valeur spécifiée dans le tableau ou -1 si pas trouvée.

Tableau 11.1 : Méthodes des tableaux JavaScript.	
Méthode	**Description**
pop()	Supprime le dernier élément du tableau.
push()	Ajoute un ou plusieurs nouveaux éléments à la fin du tableau.
reverse()	Inverse l'ordre des éléments dans le tableau.
shift()	Supprime le premier élément d'un tableau et renvoie sa valeur, ce qui raccourcit le tableau.
slice()	Découpe une portion d'un tableau et renvoie celle-ci sous forme d'un nouveau tableau.
sort()	Renvoie un nouveau tableau issu du tri des éléments de l'ancien tableau. Par défaut, le tri est alphabétique et croissant.
splice()	Renvoie un nouveau tableau contenant les seuls éléments qui ont été ajoutés ou supprimés d'un tableau.
tostring()	Convertit un tableau en une chaîne.
unshift()	Renvoie un nouveau tableau agrandi par ajout d'un ou de plusieurs éléments.

Pratiquons les tableaux

Les méthodes de tableaux sont plus faciles à maîtriser si tu les découvres par la pratique. Utilisons l'atelier JSFiddle pour en essayer un certain nombre.

1. **Dans JSFiddle, connecte-toi à ton compte.**
2. **Accède au site des exemples du livre :**

   `http://jsfiddle.net/user/PLKJS`.
3. **Cherche le projet portant le nom «**`11: Tableaux (initial)`**» et clique le titre.**
4. **Pour créer ta variante du projet, utilise la commande** `Fork` **de la barre de menu du haut.**
5. **Déplie les options** `Fiddle Options` **pour changer le nom. Choisis par exemple «**`11: (ton prénom)`**».**
6. **Utilise la commande** `Update` **puis** `Set as Base` **pour enregistrer ta variante.**

Le projet doit avoir l'aspect de la Figure 11.1. Il y a deux tableaux dans le panneau JavaScript, deux éléments dans le panneau HTML et un titre dans le panneau des résultats.

Ce projet est particulier : nous allons nous en servir pour essayer tour à tour une famille de méthodes de tableau pour modifier son contenu. Le résultat est affiché dans le panneau des résultats.

Figure 11.1 : État initial de notre projet.

toString() et valueOf()

Les deux méthodes `toString()` et `valueOf()` ont le même effet : elles convertissent un tableau en une chaîne, en intercalant une virgule entre les éléments du tableau d'origine.

Nous allons essayer `toString()` pour expliquer au navigateur où il doit afficher les valeurs du tableau. Voici comment procéder :

1. **Clique dans le panneau JavaScript et insère deux ou trois lignes vides après l'instruction qui définit le tableau `vAutresGens`.**
2. **Saisis cette instruction sur une ligne vide :**

```
document.getElementById("mesAmis").innerHTML = vAmis.toString();
```

Elle affiche dans l'élément `mesAmis` les valeurs trouvées dans le tableau `vAmis` sous forme de liste.

3. **Utilise la commande `Update`.**

   Les valeurs du tableau apparaissent dans le panneau des résultats (Figure 11.2).

Figure 11.2 : Les valeurs du tableau vAmis.

4. **Dans le panneau JavaScript, remplace le nom de fonction `toString()` par sa collègue `valueOf()`.**
5. **Utilise la commande `Update`.**

Rien ne doit avoir changé dans l'affichage, ce qui prouve que les deux méthodes ont le même effet pour des tableaux.

concat()

Cette méthode sert à concaténer (fusionner) deux tableaux.

1. **Saisis l'instruction suivante sous la définition du tableau, mais avant l'instruction d'affichage :**

```
vAmis = vAmis.concat(vAutresGens);
```

2. **Utilise la commande `Update`.**

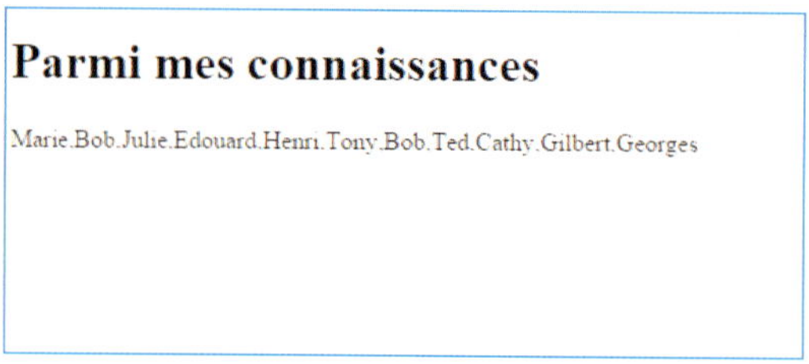

Figure 11.3 : Utilisation de concat() pour fusionner deux tableaux.

Le résultat est l'ajout du contenu de `vAutresGens` à la fin de `vAmis`. Avec l'opérateur d'affectation (`=`), nous restockons le résultat dans le tableau `vAmis` et nous l'affichons (Figure 11.3).

indexOf()

Cette méthode cherche une valeur parmi les éléments du tableau et renvoie sa position (son indice). Testons-la sur le tableau `vAmis` :

1. **Neutralise l'instruction qui teste `concat()` par mise en commentaires (ajoute deux barres obliques en début de ligne – Figure 11.4).**

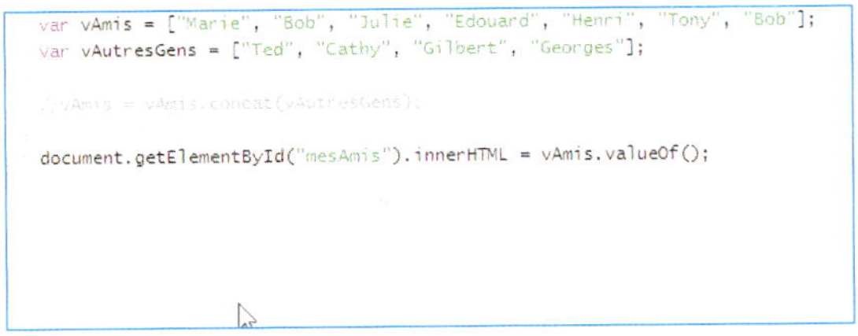

```
var vAmis = ["Marie", "Bob", "Julie", "Edouard", "Henri", "Tony", "Bob"];
var vAutresGens = ["Ted", "Cathy", "Gilbert", "Georges"];

//vAmis = vAmis.concat(vAutresGens);

document.getElementById("mesAmis").innerHTML = vAmis.valueOf();
```

Figure 11.4 : Neutralisation d'une instruction.

Cette instruction ne sera plus exécutée tant qu'elle est ainsi neutralisée.

2. **Saisis l'instruction suivante pour chercher l'élément « Edouard » dans le tableau `vAmis` :**

```
vAmis = vAmis.indexOf("Edouard");
```

3. **Utilise la commande `Update` pour enregistrer le programme et le relancer.**

Le panneau des résultats indique le chiffre 3. Le prénom Edouard est bien le quatrième depuis le début, donc celui ayant l'indice 3.

join()

Cette méthode ressemble à `toString()` et `valueOf()`, puisqu'elle sert à fusionner les éléments d'un tableau. Elle s'en distingue du fait qu'elle permet d'intercaler un ou plusieurs caractères entre deux éléments du tableau.

1. **Neutralise l'instruction avec `indexOf()` par mise en commentaire.**
2. **Saisis l'instruction suivante sous la ligne précédente :**

```
vAmis = vAmis.join(" # ");
```

3. **Utilise la commande `Update` pour enregistrer le programme et le relancer.**

Le résultat (Figure 11.5) montre que le signe dièse avec ses espaces a été ajouté de façon répétée entre deux éléments.

Figure 11.5 : Test de join().

lastIndexOf()

Cette méthode `lastIndexOf()` permet de trouver la première occurrence d'un élément en commençant par la fin du tableau.

Tu peux remarquer que notre tableau de test `vAmis` contient deux fois le prénom Bob, en deuxième et en septième position (donc aux indices de tableau 1 et 6).

Quelle valeur va être affichée par `lastIndexOf()` selon toi ? Voici comment le savoir.

1. **Commente la dernière instruction utilisant `join()`.**
2. **Saisis l'instruction suivante sous les précédentes :**

```
vAmis = vAmis.lastIndexOf("Bob");
```

3. **Utilise la commande `Update` pour enregistrer le programme et le relancer.**

Le panneau des résultats indique le chiffre 6. Le prénom Bob situé en septième depuis le début est trouvé d'abord si on scrute à partir de la fin ; c'est donc celui ayant l'indice 6.

pop()

Cette méthode est destructrice, puisqu'elle enlève le dernier élément d'un tableau tout en le renvoyant.£££

1. **Neutralise l'instruction précédente par mise en commentaires.**
2. **Saisis cette instruction :**

```
vAmis = vAmis.pop();
```

3. **Utilise la commande `Update`.**

   Le résultat est étonnant : le tableau ne contient plus que l'élément que nous voulions enlever.

   C'est parce que nous restockons dans `vAmis` ce que renvoie la méthode que nous appelons, et `pop()` renvoie l'élément qu'elle enlève. Pour obtenir la liste écourtée, il ne faut pas dans ce cas précis y recopier le résultat de la méthode.

4. **Neutralise l'instruction précédente par mise en commentaires.**
5. **Saisis cette instruction :**

```
vAmis.pop();
```

6. **Utilise la commande `Update`.**

Le tableau `vAmis` retrouve son contenu réduit à six éléments (Figure 11.6).

Figure 11.6 : Bob a été éjecté du tableau.

push()

La méthode `push()` est le complément de `pop()`. Elle insère un élément à la fin d'un tableau et renvoie le nombre d'éléments du nouveau tableau.

1. **Neutralise l'instruction précédente par mise en commentaires.**
2. **Saisis l'instruction suivante :**

```
vAmis = vAmis.push("Ted");
```

3. **Utilise la commande `Update`.**

   Le résultat montre que le tableau a été écrasé par la valeur renvoyée 8 (car il contient maintenant huit éléments). Il ne faut pas renvoyer le résultat dans le tableau.

4. **Neutralise l'instruction précédente par mise en commentaires.**
5. **Saisis cette instruction :**

```
vAmis.push("Ted");
```

6. **Utilise la commande `Update`.**

Tu constates que `vAmis` s'est agrandi d'un élément, Ted apparaissant à la fin (Figure 11.7).

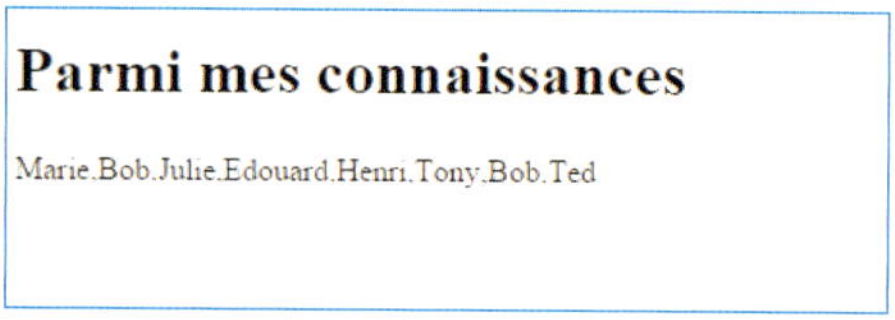

Figure 11.7 : Ajout d'un élément avec push().

reverse()

Cette méthode inverse l'ordre des éléments du tableau. Le premier élément devient le dernier.

1. **Neutralise l'instruction précédente par mise en commentaires.**
2. **Saisis cette instruction :**

```
vAmis = vAmis.reverse();
```

3. **Utilise la commande `Update`.**

Compare le résultat (Figure 11.8) avec la liste telle que définie au départ.

Figure 11.8 : Inversion de l'ordre des éléments.

shift() et unshift()

La méthode `shift()` ressemble à `pop()`, sauf qu'elle intervient sur le premier élément, pas sur le dernier.

1. **Neutralise l'instruction précédente par mise en commentaires.**
2. **Saisis cette instruction :**

```
vAmis.shift();
```

3. **Utilise la commande Update.**

Le prénom Marie a disparu du tableau (Figure 11.9).

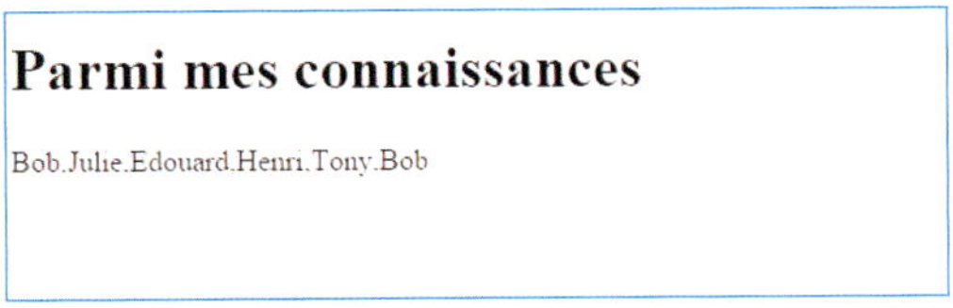

Figure 11.9 : Effet de shift().

Comme pop() est liée à push(), shift() est liée à unshift(), qui ajoute un élément en début de tableau.

1. **Neutralise l'instruction précédente par mise en commentaires.**
2. **Saisis l'instruction suivante après celles commentées :**

```
vAmis.unshift("Ted");
```

3. **Utilise la commande Update.**

Le panneau des résultats montre la liste vAmis avec Ted ajouté au début.

slice()

Le verbe SLICE signifie trancher. Cette méthode sert à extraire des éléments d'un tableau pour en fabriquer un autre. Il faut lui indiquer l'indice du premier élément à extraire puis le nombre d'éléments à extraire.

1. **Neutralise l'instruction précédente par mise en commentaires.**
2. **Saisis cette instruction après celles commentées. Nous demandons d'extraire 3 éléments en commençant au premier :**

```
vAmis = vAmis.slice(0,3);
```

3. **Utilise la commande Update.**

Le panneau des résultats montre que trois éléments de vAmis ont été sélectionnés par slice() et renvoyés (Figure 11.10).

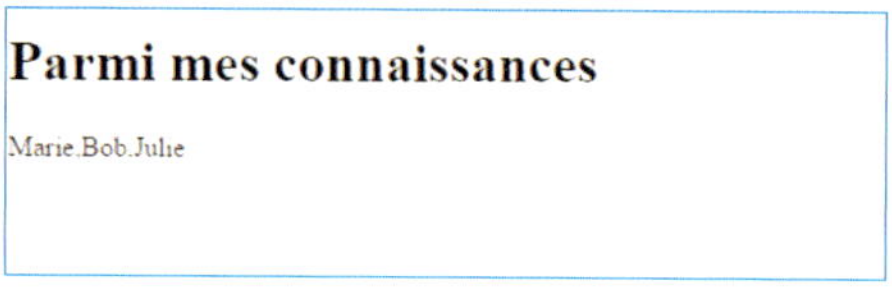

Figure 11.10 : Sélection d'éléments avec slice().

sort()

Cette méthode `sort()` trie les éléments d'un tableau dans l'ordre alphabétique.

1. **Neutralise l'instruction précédente par mise en commentaires.**
2. **Saisis cette instruction en fin de listing :**

   ```
   vAmis = vAmis.sort();
   ```

3. **Utilise la commande `Update`.**

Le panneau des résultats montre que les éléments ont été retriés dans l'ordre alphabétique (Figure 11.11).

Figure 11.11 : Tri des éléments.

splice()

Cette méthode `splice()` permet d'ajouter ou d'enlever des éléments à des positions spécifiées.

1. **Neutralise l'instruction précédente par mise en commentaires.**
2. **Saisis ceci après la dernière ligne :**

   ```
   vAmis.splice(1,0,"Cathy");
   ```

   Nous demandons d'insérer une valeur après le premier élément, de ne rien enlever (effet de la valeur 0) et d'insérer comme valeur le prénom Cathy.

3. **Utilise la commande `Update`.**

Le panneau des résultats montre que Cathy a été ajoutée après Marie.

Des fonctions partout

Chapitre 12

Les fonctions sont les briques de construction d'un programme JavaScript. Elles permettent d'éviter de répéter des instructions, rendent le projet plus polyvalent et le code source plus lisible !

Le projet de ce chapitre va profiter des fonctions pour créer un petit jeu de conduite d'une locomotive.

Principes des fonctions

Une fonction est un petit programme à l'intérieur du programme principal. C'est une série d'instructions isolée du reste. Les fonctions sont extrêmement utiles dès qu'il faut exécuter plusieurs fois un traitement. Elles permettent de beaucoup mieux organiser et structurer les programmes.

Les fonctions prédéfinies ou standard

Dès ton premier jour avec JavaScript, tu as à ta disposition toute une série de fonctions. Ce sont les fonctions prédéfinies par le langage (BUILT-INS). Elles se répartissent en plusieurs groupes, parmi lesquels :

» les méthodes des chaînes et des tableaux, comme maChaine.`slice()` et monTablo.`sort()` ;

» les fonctions liées à la date et à l'heure comme `Date()` qui renvoie la date courante ;

» les fonctions mathématiques comme `sin()` qui calcule un sinus ;

Pour savoir si un objet est une fonction, il suffit de voir si le nom est suivi d'une paire de parenthèses, vide ou non.

N.d.T. : en pratique, tous les noms des fonctions standard deviennent des mots réservés de JavaScript. Dans tes programmes, ce seront les seuls noms de fonctions qui ne sont pas choisis pas toi et qui resteront en anglais.

Lorsqu'une fonction a été définie à l'intérieur d'un objet, par exemple l'objet `document`, on dit qu'il s'agit d'une MÉTHODE. Techniquement, c'est toujours une fonction.

Voici quelques noms de fonctions prédéfinies. Nous les avons déjà rencontrées dans les chapitres précédents :

```
getElementById()
toString()
addEventListener()
indexOf()
```

Tu te souviens certainement de quelques autres fonctions déjà rencontrées.

Les fonctions spécifiques

Les fonctions standard font gagner du temps, puisque tu n'as pas besoin de les écrire. Mais l'essentiel des fonctions sont celles que tu vas définir toi-même. C'est toi qui choisis le nom de chaque fonction, les instructions qu'elle contient, et la manière dont on peut l'utiliser. Je vais t'expliquer dans la suite comment créer tes fonctions.

Dans le mot fonction, on entend «fonk», et le Funk est une musique qui remue. Du fait qu'il est en pratique impossible d'écrire un programme

JavaScript sans utiliser de fonctions, on peut en déduire qu'il est impossible de faire du code JavaScript sans que cela remue !

À vrai dire, nous avons déjà défini des fonctions au cours des chapitres précédents. Voici un exemple de fonction très simple qui se contente d'ajouter un caractère graphique de petit visage souriant (une émoticône) à la suite du texte que tu lui donnes à traiter :

```
function sourire(monTexte) {
  monTexte += " :)";
  return monTexte;
}
```

Je te propose d'essayer tout de suite cette fonction :

1. **Dans ton navigateur, ouvre la page de JSFiddle (nous ne sauvegardons pas ce petit essai).**

   Tu es face à une page vide. Si ce n'est pas le cas, clique dans le logo JSFiddle dans l'angle supérieur gauche de la fenêtre.

2. **Saisis les quatre lignes de la fonction ci-dessus dans le panneau JavaScript.**

3. **Utilise la commande `Run`.**

   Tu remarques qu'il ne se passe rien. À la différence des lignes d'instructions JavaScript qui sont écrites normalement dans le programme, celles qui sont situées entre les deux accolades du « corps » d'une fonction ne sont exécutées que lorsque l'on appelle la fonction.

4. **Ajoute une instruction pour appeler la fonction dans la suite du code source. C'est un appel de fonction et nous y indiquons une valeur pour le paramètre d'entrée de la fonction :**

   ```
   sourire("Salut les zamis !")
   ```

5. **Utilise à nouveau la commande `Run`.**

   Bizarre, on dirait qu'il ne se passe toujours rien. Pourtant, il y a eu un traitement. Nous n'avons tout simplement pas demandé à la fonction de nous dire ce qu'elle a fait.

6. **Modifie la dernière instruction qui permet d'appeler la fonction afin d'envoyer le résultat qu'elle renvoie à la fonction d'affichage `alert()`. Il suffit de placer tout l'appel de fonction à l'intérieur des parenthèses de paramètre de la fonction d'affichage :**

   ```
   alert( sourire("Salut les zamis !") )
   ```

7. **Relance le programme par `Run`.**

Si tu n'as pas fait de faute de frappe, tu dois voir apparaître une boîte message avec ton message suivi d'un signe deux-points et d'une parenthèse (Figure 12.1).

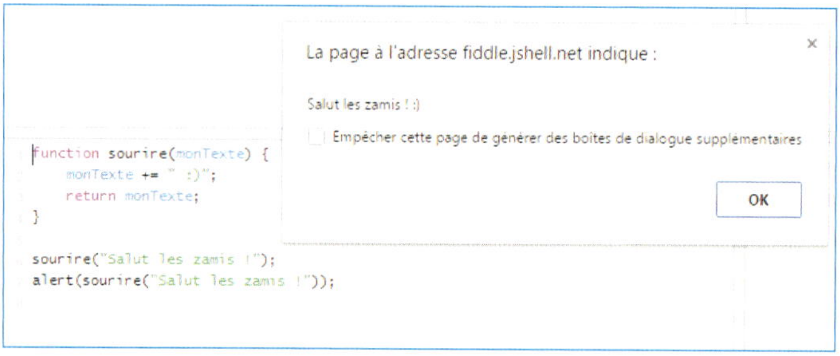

Figure 12.1 : Affichage du résultat du traitement d'une fonction.

Je rappelle que `alert()` est une fonction prédéfinie de JavaScript, mais tu t'en étais douté.

Construisons une fonction

Pour pouvoir bien utiliser les fonctions, il vaut mieux que tu connaisses la signification de quelques mots magiques, car les fonctions ont un vocabulaire particulier. Voyons donc ces mots magiques en décortiquant une fonction.

Définissons une fonction

Définir une fonction consiste à écrire les lignes qui vont la constituer. Une fois que la fonction est définie, il devient possible de l'utiliser en citant son nom ailleurs dans le code source.

Il y a plusieurs moyens de définir une fonction. La technique la plus commune consiste à faire commencer la définition par le mot réservé `function` suivi du nom que tu as choisi pour la fonction, puis un couple de parenthèses, puis une accolade ouvrante qui marque le début du corps de la fonction. Plus loin, n'oublie pas une accolade fermante pour marquer la fin de la définition :

```
function maFonctionGeniale() {
  // Ici, mes instructions;
  // Autant que nécessaire;
}
```

Une autre technique consiste à travailler en deux temps en créant la fonction avec new puis en stockant la référence à la fonction dans une variable, comme ceci :

```
var maFonctionGeniale = new function() {
  // Ici, mes instructions;
  // Autant que nécessaire;
}
```

Cette seconde approche est beaucoup moins fréquente. Je te conseille d'utiliser toujours la première. C'est la technique que proposent la plupart des autres info-langages.

La ligne de tête de la fonction

La première ligne de la fonction est celle que nous venons de voir ci-dessus. Tu y décides de son nom et surtout de ses paramètres d'entrée. J'y reviens plus loin. On parle aussi de « signature » de fonction :

```
function maFonctionGeniale() {
```

Le corps de la fonction (le bloc)

Le corps de la fonction correspond à tout ce qui est placé entre les deux accolades : des déclarations de variables et des instructions. Voici un exemple de corps vide :

```
  {
  // Déclarations;
  // Instructions;
}
```

L'appel de fonction

Pour déclencher l'exécution des instructions qui constituent le corps de la fonction, il faut écrire son nom, ce qui revient à appeler la fonction. Voici par exemple un appel à la fonction définie ci-dessus. Le point-virgule prouve que ce simple nom est devenu une instruction JavaScript :

```
maFonctionGeniale();
```

Les paramètres de fonction

Les paramètres sont les noms des données que la fonction prévoit d'accepter à son démarrage. Ils doivent être indiqués entre les parenthèses dans la tête de définition. Pour définir un paramètre, tu indiques son nom, comme ceci :

```
function maFonctionGeniale(monParam) {
```

Pour indiquer plusieurs paramètres, il suffit de les séparer par une virgule.

Le passage d'argument

Quand tu écris un appel à une fonction, tu ajoutes entre les parenthèses le nombre de valeurs qu'elle attend. C'est le passage ou la transmission d'arguments. Voici un exemple :

```
maFonctionGeniale("Je vais arriver dans monParam");
```

Dans cet exemple, je transmets à la fonction au moment de l'appel un argument unique qui est une chaîne littérale ici, mais aurait pu être un nom de variable.

Les PARAMÈTRES sont les noms des variables qui sont indiqués dans la définition de la fonction. Les ARGUMENTS sont les valeurs réelles qui sont envoyées à la fonction lors des appels. Paramètres et arguments doivent bien sûr correspondre en nombre et en type.

Lorsque tu appelles une fonction en lui transmettant un argument, une variable est créée avec le nom indiqué en paramètre et la valeur transmise est stockée dans cette variable. La valeur peut alors être utilisée dans le corps de la fonction.

Le renvoi de valeur

Quand tu appelles la fonction, elle exécute en séquence les instructions qui constituent son corps. Lorsque la dernière instruction est exécutée, la fonction peut renvoyer une valeur. Cette valeur est retransmise à l'endroit où a été appelée la fonction. Il s'agit de la VALEUR RENVOYÉE (valeur de retour).

Pour renvoyer une valeur, il suffit d'utiliser l'instruction spéciale `return`. L'exemple suivant renvoie par exemple systématiquement la valeur 3000 :

```
function donnerNombre() {
  return 3000 ;
}
```

Tu peux utiliser directement la valeur de renvoi, puisque cette valeur prend la place du nom de la fonction (là où elle est appelée). On peut ainsi faire des opérations arithmétiques en appelant une fonction dans une expression. Dans l'exemple suivant, j'ai ajouté un appel à une fonction à la place d'un opérande entre eux (revoie aussi le Chapitre 8) :

```
var total = donnerNombre() + 80;
```

Lorsque cette instruction est exécutée, il y a d'abord appel à la fonction puis remplacement de son nom par la valeur qu'elle renvoie, c'est-à-dire 3000. Cette valeur est ensuite combinée avec 80 et le résultat est stocké dans la variable `total` spécifiée à gauche de l'opérateur d'affectation.

Si tu ne spécifies pas une valeur de renvoi dans une fonction, la fonction renvoie la pseudo-valeur spéciale `undefined`.

Construisons notre projet de train

Maintenant que tu connais le vocabulaire des fonctions, nous pouvons nous lancer dans la rédaction du code de notre projet. Le but du jeu est de faire avancer la locomotive le plus loin possible sur les rails, en la faisant accélérer, mais en l'arrêtant juste avant qu'elle touche le bord droit.

Je te propose de voir d'abord le projet terminé avant de commencer la rédaction.

1. **Dans ton navigateur Web, va à la page du livre :**

   `http://jsfiddle.net/user/PLKJS`

2. **Sers-toi des onglets de numéros de pages en bas pour trouver le projet portant le nom suivant et clique pour accéder au projet :**

   `12: Train (final)`

Pour jouer, il suffit de cliquer dans la locomotive. Elle avance lentement au départ et accélère à chaque clic. Si tu continues à cliquer, elle va avancer tellement vite que tu n'auras plus le temps de cliquer sur le bouton Stop avant la fin des rails.

Si tu n'arrêtes pas la machine, elle finit par percuter le bord droit. Le but est de cliquer Stop le plus tard possible.

Bien sûr, ce jeu vidéo est vraiment minimaliste, mais son objectif principal est d'expliquer comment créer des fonctions. Avec tout ce que tu vas apprendre dans ce chapitre, tu pourras ensuite facilement apporter des améliorations.

Voyons donc maintenant comment créer ce projet.

Pour commencer, tu dois démarrer ta variante de la version initiale du projet. Commence par charger cette version depuis mon atelier. Elle porte le nom 12 – train (initial). Dès que tu as ouvert le projet, procède ainsi :

1. **Tu dois être connecté à ton compte JSFiddle. Sans te déconnecter, reviens à la page des exemples du livre :**

   `http://jsfiddle.net/user/PLKJS`

   Cette fois-ci, charge le projet suivant :

   `12: Train (initial)`

2. **Utilise la commande `Fork` pour créer ta variante puis ouvre les Options Fiddle à gauche et donne un nom personnel à ton projet.**

3. **Utilise la commande `Update` puis la commande `Set as base` pour établir ta variante.**

Nous sommes maintenant prêts à démarrer ;

Le code HTML

Le panneau HTML contient dès le départ tout ce dont tu auras besoin. Tu connais déjà toutes ces instructions. Il reste utile de les passer rapidement en revue pour mieux comprendre la suite. Les identifiants importants sont mis en exergue ci-après.

Listing 12.1 : Le code HTML du projet.

```
<div id="conteneur">
  <p>
    <ul>
      <li>Clique le train pour le faire accélérer.</li>
      <li>Clique Stop le plus tard possible,</li>
      <li>mais avant qu'il s'écrase sur le bord.</li>
    </ul>
  </p>
  <div id="rails">
    <div id="train"><img src="http://www.watzthis.com/images/train.
png"></div>
  </div>
  <div id="btnStopper">Stop !</div>
</div>
```

Le code CSS du train

Passons maintenant aux règles de styles CSS. J'ai déjà tout prévu. Observe d'abord la Figure 12.2. Tu vois ainsi l'aspect du jeu sans aucune règle CSS.

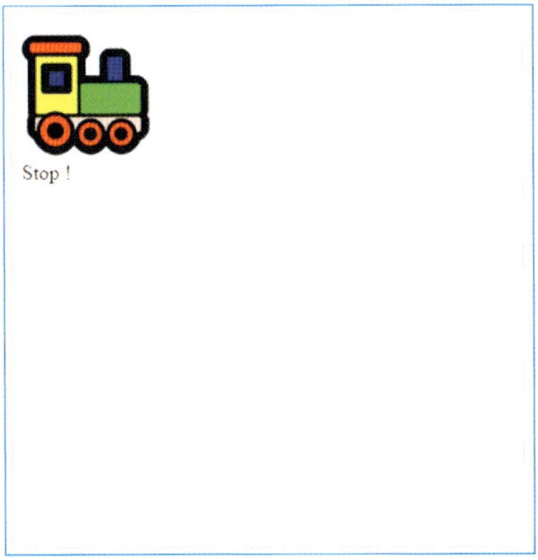

Figure 12.2 : Le projet Train sans règles de style CSS.

Cela fait une grosse différence n'est-ce pas ? Je te propose de passer en revue les cinq règles CSS réunies dans le Listing 12.2.

Listing 12.2 : Le code CSS du projet de train.

```
body {
    font-family: Arial,sans-serif;
}
#conteneur {
    padding: 10px;
    width: 360px;
    height: 80%;
    background-color: #00FF00;
}
#rails {
    width: 340px;
    border-top: 2px solid white;
    border-bottom: 2px solid white;
    margin: 20px auto;
}
#train {
    height: 92px;
    width: 100px;
    position: relative;
    left: 0px;
}
```

```
#btnStopper {
    padding-top: 15px;
    margin: 10px auto;
    background-color: white;
    width: 100px;
    height: 50px;
    color: red;
    text-align:center;
    font-size: 24px;
    line-height: 30px;
}
```

Passons chacun des secteurs en revue. Tu constates déjà que l'élément standard `body` sert à choisir le type de police. Pour les autres règles, nous n'utilisons que des sélecteurs par identifiant `id` (chaque sélecteur commence par un signe dièse).

Je ne vais pas détailler toutes ces directives, car tu les as déjà rencontrées dans les projets précédents. Quelques-unes sont remarquables parce qu'elles vont te permettre de personnaliser le projet plus tard.

Voyons d'abord les styles pour l'élément identifié par `conteneur`. Ils servent à contrôler la taille et la couleur de fond de panneau. Actuellement, il est de couleur verte, mais tu peux en changer aisément. Tu peux élargir la fenêtre de jeu, et donc rallonger les rails en modifiant l'attribut `width`. Il faudra dans ce cas retoucher la largeur à d'autres endroits dont je parlerai un peu plus loin.

Voyons maintenant les styles pour les rails. J'ai choisi de les afficher en blanc, sous forme de deux lignes horizontales qui sont en fait deux côtés d'un rectangle autour du train. Les rails sont représentés par la bordure supérieure et la bordure inférieure de ce rectangle. Si tu veux augmenter la longueur des rails, c'est ici qu'il faut retoucher la propriété `width`.

Tu peux éventuellement modifier certaines valeurs et utiliser la commande `Run` pour juger du résultat.

Si tu fais des retouches qui ne te plaisent plus, il suffit de recharger la version initiale du projet en revenant à la liste des projets par la commande `Your public dashboard` du menu en haut à droite.

Rédigeons le code JavaScript

Passons maintenant au panneau JavaScript où nous attendent plusieurs fonctions.

Dans la version initiale du projet, j'ai supprimé quasiment toutes les instructions JavaScript, en les remplaçant par des commentaires qui te montrent ce qui reste à écrire (Listing 12.3).

Listing 12.3 : Code JavaScript initial avec commentaires d'attente.

```
/* A FAIRE: Créer trois variables
nonTraction    valant au départ 200
positionTrain  valant au départ 0
animation      sans valeur initiale
*/

// A FAIRE: Ajouter auditeur de clic sur le train
// qui appelle la fonction accelerer()

// A FAIRE: Ajouter auditeur de clic sur le bouton Stop
// qui appelle la fonction stopperTrain()

function accelerer() {
/* A FAIRE: Tester si le train est déjà à vitesse max.
   Si non, accélérer */

/* Si le train avance, le bloquer et redémarrer avec
   la nouvelle vitesse (moins d'avance en roue libre) */

  function frame() {
    /* A FAIRE: Replacer le train et appeler la fonction pour
       tester s'il est arrivé au bout. */
    }
}

function testerPosition(posActuelle) {
  /* A FAIRE: Tester la position. Si elle correspond au bord droit
     déclencher l'accident */
}

function stopperTrain() {
  /* A FAIRE: Tester si le train a déjà percuté le bord.
     Si ce n'est pas encore le cas, le stopper */
}
```

Tu remarques que la plupart des commentaires commencent par l'expression A FAIRE: (TO DO). C'est une convention adoptée par de nombreux programmeurs pour marquer les endroits où il reste des instructions à écrire ou à améliorer.

Parcours cette version initiale du code. Tu peux même essayer de commencer à ajouter des instructions avant de lire la suite.

Voyons maintenant comment écrire ce qui manque pour que ce jeu fonctionne.

1. **Le premier commentaire me demande de créer trois variables. Exécutons-nous :**

```
var nonTraction    = 200;
var positionTrain = 0;
var animation;
```

2. **La prochaine instruction doit être un auditeur d'événement qui doit détecter que le joueur a cliqué dans les limites de la locomotive. Nous avons réutilisé la fonction `addEventListener()` déjà vue dans les chapitres précédents. Elle va nous servir à relier un gestionnaire d'événement `click` à l'élément dont l'identifiant est «`train`». J'utilise l'astuce consistant à travailler en deux étapes (stockage de la référence dans une variable `vTrain` puis utilisation de cette variable pour abréger la saisie). Voici le résultat :**

```
var vTrain = document.getElementById("train");
vTrain.addEventListener("click", accelerer);
```

3. **Nous devons ensuite prévoir un autre auditeur d'événement pour le bouton Stop. Les deux instructions sont quasiment les mêmes que les deux précédentes :**

```
var vBtnStop = document.getElementById("btnStopper");
vBtnStop.addEventListener("click", stopperTrain);
```

4. **Nous arrivons enfin à notre première fonction, `accelerer()`. La première instruction doit tester si le train est déjà à la vitesse maximale. Voici le code correspondant :**

```
    if (nonTraction > 10) {
        nonTraction -= 10;
    }
```

Tu constates que j'ai choisi comme nom de variable `nonTraction` et pas `vitesseTrain`. En effet, plus la valeur de cette variable est grande, plus la locomotive avance en roue libre, sans poussée de son moteur. Cette approche bizarre permet de simplifier l'animation.

En effet, plus cette valeur est grande, plus la fonction d'animation attend longtemps avant de faire avancer le train d'une étape. Autrement dit, pour faire accélérer le train, il faut réduire l'intervalle entre deux étapes d'avancement.

La vitesse de l'animation est déterminée par le second paramètre de la fonction standard `setInterval()`. Je rappelle que cette valeur est exprimée en millisecondes.

5. **Nous sommes toujours dans la fonction `accelerer()`. Nous devons redémarrer la boucle d'animation avec la nouvelle vitesse. Voici les deux instructions qui le permettent :**

```
    clearInterval(animation);
    animation = setInterval(frame, nonTraction);
```

La première instruction arrête l'animation et la seconde la relance en utilisant la nouvelle valeur. La fonction `setInterval()` va appeler à intervalles réguliers la fonction que nous avons nommée `frame()`.

6. **Justement, nous devons maintenant définir cette fonction `frame()`. Elle ressemble énormément à la fonction homonyme du Chapitre 7, lorsque nous devions animer le robot Douglas. Il suffit de faire quelques retouches pour l'adapter à la nouvelle situation. Voici comment doit être écrite la fonction `frame()` de notre projet de train :**

```
function frame() {
    positionTrain += 2;
    vTrain.style.left = positionTrain + 'px';
    console.log(positionTrain);
    testerPosition(positionTrain);
}
```

La fonction commence par augmenter la position en x du train qui est stockée dans la variable `positionTrain`. Nous mettons ensuite à jour la position du train en conséquence. Une fois que le train est affiché, nous appelons une autre fonction dont le nom est `testerPosition()` en lui transmettant en argument la valeur de la variable `positionTrain`.

7. **Intéressons-nous donc maintenant à cette fonction `testerPosition()`. Voici son contenu :**

```
function testerPosition(posActuelle) {
    if (posActuelle === 260) {
        alert("Boum. Trop tard !");
        console.log("Trop tard !");
        clearInterval(animation);
    }
}
```

La fonction n'attend qu'un seul paramètre d'entrée qu'elle choisit de nommer `posActuelle`. Elle contient un test qui cherche à savoir si la valeur de cet argument vaut 260. Dans la version de base, 260 est le nombre de pixels en comptant depuis le bord gauche, ce qui détermine le point de percussion du train. Si tu veux augmenter la longueur des rails, il faudra également changer la valeur ici.

8. **Il ne reste plus qu'à coder la fonction `stopperTrain()` comme ceci :**

```
function stopperTrain() {
    if (positionTrain < 260) {
        clearInterval(animation);
        alert("C'était moins une. Bravo !");
    }
}
```

Cette fonction n'est exécutée que si on clique le bouton Stop. Elle teste si le train est déjà arrivé au bout des rails en comparant la position du train avec la position dans le sens horizontal définie comme fin des rails (260 ici).

Il faudra donc aussi changer la valeur ici si tu veux augmenter la longueur des rails.

9. **Tu peux maintenant utiliser la commande `Update` pour sauvegarder le travail et lancer le jeu.**

   Si tout a bien été saisi, le train doit commencer à se déplacer dès que tu cliques dans la locomotive. S'il ne bouge pas, relis bien ton code. Tu peux jeter un œil dans la console JavaScript au cas où il aurait un message d'erreur en attente.

Pour aller plus loin !

À plusieurs reprises au cours du chapitre, je t'ai dit que tu pouvais retoucher le code pour augmenter la longueur des rails. Je te propose d'essayer de le faire maintenant.

Il faut intervenir au niveau du panneau CSS et bien sûr du panneau JavaScript pour augmenter les valeurs qu'il faut. Sers-toi de la commande `Update` pour voir si le résultat correspond à tes attentes. Si la locomotive percute l'obstacle alors que les rails ne sont pas terminés, cherche à comprendre ce qui n'a pas été retouché comme il le fallait.

Une liste de vœux dynamique

Chapitre

13

Le génie JavaScript est venu me voir pour me dire que je n'avais pas seulement trois, mais autant d'essais que je voulais, à une condition : utiliser des tableaux et des fonctions pour construire ma liste de vœux. J'ai été vraiment enthousiasmé, mais le génie m'a rappelé qu'il y avait du chemin entre vouloir quelque chose et l'obtenir. Eh oui, il y a toujours une nuance ! Dans ce chapitre, je vais te montrer comment construire une application pour gérer une liste de vœux.

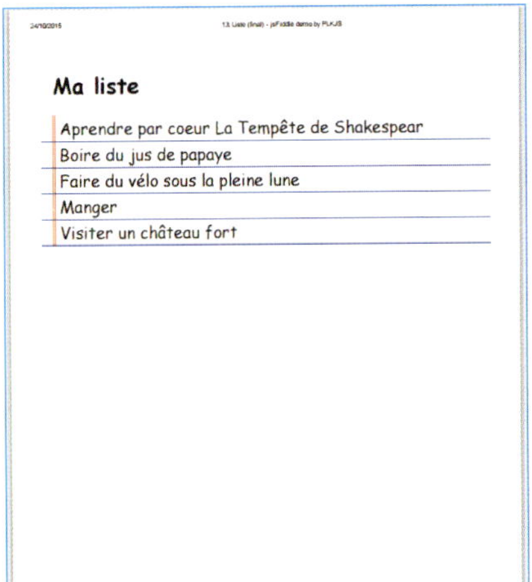

Découvrons le projet

Notre projet utilise un formulaire HTML pour faire saisir les choses par l'utilisateur puis les ajouter à un tableau et de là, les injecter dans une liste HTML que nous affichons. Nous prévoyons un bouton pour appliquer un joli format à la liste et la trier. Il n'y a plus ensuite qu'à transmettre la jolie liste au bon génie !

Visitons le projet terminé

Pour savoir à quoi nous voulons aboutir, je te propose de voir la version terminée :

1. **Accède à l'atelier du livre dans JSFiddle :**

   `http://jsfiddle.net/user/PLKJS`

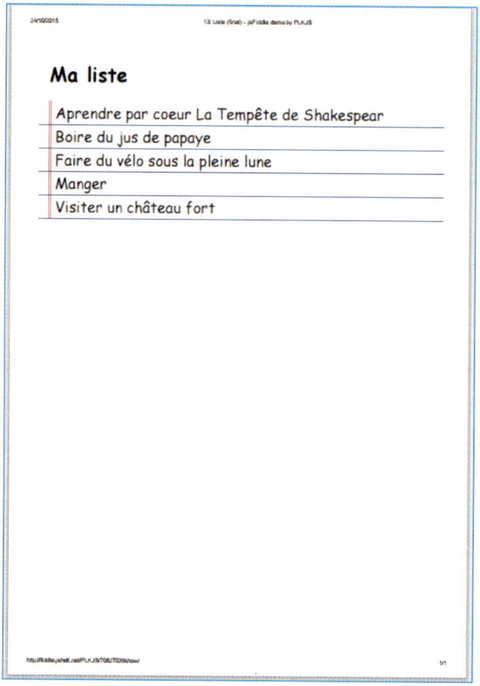

Figure 13 1 : Le projet de liste terminé.

2. **Feuillette les pages de la liste jusqu'à trouver le projet portant le nom suivant et clique dans le titre :**

   `13: Liste (final)`

   Tu dois voir la même chose que ce qui est montré dans la Figure 13.1.

3. **Clique dans le champ de saisie HTML et saisis une chose que tu désires puis utilise le bouton** `Ajouter`**.**

   La chose saisie est ajoutée en tant qu'élément de liste et le champ de saisie est vidé.

4. **Répète l'opération pour ajouter deux ou trois autres éléments (ou plus).**

5. **Clique le bouton** `Afficher`**.**

   Le contenu de la page est remplacé par une liste joliment mise en page : les éléments sont dans l'ordre alphabétique (Figure 13.2).

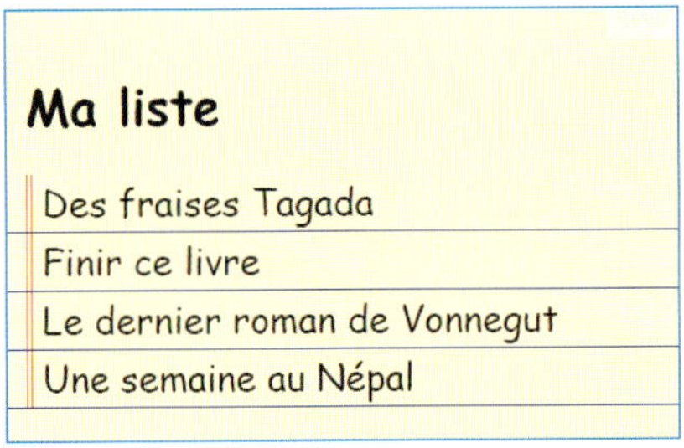

Figure 13 2 : La liste de vœux avec un format d'affichage sophistiqué.

Démarrons ta variante

Passons immédiatement à la pratique. Nous allons partir de l'état initial du projet tel que je le propose :

1. **Connecte-toi à ton compte JSFiddle si ce n'est pas encore fait, puis reviens dans le projet de ce chapitre dans son état initial (en indiquant en haut l'adresse de mon site puis en cherchant le projet suivant) :**

   `13: Liste (initial)`.

   Tu constates que le projet contient déjà un certain nombre d'informations, mais il s'agit surtout de commentaires que tu vas remplacer par des instructions (Figure 13.3).

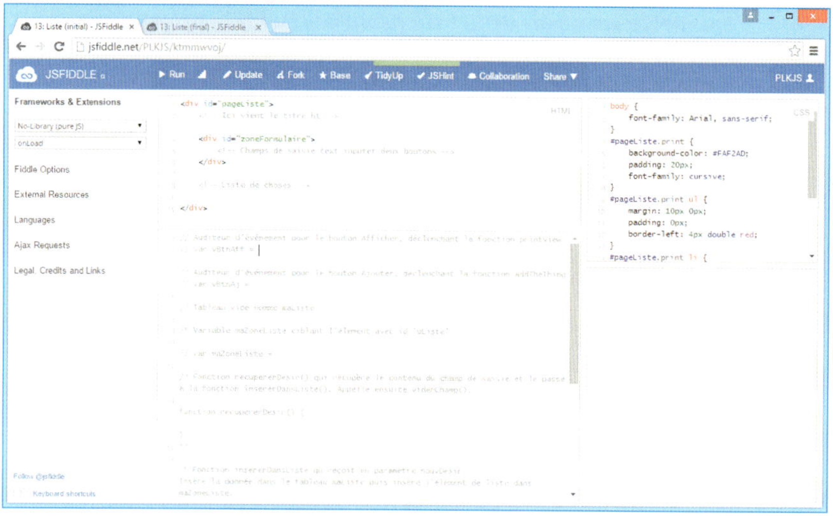

Figure 13.3 : Point de départ du projet de liste.

2. **Dans la barre d'outils, utilise la commande** `Fork` **pour démarrer ta variante personnelle du projet.**
3. **Accède aux options de Fiddle à gauche pour personnaliser le titre de ton projet.**
4. **Utilise la commande** `Update` **puis la commande** `Set as base` **pour enregistrer le projet.**

Comme point de départ de l'application, tu disposes d'un bref document HTML, de quelques styles CSS et de quelques instructions noyées dans une ossature JavaScript constituée de commentaires.

Si tu te sens prêt à relever le défi, tu peux essayer de commencer à écrire les instructions du projet en te servant uniquement de ce qui est indiqué en commentaires. Tu peux aussi trouver les réponses dans la version finale du projet. Sers-toi de tout ce que tu as appris dans le début de ce livre. Mais je ne vais pas t'abandonner : les instructions détaillées pour terminer le projet t'attendent ci-après.

Codons la partie HTML

Comme dans la plupart des autres projets, je te propose de commencer par créer la partie HTML. La première instruction HTML ouvre une balise de section `<div>` qui va englober tout le reste du code HTML.

```
<div id="pageListe">
```

Cette balise a déjà été saisie dans la version initiale. Voici comment terminer le code HTML :

1. **Commence par insérer un élément <h1> pour donner un titre :**

   ```
   <h1>Ma liste</h1>
   ```

   Tu constates que la section div qui contient le formulaire qui servira à faire saisir les vœux est déjà présente. Voici son aspect :

   ```
   <div id="zoneFormulaire">
   ```

2. **Dans cette section, ajoute le champ de saisie en l'englobant dans un élément label qui permet d'afficher la légende du champ à sa gauche :**

   ```
   <label>Voici ce que je veux :
       <input type="text" id="jeVeux" />
   </label>
   ```

3. **Ajoute ensuite le premier élément de type button pour le bouton permettant d'ajouter ce qui a été saisi à la liste. Son identifiant sera btnAjoute :**

   ```
   <button type="button" id="btnAjoute">Ajouter</button>
   ```

   Le bouton est placé sur la même ligne que le champ de saisie.

4. **Nous ajoutons l'autre bouton qui permettra de faire un petit toilettage avant l'affichage. Son identifiant sera btnAffiche :**

   ```
   <button type="button" id="btnAffiche">Afficher la liste</button>
   ```

5. **Pour que ce second bouton soit placé sous le précédent, nous insérons deux éléments de saut de ligne autonomes distincts <br /> entre les deux boutons :**

   ```
   <br />
   <br />
   ```

6. **Nous prévoyons une sous-section div vide, dont l'identifiant id est uListe :**

   ```
   <ul id="uListe"></ul>
   ```

7. **Il ne reste qu'à fermer la division globale que nous avons ouverte tout au début et qui englobe donc la totalité du code HTML :**

   ```
   </div>
   ```

8. **Utilise la commande Update pour enregistrer le travail et voir le résultat du codage HTML. Tu devrais obtenir quelque chose dans le style de la Figure 13.4.**

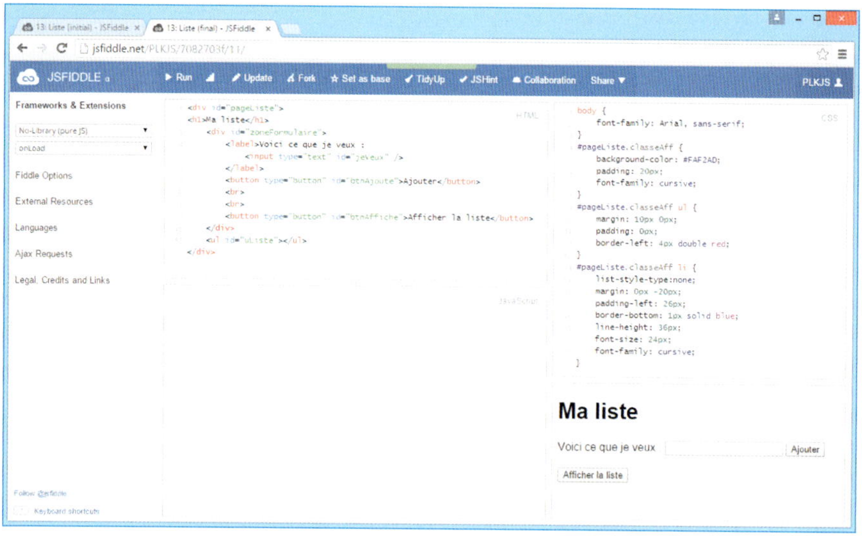

Figure 13 4 : Le programme de liste avec la partie HTML terminée.

Tu peux maintenant supprimer les commentaires HTML ou bien les modifier pour ajouter des explications aux différentes sections du code.

Le code HTML complet est donné dans le Listing 13.1.

Même si tu as tout saisi comme moi, il est possible que le résultat affiché ne soit pas exactement identique au mien. Tu peux utiliser la commande `Tidy up` de la barre d'outils pour demander à JSFiddle de tenter un petit nettoyage.

Listing 13.1 : Code HTML du projet de liste.

```
<div id="pageListe">
<h1>Ma liste</h1>
    <div id="zoneFormulaire">
        <label>Voici ce que je veux :
            <input type="text" id="jeVeux" />
        </label>
        <button type="button" id="btnAjoute">Ajouter</button>
        <br />
        <br />
        <button type="button" id="btnAffiche">Afficher la liste</button>
    </div>
    <ul id="uListe"></ul>
</div>
```

Et voici le code CSS du projet.

Listing 13.2 : Code CSS du projet de liste.

```
body {
    font-family: Arial, sans-serif;
}
#pageListe.classAff {
    background-color: #FAF2AD;
    padding: 20px;
    font-family: cursive;
}
#pageListe.classAff ul {
    margin: 10px 0px;
    padding: 0px;
    border-left: 4px double red;
}
#pageListe.classAff li {
    list-style-type:none;
    margin: 0px -20px;
    padding-left: 26px;
    border-bottom: 1px solid blue;
    line-height: 36px;
    font-size: 24px;
    font-family: cursive;
}
```

Écrivons le code JavaScript

Nous en avons terminé avec le code HTML et nous avons passé en revue le code CSS. Nous pouvons maintenant nous concentrer uniquement sur le panneau JavaScript. Augmente sa largeur et sa hauteur pour avoir plus de confort de travail (Figure 13.5).

Toutes les fonctions vont être rédigées dans ce panneau. Commence par parcourir les commentaires de la version initiale qui sert d'ébauche.

Nous allons supprimer un à un ces blocs de commentaires en les remplaçant par des déclarations de variables et des définitions de fonctions JavaScript.

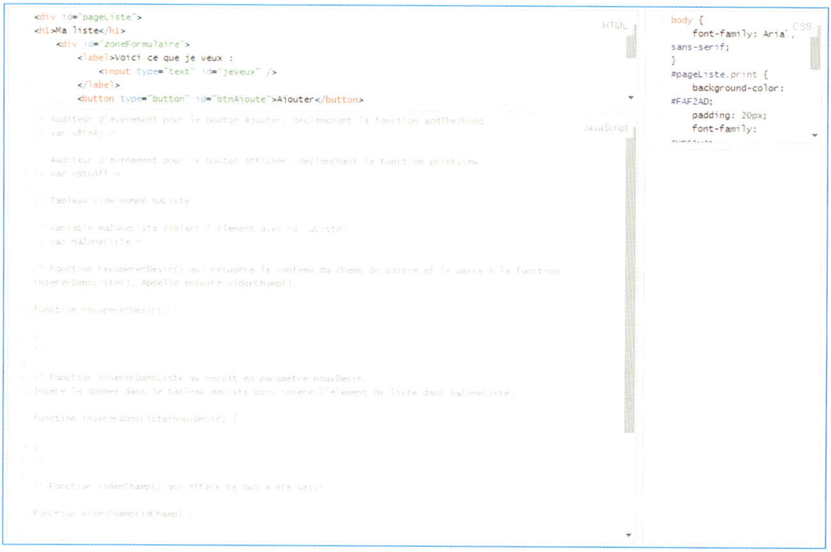

Figure 13 5 : Le panneau JavaScript agrandi pour mieux travailler.

Les auditeurs d'événements

Notre projet va avoir besoin de deux boutons. Nous allons commencer par définir les auditeurs d'événements qui vont se mettre à l'affût des événements clic pour les deux boutons.

1. **Concentre-toi sur le premier commentaire JavaScript qui réserve l'espace pour l'écriture de l'audit du premier auditeur d'événements. Voici à quoi il ressemble pour l'instant :**

```
// var vBtnAj =
```

2. **Décommente la ligne en enlevant les deux barres obliques. Tu disposes ainsi du début de la déclaration de la variable. Il nous faut créer une référence vers l'élément HTML qui incarne le bouton. Nous stockons cette référence dans la variable :**

```
var vBtnAj = document.getElementById("btnAjoute");
```

3. **Nous pouvons ensuite déclarer l'auditeur d'événements en utilisant la méthode standard `addEventListener()`. Tu constates que nous prévoyons de faire appeler une fonction portant le nom `recupererDesir()` :**

```
vBtnAj.addEventListener("click", recupererDesir);
```

4. **Procède de même avec le deuxième bouton. Voici le commentaire initial :**

```
// var vBtnAff =
```

5. **Décommente la ligne et complète-la pour extraire une référence sur l'élément correspondant à l'autre bouton :**

```
var vBtnAff = document.getElementById("btnAffiche");
```

6. **Procède ensuite à l'inscription de l'auditeur d'événements. Nous prévoyons de faire appeler une autre fonction portant le nom `afficherListe()` :**

```
vBtnAff.addEventListener("click", afficherListe);
```

Nos deux auditeurs sont maintenant en place ; chacun est lié à une fonction qu'il reste à écrire. Tu peux supprimer les commentaires explicatifs. Voici à quoi doivent ressembler les quatre premières instructions :

```
var vBtnAj = document.getElementById("btnAjoute");
vBtnAj.addEventListener("click", recupererDesir);

var vBtnAff = document.getElementById("btnAffiche");
vBtnAff.addEventListener("click", afficherListe);
```

Déclarons les variables globales

Nous allons avoir besoin de deux variables qui doivent être accessibles dans toutes les instructions du programme, y compris dans les fonctions.

Dans un programme JavaScript, quand tu déclares une variable à l'extérieur du corps d'une fonction, c'est une VARIABLE GLOBALE. Elle est globalement accessible depuis toutes les fonctions du même projet.

Une variable déclarée dans le corps d'une fonction n'est utilisable que dans cette fonction. Il s'agit d'une VARIABLE LOCALE.

Voici comment créer les variables globales dont nous aurons besoin dans le projet.

1. **Trouve le commentaire qui parle de créer un tableau vide et remplace-le par la déclaration suivante :**

```
var maListe = [];
```

Lorsque tu indiques une paire de crochets vides dans la déclaration d'une variable, cela entraîne la création d'un tableau ne contenant aucun élément. Nous insérerons les éléments plus tard.

2. **Cherche le commentaire suivant qui demande de créer une variable portant le nom `maZoneListe` et propose le début de déclaration de la variable.**

3. **Décommente la déclaration et complète de la façon suivante :**

   ```
   var maZoneListe = document.getElementById("uListe");
   ```

   Les noms des variables globales sont maintenant définis. Le code JavaScript doit correspondre au contenu du listing suivant :

Listing 13.3 : Les auditeurs d'événements et les variables globales.

```
var vBtnAj = document.getElementById("btnAjoute");
vBtnAj.addEventListener("click", recupererDesir);

var vBtnAff = document.getElementById("btnAffiche");
vBtnAff.addEventListener("click", afficherListe);

var maListe = [];
var maZoneListe = document.getElementById("uListe");
```

Quatre fonctions nous attendent

Toute la suite du projet consiste en quatre fonctions qui vont incarner les actions du programme : ajout d'un élément à la liste, vidage du champ de saisie, création de la liste triée et affichage.

Commençons par la fonction qui doit se déclencher lorsque survient l'événement clic dans le bouton Ajouter, c'est-à-dire la fonction `recupererDesir()` (toujours pas d'accents dans les identifiants, ne l'oublies pas). Cette fonction va récupérer une référence à l'élément HTML correspondant au champ de saisie puis transmettre cette référence en argument à deux autres fonctions qu'elle va appeler.

Voici comment écrire cette première fonction :

1. **Place-toi sur une ligne vide après l'accolade ouvrante de la définition de cette fonction et ajoute la déclaration d'une variable nommée `vDesir` tout en y stockant la référence au champ de saisie :**

   ```
   var vDesir = document.getElementById("jeVeux");
   ```

   Il faut préciser une chose : la variable ne va pas récupérer la valeur qui sera saisie dans le champ, mais une référence à l'élément HTML, référence que nous allons utiliser plus tard pour lire sa valeur.

2. **Nous pouvons ensuite appeler la première des fonctions, `insererDansListe()`, en fournissant `vDesir` en argument :**

```
insererDansListe(vDesir);
```

Cette fonction (que nous allons écrire plus loin) récupère la valeur et l'insère dans la liste.

3. **Nous pouvons ensuite écrire l'appel à l'autre fonction qui a un rôle esthétique puisqu'elle se contente de supprimer tout ce que contient le champ de saisie. Son nom est `viderChamp()` :**

```
viderChamp(vDesir);
```

Ces trois instructions constituent la première fonction. Voici ce que tu dois obtenir (Listing 13.4). Nous ne mettons en valeur que la première occurrence de chaque identifiant.

Listing 13 4 : Définition de la fonction recupererDesir().

```
function recupererDesir() {
    var vDesir = document.getElementById("jeVeux");

    insererDansListe(vDesir);
    viderChamp(vDesir);
}
```

Pour marquer cette étape, utilise la commande `Update`. C'est une opération à faire régulièrement.

Nous pouvons tester le programme dans son état d'avancement actuel. Que penses-tu voir s'afficher ? Si tu penses qu'il n'y aura rien, tu n'es pas loin de la vérité.

Quand tu essaies de lancer le programme, tu obtiens en fait une erreur, mais elle est invisible.

Ouvre la console JavaScript du navigateur (dans le menu Chrome, choisis `Autres outils/Outils de développement`). Observe ce qui se passe lorsque tu utilises la commande `Update`. L'erreur est visible dans la Figure 13.6.

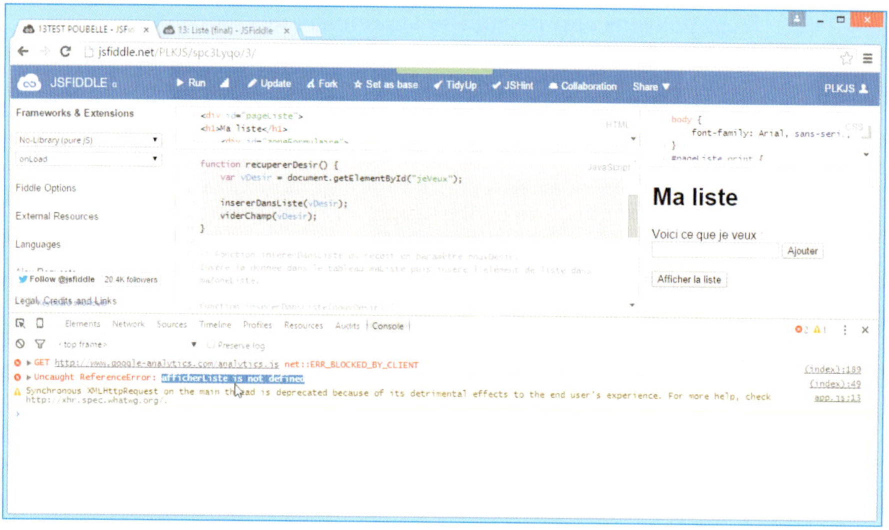

Figure 13.6 : La fonction provoque une erreur.

L'erreur te permet d'apprendre que la fonction `afficherListe()` qui est référencée par le second auditeur d'événements est introuvable.

N.d.T. : la fonction n'a jamais été appelée puisque tu n'as jamais encore cliqué le bouton `Afficher`. Pourtant, son absence a été détectée par l'auditeur d'événement, ce qui déclenche l'erreur.

Créons une fonction vide d'attente

Nous ne sommes pas encore prêts à rédiger le code de cette fonction manquante. Pour éviter l'erreur, il y a une astuce : créer une fonction vide qui porte le nom attendu.

1. **Dans le panneau JavaScript, trouve tout en bas le commentaire qui parle de la fonction `afficherListe()`. Voici son aspect :**

```
/* Fonction afficherListe() qui ajoute des styles et affiche la
liste.

function afficherListe() {

}
*/
```

2. **Supprime le commentaire avant la fonction et le marqueur de fermeture de commentaire juste après la fonction. Tu dois obtenir ceci :**

```
function afficherListe() {

}
```

Cette fonction vide est tout à fait valable. Elle ne contient aucune instruction et n'aura donc aucun effet, sauf celui de faire taire l'erreur.

3. **Reviens dans la console JavaScript et utilise le bouton gris représentant un cercle avec une barre en diagonale. Il efface tous les messages dans la console.**

4. **Utilise la commande** `Update` **pour vérifier que l'erreur ne se déclenche plus dans la console JavaScript.**

   Si tu as tout saisi correctement, il ne devrait pas y avoir d'erreur (Figure 13.7).

5. **Laisse la console JavaScript ouverte. Clique dans le champ de saisie dans le panneau des résultats, saisis quelque chose et valide avec le bouton** `Ajouter`**.**

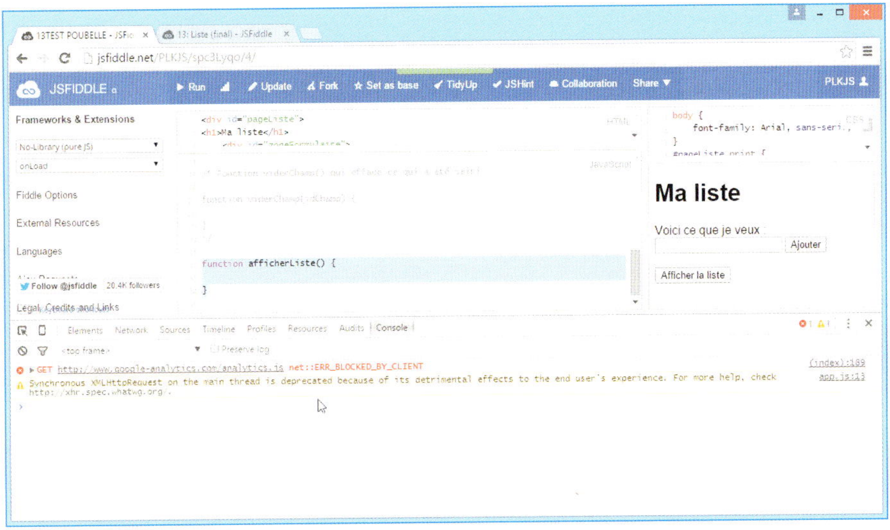

Figure 13 7 : Nous avons supprimé la cause de l'erreur.

Une nouvelle erreur se présente dans la console (Figure 13.8) !

Nous allons éliminer cette seconde erreur en créant la version complète de la fonction.

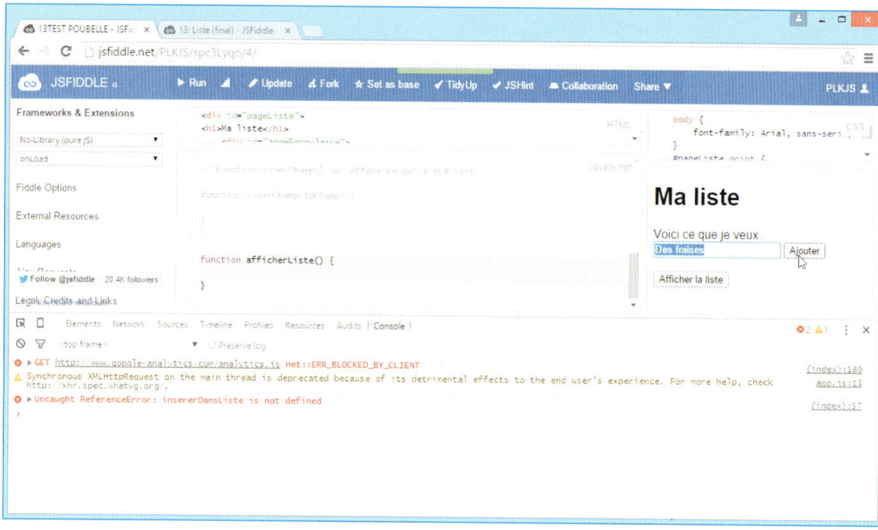

Figure 13. 8 : Maintenant, c'est la fonction insererDansListe() qui est réclamée.

La fonction insererDansListe()

Cette fonction reçoit au démarrage un argument qui est une référence à l'élément incarnant le champ de saisie. Elle ajoute sa valeur à une liste non ordonnée qui est affichée dans le navigateur. Voici comment créer la fonction.

1. **Trouve le commentaire correspondant à la fonction `insererDansListe()` et supprime le commentaire de départ et le délimiteur de fin de commentaire.**

   La fonction vide doit se présenter ainsi :

   ```
   function insererDansListe(nouvDesir) {

   }
   ```

2. **Insère la première instruction dans le corps de la fonction :**

   ```
   maListe.push(nouvDesir.value);
   ```

   Nous exploitons la méthode de tableau `push()` pour ajouter la valeur que contient le champ de saisie au tableau `maListe`.

   Je rappelle que la méthode `push()` ajoute la ou les valeurs à la fin du tableau.

3. **L'instruction suivante sert à créer un élément HTML de type `<li>` :**

```
var nouvEntree = document.createElement("li");
```

La fonction standard `createElement()` insère un nouvel élément dans la fenêtre de navigateur (donc, ici dans le panneau des résultats). Pour l'instant, l'élément n'est pas affiché. C'est un élément de liste vide que nous avons stocké dans une variable qui porte le nom `nouvEntree`.

4. **La prochaine instruction modifie justement la valeur de la propriété `innerHTML` de l'élément pour y stocker la valeur trouvée dans le champ de saisie :**

```
nouvEntree.innerHTML = maListe[maListe.length - 1];
```

Étudions en détail la fin de cette dernière instruction. Je te rappelle que la variable `nouvEntree` est une façon abrégée d'écrire `document.createElement("li")`. Commençons par la valeur indiquée entre les crochets du nom de tableau `maListe` :

```
maListe.length - 1
```

Cette expression est évaluée, ce qui permet d'obtenir la longueur du tableau `maListe`. Nous soustrayons un à cette valeur pour connaître le numéro d'indice du dernier élément du tableau, c'est-à-dire celui que nous venons d'insérer. Nous devons enlever un à la valeur parce que les indices de tableau commencent à zéro.

Lorsqu'il n'y a qu'un seul élément dans la liste, le fait d'écrire `maListe[0]` désigne l'élément d'indice 0, ce qui correspond bien au premier élément du tableau.

Si tu avais saisi `Coucou` dans le champ de saisie, nous aurions pu réécrire l'instruction ainsi :

```
nouvEntree.innerHTML = "Coucou";
```

Cette manière d'écrire est beaucoup plus habituelle. Il faut savoir que le fait de changer la valeur de la propriété `innerHTML` d'un élément change la totalité du contenu, entre ses deux balises ouvrantes et fermantes.

La variable `nouvEntree` contient donc maintenant une référence vers un nouvel élément `li`. Le résultat de l'instruction d'essai précédente (avec Coucou) serait l'élément HTML suivant :

```
<li>Coucou</li>
```

Pour l'instant, cet élément HTML n'existe nulle part dans le document affiché. Il nous reste à écrire une instruction dans la fonction `insererDansListe()`.

5. **Dans la ligne suivante, saisis ceci :**

```
maZoneListe.appendChild(nouvEntree);
```

Cette instruction utilise une méthode standard nommée appendChild(). Elle permet d'ajouter le nouvel élément li (que nous venons de générer) à la fin du contenu de l'élément qui est référencé par la variable maZoneListe.

Tu peux remonter dans le code source pour confirmer que nous avons bien déclaré la variable globale maZoneListe afin qu'elle contienne une référence à l'élément parent de type ul qui possède l'attribut id uListe.

Cette instruction ajoute donc un nouvel élément de liste dans l'élément parent, ce qui permet de l'afficher dans le navigateur.

6. **Sauvegarde avec Update.**

   La fonction insererDansListe() achevée doit se présenter comme dans le Listing 13.5.

Listing 13 5 : La fonction insererDansListe() complète.

```
function insererDansListe(nouvDesir) {
    maListe.push(nouvDesir.value);
    var nouvEntree = document.createElement("li");
    nouvEntree.innerHTML = maListe[maListe.length - 1];

    maZoneListe.appendChild(nouvEntree);
}
```

7. **Saisis quelque chose dans le formulaire puis clique le bouton Ajouter.**

   Tu vois que le nouvel élément est ajouté à une liste de contrôle sous le champ de saisie.

Figure 13.9 : La liste temporaire peuplée.

8. **Insère quelques autres éléments et observe comment ils s'accumulent dans la liste (Figure 13.9).**

Le formulaire pourrait être plus convivial. Ce que tu as saisi reste présent dans le champ et gêne la nouvelle saisie.

La fonction viderChamp()

Voyons comment rédiger le corps de la fonction `viderChamp()`.

1. **Dans le panneau JavaScript, trouve le bloc qui neutralise cette fonction. Voici son aspect initial :**

```
/* Fonction viderChamp() qui efface ce qui a été saisi

function viderChamp(idChamp) {

}
*/
```

2. **Décommente la fonction pour qu'elle ressemble à ceci :**

```
function viderChamp(idChamp) {

}
```

3. **Ajoute l'instruction suivante entre les deux accolades :**

```
    idChamp.value = "";
```

Cette fonction ne contient qu'une instruction qui modifie la valeur de l'élément dont la référence a été stockée dans la variable transmise lors de l'appel à la fonction. Cet élément est le champ de saisie. La fonction remplace le contenu antérieur par une chaîne vide. Le résultat est que le champ de saisie est à nouveau vierge.

4. **Utilise la commande** `Update`**.**

Voici l'aspect final du corps de la fonction `viderChamp()`.

Listing 13.6 : La fonction viderChamp().

```
function viderChamp(idChamp) {
    idChamp.value = "";
}
```

5. **Pour tester la fonction, saisis plusieurs mots dans le champ de saisie en utilisant à chaque fois le bouton Ajouter.**

N.d.T. : pour passer à répétition du champ de saisie au bouton, rien de tel que les raccourcis clavier : Tab pour aller du champ au bouton puis Barre d'espace pour simuler le clic, et retour au champ avec Maj + Tab. Tu m'en diras des nouvelles !

Nous en avons fini avec l'essentiel du projet. Nous pouvons maintenant saisir des vœux et les voir s'ajouter à la liste HTML et au tableau. Il reste à mieux présenter la liste.

La fonction afficherListe()

La quatrième et dernière fonction va se charger de la mise en forme et de l'affichage, en réaction aux clics du second bouton, Afficher. Cette fonction va d'abord masquer le formulaire actuel puis afficher le contenu du tableau maListe dans un format plus agréable. Tu pourras même l'imprimer et le donner à ton bon génie pour qu'il exauce tes désirs les plus fous !

Voici comment rédiger cette fonction :

1. **Rends-toi dans le bloc déjà décommenté de cette fonction à la fin du code source JavaScript :**

   ```
   function afficherListe() {

   }
   ```

2. **Nous créons d'abord une variable qui va mémoriser une référence à la totalité de la page HTML :**

   ```
   var vPL = document.getElementById("pageListe");
   ```

3. **Il nous faut une autre variable pour stocker une référence à la zone de formulaire de la page :**

   ```
   var vZF = document.getElementById("zoneFormulaire");
   ```

4. **Nous décidons ensuite de cacher le formulaire actuel en forçant la propriété nommée display du CSS à la valeur «none» :**

   ```
   vZF.style.display = "none";
   ```

5. **Nous créons un nouvel attribut de classe pour l'élément pageListe symbolisé par vPL en lui donnant le nom classe classeAff :**

   ```
   vPL.className = «classAff»;
   ```

   Cette instruction a pour effet d'enrichir le premier élément de section div du document. Au départ, il se présente comme ceci :

   ```
   <div id="pageListe">
   ```

Il devient ceci :

```
<div id="pageListe" class="classeAff>
```

Nous utilisons la classe nommée `classeAff` dans le code CSS pour appliquer d'autres styles au document. Lorsque cette classe est affectée à l'élément `div` portant le nom `pageListe`, les éléments du document reçoivent de nouvelles règles de style, qui sont puisées dans les propriétés de style associées à ce nom de classe dans le fichier CSS.

6. **Nous supprimons ensuite tous les éléments de la liste (toute la page) :**

```
maZoneListe.innerHTML = "";
```

7. **Nous trions le tableau `maListe` au moyen de la méthode standard `sort()` :**

```
maListe.sort();
```

Le tri est alphabétique.

8. **Nous utilisons une boucle pour afficher tour à tour chacune des entrées du tableau :**

```
for (var i = 0; i < maListe.length; i++) {
```

Nous reviendrons sur les boucles de répétition dans le Chapitre 17. Pour l'instant, il suffit de savoir que cette instruction exécute ce qu'il y a entre ses deux accolades autant de fois qu'il y a d'éléments dans le tableau.

9. **L'instruction suivante, qui sera répétée, injecte un élément de liste de plus du tableau vers le document HTML :**

```
uListe.innerHTML += "<li>" + maListe[i] + "</li>";
```

Cette instruction ajoute l'élément puis l'affiche dans le navigateur.

10. **Nous refermons la boucle de répétition grâce à une accolade :**

```
}
```

11. **Tu peux enregistrer ton travail avec la commande `Update`.**

Voici le code source complet de notre fonction `afficherListe()`.

Listing 13.7 : La fonction afficherListe().

```
function afficherListe() {
    var vPL = document.getElementById("pageListe");
    var vZF = document.getElementById("zoneFormulaire");

    vZF.style.display = "none";
    vPL.className = "classAff";
    maZoneListe.innerHTML = "";
```

```
    maListe.sort();

    for (var i = 0; i < maListe.length; i++) {
        uListe.innerHTML += "<li>" + maListe[i] + "</li>";
    }
}
```

12. Essaie d'insérer plusieurs éléments dans la liste puis utilise le bouton Afficher.

Tu dois voir apparaître une jolie liste avec un fond coloré (Figure 13.10).

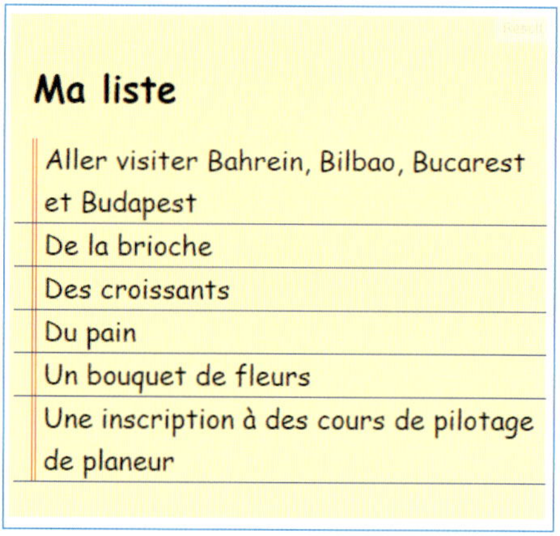

Figure 13.10 : La liste finale.

Imprimons la liste

Notre liste possède dorénavant un bel aspect. Nous pouvons facilement ajouter une instruction pour faire ouvrir automatiquement la boîte de dialogue d'impression du navigateur. Pour ne pas compliquer les choses, nous la faisons s'ouvrir dès que la liste est affichée.

Voici comment ajouter cette impression automatique :

1. Juste avant l'accolade fermante de la fonction afficherListe(), ajoute l'instruction suivante :

```
window.print();
```

Cette instruction appelle une méthode prédéfinie portant le nom print() qui appartient à l'objet fenêtre nommé window. Elle provoque l'ouverture de la boîte de dialogue d'impression standard du navigateur, avec les paramètres standard.

L'objet `window` incarne la fenêtre du navigateur, au niveau de JavaScript.

2. **Utilise la commande `Update`.**

3. **Insère plusieurs éléments puis utilise le bouton `Afficher`. Patiente une ou deux secondes, le temps que la boîte de dialogue apparaisse.**

   Tu vois enfin apparaître la boîte de dialogue d'impression avec un aperçu (Figure 13.11).

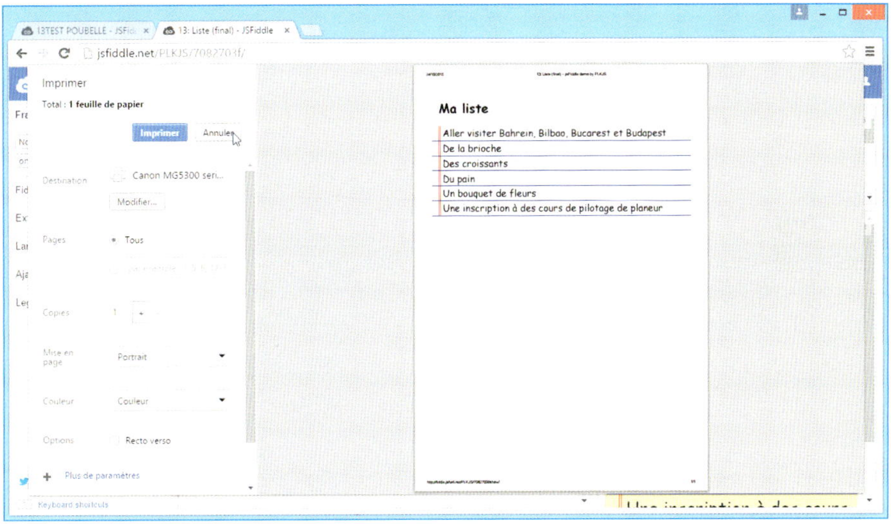

Figure 13.11 : La boîte de dialogue d'impression du navigateur.

4. **Si tu as une imprimante à disposition, tu peux demander l'impression de la liste.**

5. **Sinon, clique `Annuler` ou frappe la touche `Echap`.**

Pour aller plus loin

Ce projet a été conçu avec quatre fonctions et un tableau. Il est facilement personnalisable. Voici quelques pistes d'améliorations possibles :

» On peut ajouter un champ de saisie de lien Web et stocker les liens dans un autre tableau.

» Il serait utile de pouvoir enregistrer la liste sur l'ordinateur du visiteur pour qu'il puisse la retrouver.

» Il sera intéressant de pouvoir envoyer la liste à quelqu'un par messagerie.

Tu peux imaginer d'autres améliorations. Pour pouvoir les réaliser, lis d'abord la fin de ce livre.

Cinquième partie

Liberté de choix

DANS CETTE PARTIE

- Pour décider avec if
- Le grand choix avec switch
- Chat marche, ça marche !

Pour décider avec if

Chapitre 14

Dans la vie comme dans les programmes informatiques, il faut souvent prendre des décisions. Dans JavaScript, ton meilleur ami pour décider entre oui et non ou entre deux choses est le mot réservé `if` et son copain `else`. Nous allons voir dans ce chapitre comment exploiter cette instruction conditionnelle pour proposer des choix dans un programme JavaScript.

La logique booléenne

Dans le projet de super-calculette du Chapitre 9, nous avons déjà rencontré les opérateurs de comparaison de JavaScript et nous avons vu leur fonctionnement. Repassons-les en revue, car ils vont nous être indispensables.

Les opérateurs d'égalité == et ===

Il existe deux opérateurs d'égalité, le double `==` et le triple `===`. Le double opérateur permet de tester une égalité simple, car il convertit le type des données pour voir si elles peuvent être considérées comme identiques. C'est cet opérateur qui permet de répondre positivement à une comparaison de la valeur numérique `4` et de la chaîne `"4"`. L'opérateur d'égalité stricte, celui qui s'écrit avec trois signes égal, considère que ce n'est pas la même chose.

Les opérateurs de différence != et !==

Un opérateur de différence inverse la logique par rapport à un opérateur d'égalité. Il s'écrit en ajoutant un signe `!` avant le ou les signes d'égalité. Il existe donc un opérateur d'inégalité simple qui s'écrit `!=`. Il tente de rendre les deux valeurs à comparer comparables. Son collègue `!==` ne tente aucune conversion et vérifie si les deux valeurs sont strictement différentes. Je te conseille de toujours utiliser la variante stricte de cet opérateur.

Les opérateurs supérieur à et inférieur à > <

Les deux opérateurs `>` et `<` servent à positionner les deux valeurs relativement à l'ordre croissant des valeurs numériques. Je rappelle qu'il est facile de se souvenir que l'opérateur supérieur ouvre sa bouche vers le nombre supposé le plus grand des deux.

Les opérateurs supérieur ou égal >= et inférieur ou égal <=

Ces deux variantes fonctionnent exactement comme les opérateurs `<` et `>` sauf que la condition est également satisfaite si les deux nombres ont la même valeur. Ces deux opérateurs s'écrivent avec l'opérateur dont ils sont issus en y ajoutant le signe égal. Voici quelques exemples :

```
3 >= 4     // renvoie false
4 >= 4     // renvoie true
4 >= 3     // renvoie true
3 <= 3     // renvoie true
3 <= 4     // renvoie true
4 <= 3     // renvoie false
```

Pas supérieur à et pas inférieur à ?

En ajoutant un point d'exclamation après le signe `<` ou `>`, on obtient un nouvel opérateur dont le fonctionnement est un peu délicat.

Personnellement, je trouve que ces deux opérateurs peuvent laisser perplexe. Je te déconseille donc de t'en servir, d'autant qu'ils ne sont pas indispensables : l'opérateur `>!` a exactement le même effet que l'opérateur `<` et l'opérateur `<!` a exactement le même effet que l'opérateur `>`.

Le tableau suivant récapitule les opérateurs de comparaison dont nous aurons besoin pour les tests avec un exemple pour chacun.

Tableau 14.1 : Les opérateurs de comparaison indispensables.

Opérateur	Renvoie true (vrai) si...	Exemple true
`===`	True si l'opérande de gauche est exactement identique à celui de droite.	`14 === 14`
`!==`	True si l'opérande de gauche est exactement différent de celui de droite.	`14 !== 15`
`>`	True si l'opérande de gauche est strictement supérieur à celui de droite.	`15 > 14`
`<`	True si l'opérande de gauche est strictement inférieur à celui de droite.	`14 < 15`
`>=`	True si l'opérande de gauche est supérieur ou égal à celui de droite.	`14 >= 14`
`<=`	True si l'opérande de gauche est inférieur ou égal à celui de droite.	`14 <= 14`

L'instruction if (et else)

Les opérateurs de comparaison servent à faire des expressions qui renvoient une valeur soit vraie (true), soit fausse (false). C'est avec les instructions conditionnelles que ces opérateurs montrent toute leur puissance.

Voici la syntaxe générale d'une instruction conditionnelle `if` avec sa branche alternative `else` :

```
if ([comparaison]) {
  // Instruction à exécuter si la comparaison renvoie true
} else {
  // Instruction à exécuter si la comparaison renvoie false
}
```

La branche `else` de l'instruction est facultative. Souvent, il n'y a que la partie `if` qui contrôle plusieurs instructions qui ne seront exécutées que si l'expression du `if` est satisfaite.

Le Listing 14.1 propose un premier exemple d'utilisation d'une instruction conditionnelle.

Listing 14.1 : Premier exemple d'utilisation de if else.

```
var langage = prompt("Quel langage parles-tu ?");

if (langage === "JavaScript") {
  alert("Super ! Parlons en JavaScript!");
} else {
  alert("Je ne comprends pas.");
}
```

Voici comment rédiger ce petit programme.

1. **Connecte-toi à ton compte JSFiddle, comme tu sais le faire maintenant.**
2. **Lance la création d'un nouveau projet en cliquant dans le logo JSFiddle en haut à gauche (ou utilise la commande** `Editor` **si tu la vois).**
3. **Saisis dans le panneau JavaScript toutes les lignes du Listing 14.1.**
4. **Lance l'exécution par la commande** `Run` **ou** `Update`**.**

   Tu vois apparaître une boîte demandant de saisir du texte.

5. **Saisis exactement le mot** `JavaScript` **(avec les deux lettres capitales) puis clique OK.**

   Le message disparaît au profit d'un autre qui te propose de discuter en JavaScript (Figure 14.1).

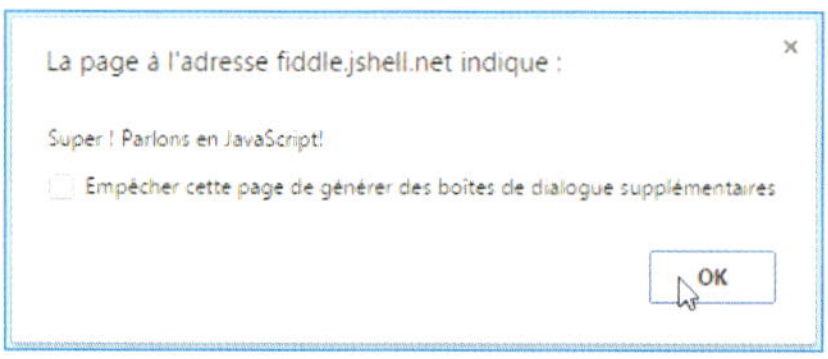

Figure 14.1 : Utilisation d'une instruction conditionnelle if...else.

Une variable sans opérateur

Parfois, tu auras besoin de décider de faire une chose ou une autre en fonction de la valeur que possède une variable. Il suffit dans ce cas de citer directement le nom de la variable dans les parenthèses qui suivent le mot réservé `if` sans ajouter d'opérateur. Si cette variable n'existe pas, ou si sa valeur est égale à zéro, le résultat sera identique à `false`.

Le listing suivant enrichit le précédent en définissant une variable portant le nom `parleJS`. Cette variable n'est créée que si tu as saisi exactement le mot `JavaScript`.

Ce n'est que dans ce cas que l'instruction qui est contrôlée par `if` est exécutée. Elle affiche un message réservé à ceux qui savent écrire en JavaScript, comme toi. Si tu as saisi autre chose, c'est l'instruction de la branche `else` qui est exécutée, ce qui affiche un autre message.

Listing 14.2 : Utilisation d'une variable dans un test.

```
var langage = prompt("Quel langage parles-tu ?");

if (langage === "JavaScript") {
  alert("Super ! Parlons en JavaScript !");
  var parleJS = true;
} else {
  alert("Je ne comprends pas.");
}

if (parleJS) {
  alert("Ravi de te rencontrer.");
}
```

Opérateurs de comparaison et opérateurs logiques

JavaScript propose plusieurs opérateurs logiques qui permettent de créer des expressions complexes en raccordant plusieurs expressions simples. Supposons que tu doives gérer une boutique de pizzas à emporter. Dans tes conditions de vente, tu déclares que lorsque le client commande pour plus de 10 € et qu'il habite dans la même ville, la livraison est gratuite.

Exprimées en JavaScript, ces deux règles supposent deux comparaisons :

- » Est-ce que la commande a un total supérieur à 10 € ?
- » Est-ce que le client veut être livré dans la même ville ?

Ces deux conditions doivent être vraies en même temps pour que le client soit livré gratuitement. Il paiera cinq euros de frais de livraison dès que l'une des deux conditions ne sera pas satisfaite.

En JavaScript, on peut combiner deux conditions avec l'opérateur logique ET qui s'écrit `&&`. Dans la condition d'une instruction conditionnelle `if`, il suffit de placer cet opérateur entre les deux expressions placées dans les parenthèses.

Le Listing 14.3 montre comment nous pourrions écrire en JavaScript la règle pour autoriser la livraison gratuite de pizzas.

Listing 14.3 : Test de livraison gratuite de pizza en JavaScript.

```
var livVille = "Chezmoi";
var prixCde  = 15;

if ((livVille === "Chezmoi") && (prixCde > 10)) {
  var livFrais = 0;
} else {
  var livFrais = 5;
}
```

En guise d'action commerciale, tu décides d'offrir la livraison, quel que soit le lieu de livraison si c'est l'anniversaire de celui qui commande. Pour y parvenir, nous allons utiliser l'autre opérateur logique, l'opérateur OU qui s'écrit avec deux barres verticales `||`. Pour saisir ce caractère, combine la touche `6` au-dessus du `T` avec la touche `AltGr`.

Le Listing 14.4 montre comment on peut écrire cette nouvelle règle d'anniversaire en JavaScript.

Listing 14.4 : Combinaison d'un OU logique et d'un ET logique.

```
var livVille = "Chezmoi";
var prixCde  = 15;
var anniv = "OUI";

if ((( livVille === "Chezmoi") && ( prixCde > 10)) || ( anniv ===
"OUI")) {
  var livFrais = 0;
} else {
  var livFrais = 5;
}
```

Nous allons maintenant utiliser cette règle concernant les frais de livraison dans un projet qui va permettre de gérer des commandes de nos pizzas à livrer.

Notre pizzeria JavaScript

La boutique pour laquelle nous allons créer un programme de gestion de commandes est une pizzeria qui propose la livraison dans une petite bourgade. Elle est réputée pour la qualité de ses produits proposés à un prix raisonnable.

Pour l'instant, il n'y a que deux sortes de pizzas disponibles : au fromage et aux poivrons. La livraison est gratuite lorsqu'elle a lieu dans la même ville.

Mais les clients en veulent plus : au moins une troisième sorte de pizza ! Les habitants des communes proches voudraient aussi pouvoir commander chez Pizzeria JS. Tu n'oublies pas que tu as promis à tous d'offrir la livraison pour le jour d'anniversaire.

En tant que « JavaScripteur », c'est à toi de modéliser toutes ces règles commerciales pour que le commerce continue à bien progresser. Ne t'inquiète pas, je vais te guider.

Découvrons le projet terminé

Commençons par découvrir la version actuelle du programme :

1. **Connecte-toi à ton compte JSFiddle, puis rends-toi à la page suivante :**

   `http://jsfiddle.net/user/PLKJS`

2. **Dans la liste des projets, cherche celui portant le nom suivant et clique dans le titre pour y accéder :**

   `14: Pizzeria JS (final)`

3. **Dans la zone des résultats, indique un nombre de pizzas, choisis un type de pizza puis clique le bouton `Commander`.**

   Tu vois apparaître le total de la commande sous le formulaire, à raison de 10 euros par pizza.

Partons du projet en état initial

Une fois cette découverte réalisée, procède à la création de ta variante du projet :

1. **Depuis ton compte JSFiddle, accède à la version finale du projet dans la page des exemples du livre, comme pour trouver la version initiale ci-dessus. Il faut ouvrir ce projet :**

   `14: Pizza JS (final)`

2. **Utilise la commande `Fork` dans la barre de menu.**
3. **Ouvre les options de Fiddle à gauche pour personnaliser le nom du programme.**
4. **Utilise la commande `Update` pour enregistrer les modifications puis la commande `Set as base`.**

Te voilà prêt à démarrer.

Planifions les améliorations

Voici les modifications que nous allons rédiger dans le programme `Pizzeria JS` :

- un troisième type de pizza avec supplément de prix ;
- deux nouvelles villes de livraison et un calcul de frais de livraison ;
- un affichage des frais de livraison ;
- un affichage d'un message en cas d'anniversaire.

Chacune de ces modifications suppose d'ajouter une instruction conditionnelle `if` et quelques retouches au niveau du code HTML.

Un nouveau choix de pizza

La première opération est très importante : il s'agit d'ajouter une nouvelle sorte de pizza encore plus alléchante. Ton cuistot a inventé une nouvelle recette qui contient du lard fumé, des pommes, un choix parmi 14 types de fromages, et du pogo (une saucisse en beignet). Il appelle sa pizza la royale, même si ce n'est pas la royale habituelle.

Le problème est que cette pizza est plus coûteuse à fabriquer, notamment à cause de la saucisse pogo. Les fournisseurs de pogo ne courent pas les rues. Ton gestionnaire a donc décidé de demander un supplément de deux euros pour cette pizza.

À toi d'ajouter la pizza royale au menu déroulant et de modifier le prix lorsque celle-ci est commandée. Avançons progressivement :

1. **Dans le panneau HTML, repère l'endroit où est dressée la liste des pizzas. Actuellement, il se présente ainsi :**

```
<label>Quel genre de pizzas ?
    <select id="chTypePizza">
        <option value="pFromage">Au fromage</option>
        <option value="pPoivron">Aux poivrons</option>
    </select>
</label>
```

2. **Dans l'élément `select`, insère une nouvelle ligne basée sur `option` pour ajouter la pizza royale.**

   La valeur doit être égale à «`pRoyale`» et la légende entre la balise `<option >` et la balise fermante `</option>` doit se lire `Royale`.

3. **Utilise la commande `Update` pour enregistrer puis tester l'apparition de cette option royale dans la liste des pizzas (Figure 14.2).**

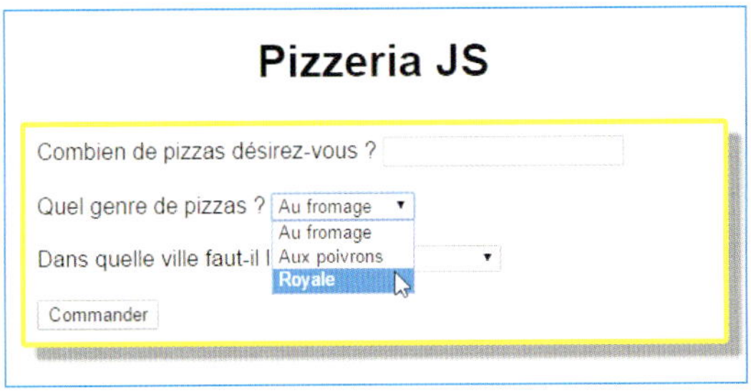

Figure 14.2 : La troisième option a été ajoutée au menu des pizzas.

4. **Dans le panneau JavaScript, trouve la fonction `calculerPrix()`. Voici son aspect actuel :**

```
function calculerPrix(nbrPizzas, typePizza) {
    var prixCde = Number(nbrPizzas) * 10;
    var supplement = 0;

    // A FAIRE: Calculer selon genre de pizza

    prixCde += supplement;
    return prixCde;
}
```

5. **Positionne-toi après les deux lignes de déclaration de variables dans cette fonction et insère l'instruction conditionnelle suivante sur trois lignes :**

```
if (typePizza === "pRoyale") {
    supplement = Number(nbrPizzas) * 2;
}
```

Cette instruction teste la valeur du type de pizza. Si elle contient la valeur «pRoyale», on multiplie le supplément, qui est pour une pizza, par le nombre de pizzas commandées.

6. **Clique** `Update` **puis essaye le programme.**

Sélectionne la pizza royale pour constater que le total correspond dorénavant à 12 € multipliés par le nombre de pizzas commandées (Figure 14.3).

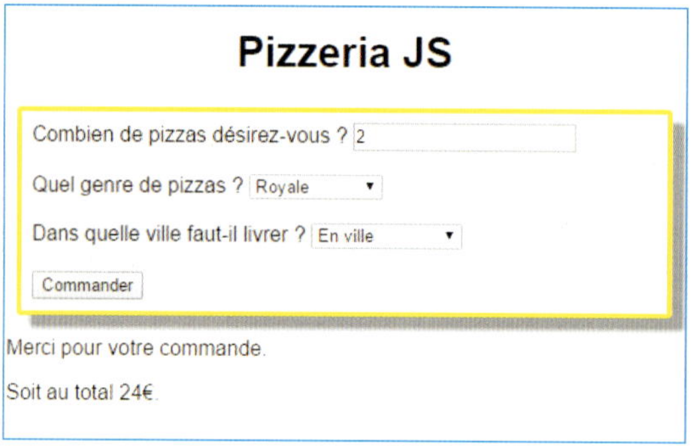

Figure 14.3 : La troisième pizza peut être commandée.

Livrons dans d'autres villes

Ton commerce a de plus en plus de succès. Cependant, la population de ta ville n'est pas extensible. Tu as donc décidé de commencer à livrer dans les villes voisines. Pour commencer, tu en as choisi deux.

Mais il y a un piège. Il n'est plus rentable de livrer une seule pizza gratuitement, ni de livrer gratuitement dans les autres communes. Nous devons donc ajouter un test pour ajouter cinq euros de frais de livraison lorsque le montant de commande est inférieur à 10 euros ET lorsque la livraison est dans une des autres villes, quel que soit le montant.

Voici comment ajouter ces nouvelles règles.

1. **Dans le panneau HTML, repère la définition du menu déroulant pour la ville de livraison.**

   Pour l'instant, il n'y a qu'une option possible, En ville.

2. **Ajoute au moins deux autres villes dans la liste. Voici à quoi doit ressembler ce bloc de code HTML :**

```
<label>Dans quelle ville faut-il livrer ?
    <select id="chLivVille">
        <option value="En ville">En ville</option>
        <option value="Courberoute">Courberoute</option>
        <option value="Passy">Passy-Malaisot</option>
    </select>
</label>
```

   Bien sûr, tu peux indiquer d'autres noms de villes.

3. **Utilise `Update` pour juger du résultat.**

4. **Dans le panneau JavaScript, trouve la fonction `calculerLivraison()`.**

   Pour l'instant, elle ne contient qu'une instruction pour forcer à zéro les frais de livraison.

5. **Place-toi après la déclaration de la variable locale pour insérer l'instruction conditionnelle `if` suivante :**

```
if ( (livVille === "En ville") && (prixCde > 10) )  {
    livFrais = 0;
} else {
    livFrais = 5;
}
```

6. **Utilise `Update` puis teste le projet.**

Quand tu sélectionnes une des deux nouvelles villes, ou lorsque la commande est inférieure à 10 euros, tu vois apparaître un supplément de 5 euros pour la livraison.

Affichons les frais de livraison

Il est conseillé d'indiquer le montant des frais de livraison, pour que le client sache à quoi s'en tenir.

Voici comment procéder :

1. **Dans la première fonction, `gererCde()`, positionne-toi après la déclaration de la variable `ticket` et insère l'instruction conditionnelle suivante :**

```
if (livFrais === 0) {
    ticket += "<p>Livraison gratuite !</p>";
} else {
    ticket += "<p>La livraison est de " + livFrais +" .";
}
```

Cette instruction à deux branches affiche un message de livraison gratuite si les frais de livraison sont nuls. Dans le cas contraire, elle affiche le montant des frais de livraison.

2. **Clique Update puis essaye le programme.**

Le message de livraison gratuite est visible dans la Figure 14.4.

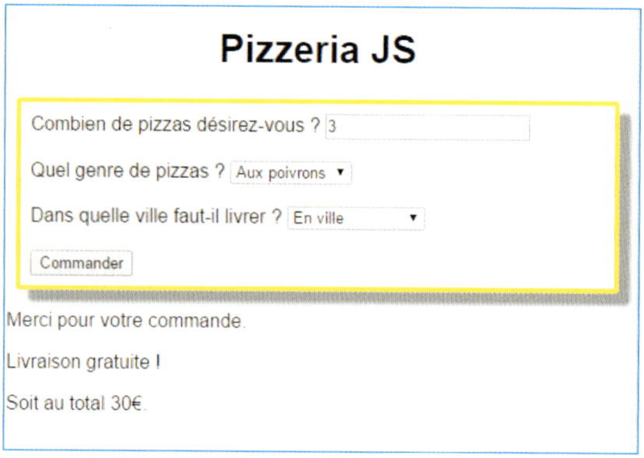

Figure 14.4 : Les frais de livraison sont offerts !

Programmons notre cadeau d'anniversaire

La dernière retouche que nous allons faire au projet consiste à offrir les frais de livraison si le client commande le jour de son anniversaire.

Voici comment ajouter cet enrichissement :

1. **Dans le panneau HTML, ajoute une question dans le formulaire après la question concernant la ville de livraison :**

```
<label>Est-ce votre jour d'anniversaire ?
    <select id="chCliNai">
        <option value="chOui">Oui !</option>
        <option value="chNon">Non</option>
    </select>
</label>
```

2. **Clique Update puis teste le projet.**

Si le panneau des résultats ne ressemble pas à celui de la Figure 14.5, relis ton code. Il pourra être utile d'insérer quelques balises de saut de ligne <br/> pour que les questions soient bien espacées.

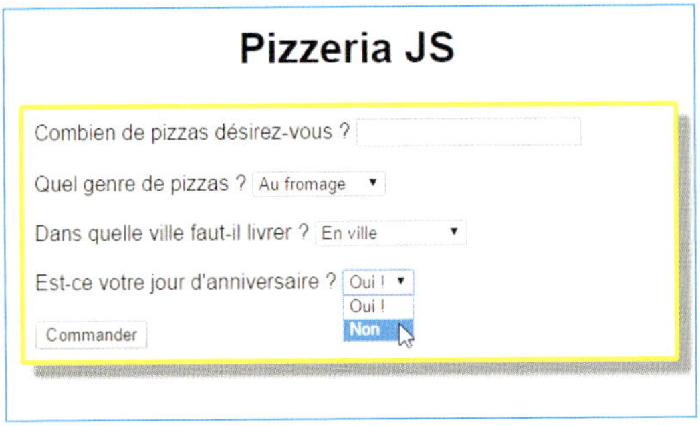

Figure 14.5 : Le panneau des résultats avec la question pour l'anniversaire.

3. **Dans le panneau JavaScript, va dans la fonction `gererCde()`. Il faut insérer une ligne après les trois premières déclarations de variables afin de récupérer la valeur du nouvel élément HTML `chCliNai` :**

```
var anniv     = document.getElementById("chCliNai").value;
```

4. **Dans la fonction `calculerLivraison()`, ajoute dans la ligne de tête le nom de la nouvelle variable comme troisième argument :**

```
function calculerLivraison(prixCde, livVille, anniv) {
```

5. **Toujours dans cette fonction, repère déjà la longue instruction conditionnelle qui teste la ville de livraison et le montant de la commande. Il faut y ajouter une troisième condition reliée par un OU logique aux deux premières. Le nombre et la position des parenthèses sont à vérifier avec grand soin :**

```
if ( ((livVille === "En ville") && (prixCde > 10)) || (anniv ===
"chOui") )
```

6. **Reviens dans la fonction `gererCde()` dans laquelle se trouve l'appel à la fonction `calculerLivraison()`. Il faut l'enrichir pour lui transmettre la variable `anniv` comme troisième argument :**

```
var livFrais = calculerLivraison(prixCde, livVille, anniv);
```

7. **Clique `Update` pour enregistrer ton travail.**

Le Listing 14.5 donne le code JavaScript du programme dans son état final.

Listing 14.5 : Code JavaScript du projet Pizzeria JS.

```
// 14: Pizzeria JS
document.getElementById("btnCde").addEventListener("click", gererCde);

function gererCde() {
    // Récupération des valeurs du formulaire
    var nbrPizzas = document.getElementById("chNbrPiz").value;
    var typePizza = document.getElementById("chTypePizza").value;
    var livVille  = document.getElementById("chLivVille").value;
    var anniv     = document.getElementById("chCliNai").value;

    var prixCde = calculerPrix(nbrPizzas, typePizza);
    var livFrais = calculerLivraison(prixCde, livVille, anniv);

    var ticket = "<p>Merci pour votre commande.</p>";

    if (livFrais === 0) {
        ticket += "<p>Livraison gratuite !</p>";
    } else {
        ticket += "<p>La livraison est de " + livFrais +" .";
    }
    ticket += "<p>Soit au total " + (prixCde + livFrais) +" .";
    if (anniv === "chOui") {
      ticket += "<p>Et bon anniversaire !</p>";
    }
    // Affiche le ticket de caisse
    document.getElementById("affTicket").innerHTML = ticket;
}

function calculerPrix(nbrPizzas, typePizza) {
    var prixCde = Number(nbrPizzas) * 10;
    var supplement = 0;

    if (typePizza === "pRoyale") {
        supplement = Number(nbrPizzas) * 2;
    }

    prixCde += supplement;
    return prixCde;
}

function calculerLivraison(prixCde, livVille, anniv) {
    var livFrais = 0;

    if ( ((livVille === "En ville") && (prixCde > 10)) ¦¦ (anniv ===
"chOui") ) {
        livFrais = 0;
    } else {
        livFrais = 5;
    }
    return livFrais;
}
```

Le Listing 14.6 montre le code HTML complet du même projet.

Listing 14.6 : Code HTML complet du projet Pizzeria JS.

```
<h1>Pizzeria JS</h1>

<div id="divFormuCde">
    <label>Combien de pizzas désirez-vous ?
        <input type="number" id="chNbrPiz" />
    </label>
    <br />
    <br />
    <label>Quel genre de pizzas ?
        <select id="chTypePizza">
            <option value="pFromage">Au fromage</option>
            <option value="pPoivron">Aux poivrons</option>
            <option value="pRoyale">Royale</option>
        </select>
    </label>
    <br />
    <br />
    <label>Dans quelle ville faut-il livrer ?
        <select id="chLivVille">
            <option value="En ville">En ville</option>
            <option value="Courberoute">Courberoute</option>
            <option value="Passy">Passy-Malaisot</option>
        </select>
    </label>
    <br />
    <br />
    <label>Est-ce votre jour d'anniversaire ?
        <select id="chCliNai">
            <option value="chOui">Oui !</option>
            <option value="chNon">Non</option>
        </select>
    </label>
    <br />
    <br />
    <button type="button" id="btnCde">Commander</button>
</div>
<div id="affTicket"></div>
```

Enfin, la Figure 14.6 montre le panneau des résultats de la version finale du programme juste après la saisie d'une belle commande.

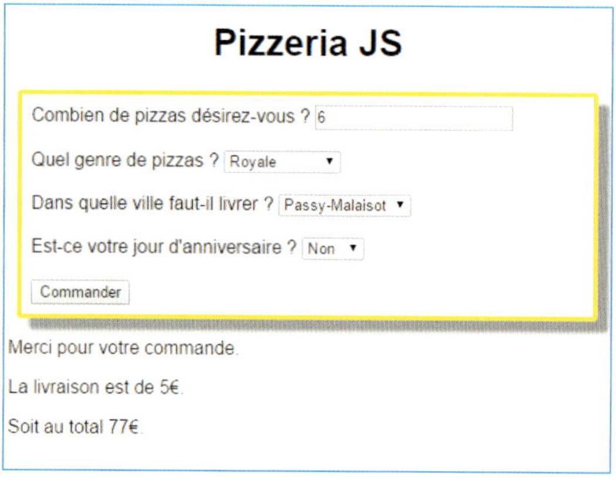

Figure 14.6 : Notre commande de pizzas.

Le grand choix avec switch

Chapitre 15

L'instruction `switch` peut ressembler à un poste d'aiguillage. Elle permet de faire exécuter une instruction parmi plusieurs selon la valeur d'une expression. Les différentes valeurs de l'expression mènent aux différentes branches d'exécution. Chacune des branches correspond à un cas particulier qui s'écrit `case`.

Nous allons voir comment profiter de l'instruction switch dans le projet de calendrier qui affiche un message différent selon le numéro du jour de la semaine.

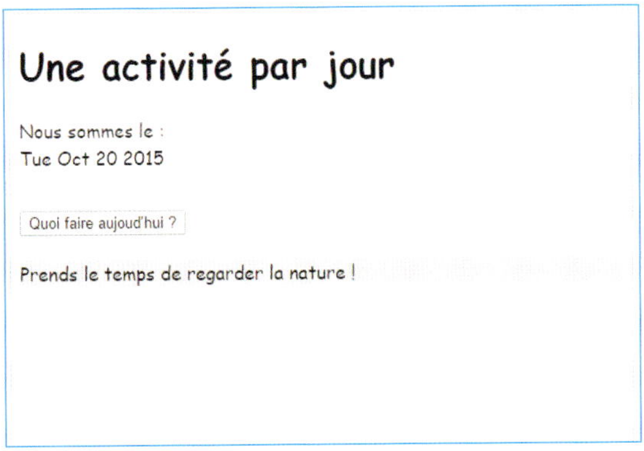

Construisons un switch

L'instruction switch commence, très logiquement, par le mot réservé `switch`. Vient ensuite l'expression (puis les différentes branches correspondant aux cas).

Voici l'aspect général d'une instruction switch :

```
switch (expression) {
  case valeur1:
    // Instructions à exécuter dans ce cas
    break;
  case valeur2:
    // Instructions à exécuter dans ce cas
    break;
  case default:
    // Instructions à exécuter par défaut
    break;
}
```

Le nombre de cas n'est pas limité. L'instruction va comparer l'expression de test à chacun des cas dans l'ordre descendant jusqu'à tomber sur le cas pour lequel la valeur correspond. Dans ce cas (je le dis bien à propos), la ou les instructions qui dépendent de ce cas sont exécutées. Normalement, la dernière instruction du cas doit être le mot réservé `break` qui provoque la sortie de tout le bloc de l'instruction. Cela évite de tester les cas suivants et surtout d'exécuter par erreur le cas par défaut. Chaque cas doit se terminer par ce mot réservé `break` ou au minimum par le signe point-virgule.

On prévoit en général un cas par défaut tout à la fin qui permet de faire exécuter une instruction lorsqu'aucun des cas n'a satisfait à l'expression. Ce cas utilise comme valeur le mot réservé `default`.

Voyons cela avec un exemple concret. Le code du Listing 15.1 demande d'indiquer les deux premières lettres du jour préféré dans la semaine. Le programme entre dans une instruction `switch` pour afficher un message différent selon la valeur saisie. Si la valeur ne correspond à aucun cas (aucun jour de la semaine), c'est l'instruction de la branche `default` qui est exécutée.

Listing 15.1 : Instruction switch avec sept cas.

```
var monJour = prompt("Jour préféré (Lu, Ma, Me, Je, Ve, Sa, Di) :");
var vReponse;

switch (monJour) {
  case "Lu":
    vReponse = "Le lundi dans la lune";
    break;
  case "Ma":
    vReponse = "Mardi, c'est Mars";
    break;
  case "Me":
    vReponse = "Le jour de Mercure";
    break;
  case "Je":
    vReponse = "Jupiter et sa cuisse !";
    break;
  case "Ve":
    vReponse = "Ah, Vénus...";
```

```
      break;
    case "Sa":
      vReponse = "Saturne rond ?";
      break;
    case "Di":
      vReponse = "Magasins ouverts ou pas ?";
      break;
    default:
      vReponse = "Drôle de calendrier !";
      break;
  }
  alert(vReponse);
```

Tu peux tester ce programme dans JSFiddle sans nécessairement en faire un projet à part entière, car ce ne sera pas utilisé dans la suite du chapitre.

1. **Accède à JSFiddle et démarre un projet en cliquant le logo de JSFiddle en haut à gauche.**
2. **Saisis la totalité du code du Listing 15.1 ou récupère le fichier `PLKJS_1501.txt` que je fournis dans le fichier des exemples sur le site de l'éditeur (comme indiqué dans l'introduction).**
3. **Utilise la commande `Run`.**

   Tu vois apparaître une boîte d'invite qui te permet de saisir ton jour préféré.
4. **Saisis une abréviation de jour sur deux lettres (Lu, La, Le, Je, Ve, Sa ou Di) et confirme par OK.**

   C'est à ce moment que l'instruction switch est exécutée. Tu dois voir apparaître une boîte message avec le message correspondant au jour choisi (Figure 15.1).

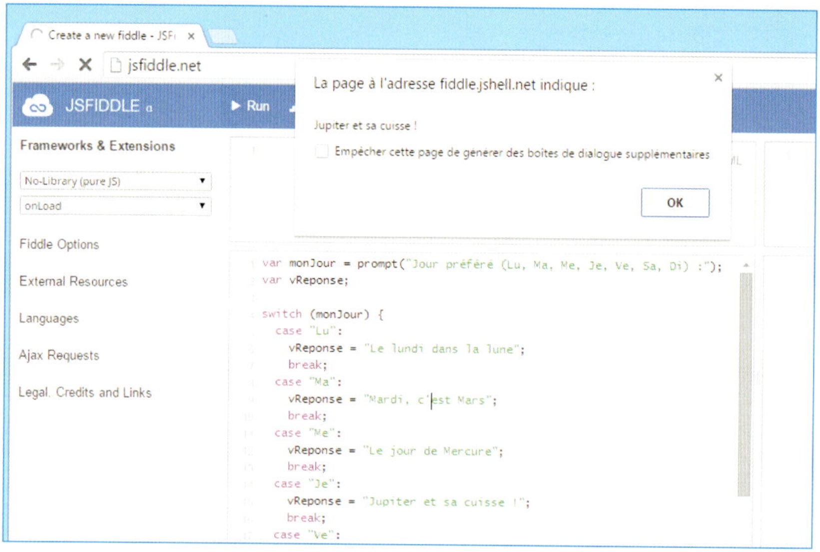

Figure 15.1 : Le message est différent selon le cas.

Le projet de conseil du jour

Comme la plupart d'entre nous, tu te réveilles sans doute parfois en te demandant ce qu'il faut absolument faire au cours de la journée. Parmi tout ce qu'il y a faire, il y a une chose qui doit être faite en priorité. C'est au niveau du choix parmi toutes ces possibilités que certains ne font pas le bon. Soit elles se sont levées du mauvais pied, soit du mauvais côté du lit, soit elles se sont couchées trop tard.

Imaginons maintenant que tu disposes d'une page Web, accessible depuis ton téléphone, qui te rappellerait une action à faire absolument pour le jour choisi. Je te propose de créer un projet qui pourrait servir de point de départ à ce genre d'outil. En adaptant ce genre de programme à tes besoins exacts, tu vas réellement pouvoir démarrer tes journées sur les chapeaux de roues !

Visitons le projet terminé

Avant de commencer à plonger dans la programmation, voyons à quoi ressemble le projet dans son état final.

1. **Sans nécessairement se connecter à ton compte JSFiddle, rends-toi sur la page des projets de ce livre :**

   `http://jsfiddle.net/user.PLKJS`

2. **Dans la liste des projets, cherche celui portant le nom suivant et ouvre-le.**

   `15: Quoi faire (final)`

   Le panneau des résultats montre un titre, la date du jour en anglais et un bouton (Figure 15.2).

Figure 15.2 : Le projet de conseil du jour dans son état final.

3. **Clique ce bouton.**

   Tu vois apparaître un message qui donne un conseil (Figure 15.3). Ce message change selon le jour de la semaine.

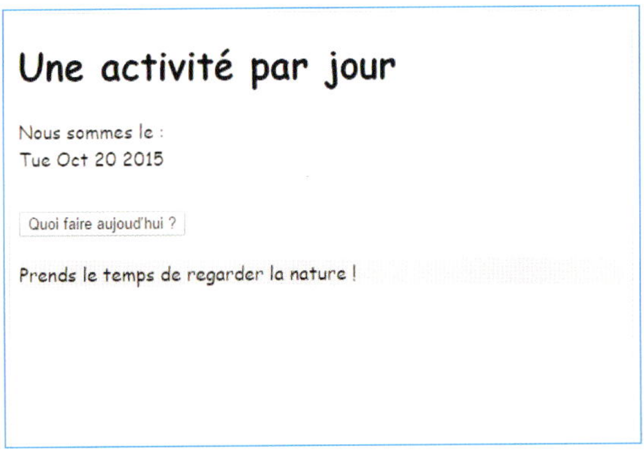

Figure 15.3 : Le projet final avec le message du jour.

Démarrons ta variante du projet

Pour commencer le projet, procède ainsi :

1. **Connecte-toi si nécessaire à ta page JSFiddle puis reviens à la liste des projets sur la page du livre :**

   `http://jsfiddle.net/user.PLKJS`

2. **Cherche le projet qui porte le nom suivant et clique le titre pour entrer dans le projet.**

   `15: Quoi faire (initial)`

3. **Comme tu sais le faire maintenant, accède aux options de Fiddle dans le panneau de gauche et personnalise le nom du programme selon ton désir, par exemple avec ton prénom.**
4. **Crée ta variante avec la commande** `Fork`**.**
5. **Enregistre-la une première fois avec les commandes** `Update` **puis** `Set as base`**.**
6. **Lance un test du programme en cliquant le bouton dans le panneau des résultats.**

   Pour l'instant, il ne se passe rien. Il manque toutes les instructions JavaScript que nous allons rédiger maintenant.

Avant de passer à la rédaction du code manquant, je crois très utile de discuter d'un nouvel objet standard de JavaScript dont nous aurons besoin : l'objet `Date`.

L'objet standard Date

L'objet `Date` de JavaScript incarne un moment dans le temps, c'est-à-dire une date et une heure avec tous les détails. Puisqu'il s'agit d'un objet, pour l'utiliser, il faut demander la création d'une instance avec le mot réservé `new`. Nous stockons le résultat de cette création dans une variable appropriée, comme ceci :

```
var maDate = new Date();
```

Après cette instruction, la date et l'heure courantes de l'ordinateur au moment de l'appel à l'objet `Date` sont disponibles dans la variable.

Mettons cela en pratique :

1. **Dans Google Chrome, ouvre la console JavaScript.**
2. **Saisis l'instruction suivante puis valide par** `Entrée` **ou** `Retour`**.**

   ```
   var uneDate = new Date();
   ```

Quand tu valides, la console répond avec son message `undefined`, ce qui confirme que la commande ne contient pas d'erreur.

3. **Pour savoir si la variable contient bien une valeur, indique directement son nom puis valide par Entrée ou Retour.**

```
maDate;
```

La console affiche la date et l'heure auxquelles l'objet `Date` a été créé.

Comme les autres objets JavaScript que nous utilisons dans ce livre, l'objet `Date` est accompagné de toute une série de fonctions prédéfinies, qui sont ses méthodes. Elles permettent de réaliser différentes choses avec l'objet `Date`.

Le tableau suivant présente la liste des méthodes qui permettent d'extraire des informations de l'objet `Date`. Une méthode qui sert à lire des données d'un objet est appelée méthode de lecture ou méthode « getter ».

Tableau 15.1 : Méthodes de lecture de l'objet `Date`.

Méthode	Description
getDate()	Renvoie le numéro du jour dans le mois entre 1 et 31.
getDay()	Renvoie le numéro du jour dans la semaine entre 0 et 6.
getFullYear()	Renvoie l'année sur quatre chiffres.
getHours()	Renvoie l'heure de 0 à 23.
getMilliseconds()	Renvoie les fractions de seconde entre 0 et 999.
getMonth()	Renvoie le numéro du mois entre 0 et 11.
getSeconds()	Renvoie le nombre de secondes entre 0 et 59.
getTime()	Renvoie la chaîne d'heure complète en temps Unix (millisecondes depuis le 1er janvier 1970).

Pour utiliser l'une de ces méthodes avec un objet `Date`, il suffit de spécifier la méthode désirée à la suite du nom de la variable contenant l'objet en séparant les deux par un point.

En supposant que nous ayons créé la variable `uneDate` qui contient l'objet `Date` dans la console de Chrome (voir plus haut), les essais suivants permettent de mettre en pratique l'utilisation des méthodes de lecture de date.

1. **Pour obtenir le numéro de jour dans la semaine :**

```
uneDate.getDay()
```

La console JavaScript affiche un nombre entre 0 et 6, le 0 correspondant au dimanche.

2. **Pour obtenir le jour dans le mois entre 1 et 31 :**

   ```
   uneDate.getDate()
   ```

3. **Pour obtenir le numéro du mois dans l'année, entre 0 et 11 :**

   ```
   uneDate.getMonth()
   ```

Tu constates que le numéro du jour dans la semaine et celui du mois dans l'année sont numérotés à partir de zéro. En JavaScript, le mois de janvier porte le numéro zéro.

Il faut se méfier, car les méthodes `getDate()` et `getFullYear()` n'utilisent pas ce décalage à zéro. Le deuxième jour du mois de mai et le numéro 2 et l'année 2020 correspond bien au numéro 2020.

En complément à ces méthodes de lecture, l'objet `Date` est également doté de méthodes d'écriture, qui servent à modifier les données de l'objet. Le Tableau 15.2 liste ces méthodes. Une méthode qui agit ainsi sur le contenu d'un objet est nommée méthode d'écriture ou méthode « setter ».

Tableau 15.2 : Méthodes d'écriture de l'objet `Date`.

Méthode	Description
setDate()	Modifie le numéro du jour dans le mois entre 1 et 31.
setDay()	Modifie le numéro du jour dans la semaine entre 0 et 6.
setFullYear()	Modifie l'année sur quatre chiffres.
SetHours()	Modifie l'heure de 0 à 23.
setMilliseconds()	Modifie les fractions de seconde entre 0 et 999.
setMonth()	Modifie le numéro du mois entre 0 et 11.
SetSeconds()	Modifie le nombre de secondes entre 0 et 59.
setTime()	Modifie la chaîne d'heure complète en temps Unix (millisecondes depuis le 1er janvier 1970).

Voici quelques essais d'utilisation de ces méthodes d'écriture pour l'objet `Date` :

1. **Nous savons déjà créer un objet `Date` et afficher la valeur de la variable :**

   ```
   var uneDate = new Date();
   ```

```
uneDate
```

2. **Voici comment changer la variable pour forcer le numéro du mois en août :**

   ```
   uneDate.setMonth(7);
   ```

   La valeur affichée par la console en retour est un nombre énorme. En fait, la valeur que contient l'objet `uneDate` est dans le format de date Unix. Je rappelle que le temps Unix est celui utilisé de façon interne par JavaScript. Il correspond au nombre de millisecondes écoulées depuis le 1er janvier 1970 à minuit.

3. **Indique le nom de l'objet pour pouvoir vérifier la date dans un format lisible. Tu constates que seul le mois a changé.**

   ```
   uneDate
   ```

Puisque tu sais maintenant utiliser cet objet `Date`, exploitons-le avec une instruction switch pour terminer notre projet.

Rédigeons le code JavaScript du projet

Nous n'écrirons pas la totalité du code dans les trois panneaux de ce projet. Lorsque tu ouvres le projet dans son état initial, tu constates qu'il y a déjà du code dans les trois panneaux. Dans le panneau JavaScript, il reste à écrire le code de deux fonctions. Lis d'abord consciencieusement le Listing 15.2 pour découvrir ce qui est déjà fait.

Listing 15.2 : État initial du code JavaScript du projet Quoi faire.

```
var vDateJour = document.getElementById("divDateJour");
var vBtnQF = document.getElementById("btnQF");

// Auditeur de bouton
vBtnQF.addEventListener("click", afficherConseil);

// Créer un objet Date
var d = new Date();

afficherDate();

function afficherDate() {
    // A FAIRE: Afficher la date dans divDateJour
}
```

```
function afficherConseil() {
    // Récupérer numéro du jour de la semaine.

    /* A FAIRE: Déclarer la variable monConseil qui reçoit
       le conseil du jour. */

    // A FAIRE: Afficher la valeur de monConseil dans divConseil
}
```

Passons en revue l'état actuel du projet. Essaie de suivre la progression dans le code source pour repérer les instructions qui réalisent les traitements suivants :

- Définition de deux variables pour contenir des références à des éléments HTML sur lesquels nous travaillerons.
- Création d'un auditeur d'événement pour détecter les clics du bouton.
- Création d'une instance de l'objet `Date` pour mémoriser la date actuelle.
- Appel d'une fonction pour afficher la date.

Tous ces traitements sont déjà en place. Le programme est prêt à réagir aux clics du bouton. Lorsque cet événement survient, le programme appelle la fonction qui est citée dans l'auditeur d'événements, c'est-à-dire `afficherConseil()`.

La mission, si tu l'acceptes, consiste à terminer le corps des deux fonctions du programme.

Avant d'entrer dans la procédure pas à pas, est-ce que tu peux envisager d'y arriver seul ? Réfléchis un peu avant de plonger dans la description détaillée qui suit.

1. **Repère d'abord la fonction `afficherDate()` et ajoute l'instruction suivante juste sous le commentaire :**

   ```
   vDateJour.innerHTML = d;
   ```

   Cette instruction change la propriété `innerHTML` de l'élément de type `div` dont la référence a été captée dans la variable `vDateJour`. Elle lui donne comme valeur celle de la variable `d`, un objet de type `Date`.

2. **Pour voir s'afficher la date dans le panneau des résultats, il suffit d'utiliser la commande `Update`.**

3. **Pour améliorer le format d'affichage de la date, ajoute un appel à la méthode de conversion que possède l'objet `Date` :**

   ```
   vDateJour.innerHTML = d.toDateString();
   ```

   Attention, il ne faut pas ajouter, mais modifier l'instruction précédente.

   Dorénavant, la date se résume au nom abrégé du jour, au mois, au jour et à l'année (c'est le format anglo-saxon).

4. **Dans la fonction `afficherConseil()`, ajoute une instruction pour récupérer le quantième du jour de semaine depuis la variable d.**

```
var numJourSem = d.getDay();
```

5. **Déclare une variable qui va contenir la chaîne du message du jour.**

```
var monConseil;
```

6. **Commence l'écriture de l'instruction conditionnelle switch qui va évaluer la valeur de la variable `numJourSem` sans oublier l'accolade ouvrante :**

```
switch (numJourSem) {
```

7. **Écris le début du premier cas, qui correspond à la valeur zéro, c'est-à-dire au dimanche :**

```
    case 0:
```

8. **Écris l'instruction qui va stocker le message du jour dans la variable `monConseil` :**

```
        monConseil = "Un peu de repos bien mérité.";
```

9. **Ajoute l'instruction `break` dans la ligne suivante pour refermer ce cas de l'instruction switch.**

```
break;
```

10. **Répète les étapes 7 à 9 pour les six autres jours de la semaine, en choisissant un message à ta convenance. Si nécessaire, vérifie ta saisie avec le Listing 15.3.**

11. **Une fois les sept jours traités, ajoute un cas par défaut. L'instruction qu'il contrôle sera exécutée si le numéro du jour de la semaine n'est pas situé entre 0 et 6 (ce qui a peu de chance d'arriver).**

```
    default:
        monConseil = "Bizarre, bizarre, autant qu'étrange.";
        break;
```

12. **Referme l'instruction switch avec une accolade fermante sur une ligne isolée.**

13. **Sous l'instruction switch, ajoute une ligne avec une instruction pour afficher le contenu de la chaîne `monConseil` dans l'élément `div` identifié par `divConseil`.**

```
document.getElementById("divConseil").innerHTML = monConseil;
```

Une fois tout cela écrit, le programme JavaScript doit correspondre au Listing 15.3, même si les messages que tu as saisis sont différents des miens.

Listing 15.3 : Code JavaScript complet du projet.

```
var vDateJour = document.getElementById("divDateJour");
var vBtnQF = document.getElementById("btnQF");

// Auditeur de bouton
vBtnQF.addEventListener("click", afficherConseil);

// Créer un objet Date
var d = new Date();

afficherDate();

function afficherDate() {
    vDateJour.innerHTML = d.toDateString();
}

function afficherConseil() {
    // Récupérer numéro du jour de la semaine
    var numJourSem = d.getDay();

    /* Déclarer la variable monConseil qui reçoit
       le conseil du jour. */
    var monConseil;

    switch (numJourSem) {
        case 0:
            monConseil = "Un peu de repos bien mérité.";
            break;
        case 1:
            monConseil = "Fais ce que tu as à faire, voyons.";
            break;
        case 2:
            monConseil = "Prends le temps de regarder la nature !";
            break;
        case 3:
            monConseil = "Un petit déjeuner copieux, c'est mieux.";
            break;
        case 4:
            monConseil = "Apprends quelque chose de plus par jour.";
            break;
        case 5:
            monConseil = "Fais la liste des choses à faire.";
            break;
        case 6:
            monConseil = "Fais une des choses de ta liste.";
            break;
        default:
            monConseil = "Bizarre, bizarre, autant qu'étrange.";
            break;
    }

    // Afficher la valeur de monConseil dans divConseil
    document.getElementById("divConseil").innerHTML = monConseil;
}
```

Et voici le code HTML qui n'a pas changé depuis le début, mais qu'il est utile d'avoir sous forme imprimée.

Listing 15.4 : Code HTML du projet dans son état final.

```
<h1>Une activité par jour</h1>
Nous sommes le :
<div id="divDateJour"></div>
<div id="divBoiteBtn">
    <button id="btnQF" type="button">Quoi faire aujoud'hui ?</button>
</div>
<div id="divConseil"></div>
```

Tu peux maintenant tester le projet. Le résultat fichier doit ressembler à celui de la Figure 15.4.

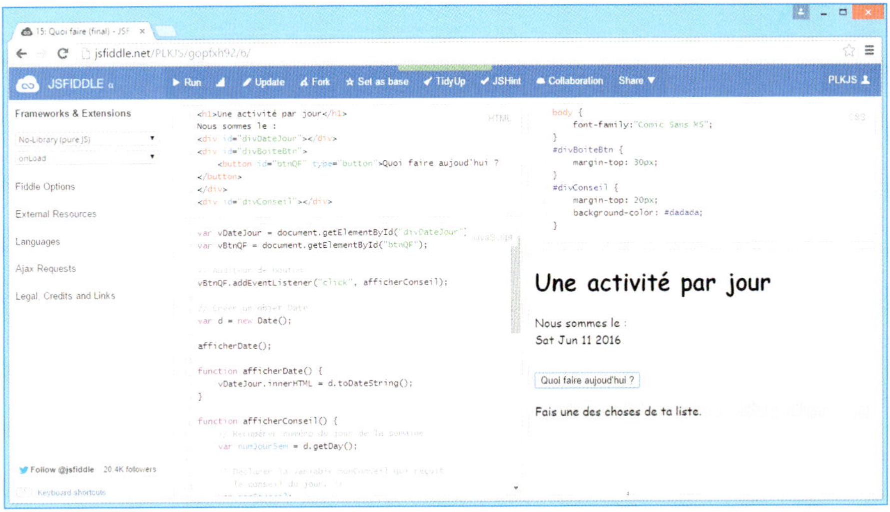

Figure 15.4 : Affichage du projet de ce chapitre.

Tu disposes maintenant d'une version minimale d'un programme pour prodiguer des conseils. Voici quelques pistes pour l'enrichir :

- Choisir des activités mieux en rapport avec tes besoins si ce n'est pas encore le cas.
- Augmenter les possibilités en permettant de choisir une activité différente pour tous les jours d'un mois, et pas seulement d'une semaine.
- Prévoir plusieurs messages, un pour le jour de la semaine, un pour le jour du mois, voire un pour la nouvelle année.

» Enrichir les styles CSS pour améliorer l'aspect visuel du projet.

Tu vas sûrement trouver d'autres idées pour améliorer ce calendrier de conseil.

Chapitre

16

Chat marche, ça marche !

Tu as grimpé dans un arbre. Si tu décides d'emprunter une branche, tu verras certaines choses, par exemple un nid d'oiseau ou un ballon resté coincé à cet endroit depuis ta dernière fête dans le jardin. Si tu choisis une autre branche, tu verras d'autres choses, par exemple le garage du voisin. Dans le langage JavaScript, on choisit parmi plusieurs branches au moyen des instructions conditionnelles `if` ou `switch`.

Nous allons exploiter ces possibilités de branchement pour concevoir un jeu fondé sur du texte qui change selon les choix que tu fais à différentes étapes de l'histoire.

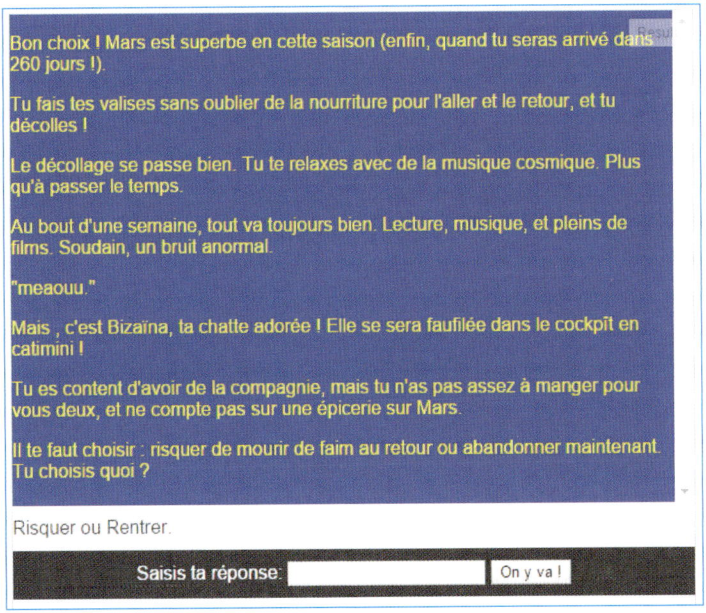

Créons le scénario

Une bonne histoire est toujours basée sur un scénario qui précise le déroulement des événements qui vont constituer l'histoire. Dans une histoire interactive, où le lecteur ou le visiteur de la page doit donner son avis de temps à autre, il faut bien prendre soin des réponses reçues et de la manière de réagir. L'histoire commence toujours de la même manière, mais la fin va dépendre de la succession de choix.

Créons un diagramme

Pour devenir programmeur, il est indispensable d'apprendre à analyser les différentes possibilités au niveau des branchements dans un programme.

L'histoire que nous allons construire comporte plusieurs épisodes, et à chaque épisode il n'y aura que deux réponses possibles. Chaque branche va amener à une nouvelle question, et cette étape permet de se brancher à deux suites possibles. Pour simplifier, je n'ai prévu que deux fins, et les différentes branches doivent finir par ramener à l'une ou à l'autre.

Il existe un outil très pratique pour schématiser les différentes branches d'une histoire ou d'un programme en général, c'est le diagramme. La Figure 16.1 montre un diagramme adapté à notre histoire interactive.

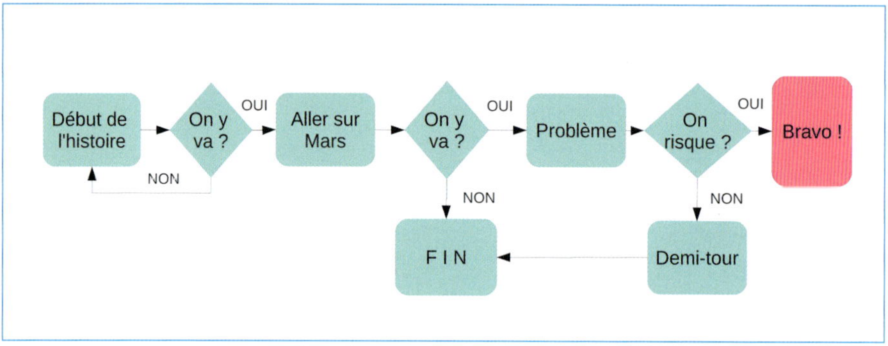

Figure 16.1 : Diagramme d'analyse des branchements successifs de l'histoire.

Une fois cette analyse réalisée, nous allons pouvoir remplir l'histoire avec des détails.

Entrons dans l'histoire

Notre histoire va se dérouler dans un vaisseau spatial, dans un futur pas très lointain. Tu es le capitaine de l'astronef. Tu reçois la mission d'aller sur la planète Mars pour récupérer un robot tombé en panne. Ce robot contient les données de plusieurs expériences très importantes. Il faut le ramener sur Terre pour récupérer ces données.

Le décollage se passe très bien, mais au cours d'une des semaines du voyage de 260 jours, tu découvres que ton chat préféré a réussi à se glisser à bord. Tu risques de ne pas avoir assez de nourriture pour vous deux, pour l'aller et le retour. Il te faut choisir entre faire demi-tour ou continuer vers Mars en espérant ne pas mourir de faim.

Si tu fais demi-tour, la mission est abandonnée. Ton chat et toi revenez sains et saufs sur Terre, mais ton chef est très mécontent.

Si tu décides de risquer en poursuivant vers Mars, tu vas sentir l'angoisse monter sans cesse, mais tu partages tout de même ta nourriture quotidienne avec ton chat adoré. En arrivant sur Mars, tu découvres que les dernières personnes à être venues ont laissé un grand coffre réfrigéré plein de délicieux sandwichs. Tu en rapportes assez dans ton astronef et tu embarques le robot puis rentres à la maison. Tu es bien sûr accueilli comme un héros.

Découvrons le jeu

La partie la plus captivante d'un tel jeu basé sur un texte consiste à faire les choix lors de chaque étape, et d'explorer les différentes branches possibles. En général, les histoires interactives de ce genre sont assez brèves, parce qu'il faut beaucoup de temps pour lire les épisodes, et un certain niveau de concentration pour saisir les réponses afin qu'elles soient comprises. C'est en tout cas moins simple à créer qu'une histoire purement linéaire comme un roman.

Voyons comment fonctionne notre jeu en faisant un tour dans la version finale.

1. **Connecte-toi à ton compte JSFiddle, puis rends-toi dans la liste des projets sur la page officielle de ce livre :**

   `http://jsfiddle.net/user/PLKJS`

   Tu retrouves la liste de tous les projets dans lesquels tu puises depuis le début du livre.

2. **Cherche le projet portant le titre suivant puis clique son titre :**
`16: Chat Mars (final)`

Le projet est ouvert (Figure 16.2) et démarre immédiatement. Une question est posée dans le bas du panneau des résultats.

3. **Saisis `oui` ou `non` dans le champ, puis valide avec le bouton `On y va`.**

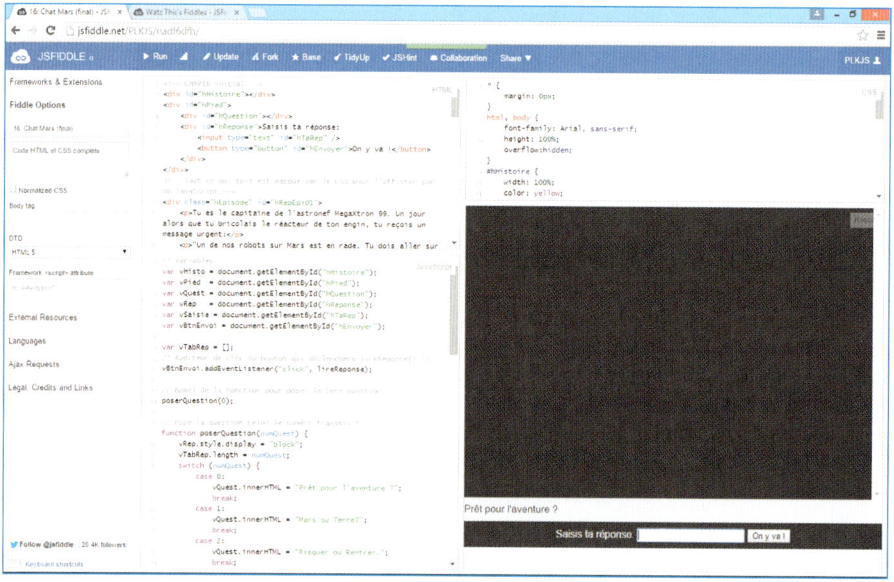

Figure 16.2 : Visite du programme dans son état final.

Le conseil qui est affiché dans le panneau dépend de ce que tu as choisi. Une nouvelle question est alors posée.

4. **Réponds à la nouvelle question puis valide.**

Le programme analyse ta réponse et passe à l'épisode suivant en fonction de celle-ci.

5. **Continue ainsi à répondre à chaque question en tenant compte du message d'aide qui apparaît lorsque le programme ne comprend pas ta réponse.**

6. **Utilise la commande `Run` dans la barre de menu pour redémarrer le programme.**

Tu remarques que le texte du tour précédent est effacé du panneau des résultats. Tu revois la première question.

7. **Accède aux différentes étapes en répondant autrement pour voir apparaître d'autres épisodes avant d'aller à la fin.**

Une fois que cette prise de contact est faite, nous allons pouvoir passer à la mise en pratique. Je vais te montrer comment rédiger la partie du programme qui reste à coder. Ce sera à toi ensuite de créer tes propres histoires sur le même principe.

Créons ta variante

L'état initial du projet contient déjà la totalité du code HTML et du code CSS. Au niveau du code JavaScript, j'ai volontairement écrit seulement quelques déclarations de variables et les blocs vides des fonctions. Partons de cet état initial pour créer ta version complète du projet.

1. **Si nécessaire, connecte-toi à ton compte JSFiddle.**
2. **Rends-toi dans la page JSFiddle officielle du livre (`http://jsfiddle.net/user/PLKJS`) et cherche le projet portant le titre suivant :**

   ```
   16: Chat Mars (initial)
   ```

3. **Clique le titre pour ouvrir le fichier.**
4. **Utilise immédiatement la commande `Fork` pour créer ta propre variante dans ton compte.**
5. **Accède aux options à gauche pour personnaliser le nom du projet.**
6. **Utilise la commande `Update` puis la commande `Set as base` pour sauvegarder le projet et définir cette version comme ta version de référence.**

Visitons le code HTML et CSS

J'ai dit que les parties HTML et CSS du projet étaient déjà entièrement terminées. Après tout, ce livre est consacré à JavaScript. Faisons néanmoins un petit tour dans ces deux panneaux avant de commencer le codage JavaScript. Commençons par le panneau HTML.

Le code HTML comporte deux parties, séparées par un commentaire. La première sert à créer la section supérieure, la grande section dans laquelle sera affiché chaque épisode de l'histoire. La section du bas est destinée à l'affichage des questions et des réponses.

Listing 16.1 : Partie supérieure du code HTML.

```
<!-- CHAP16 initial -->
<div id="hHistoire"></div>
<div id="hPied">
    <div id="hQuestion"></div>
    <div id="hReponse">Saisis ta réponse :
        <input type="text" id="hTaRep" />
        <button type="button" id="hEnvoyer">On y va !</button>
    </div>
</div>
```

Tout ce que tu peux voir dans le panneau des résultats au démarrage du programme est généré par les lignes HTML ci-dessus, en combinaison avec les règles CSS.

La Figure 16.3 présente le panneau des résultats du projet dans son état actuel, alors que le code JavaScript n'est pas encore écrit. Tu peux distinguer trois sections de haut en bas :

- La grande section en gris foncé est celle dans laquelle seront affichés les textes des épisodes de l'histoire.
- La petite section en gris clair recevra la question.
- La section en blanc tout en bas recevra le formulaire et la zone de saisie de la réponse.

Figure 16.3 : Le panneau de résultats dans son état initial vide.

Si tu compares le code HTML avec l'affichage, tu peux te demander s'il n'y a pas quelque chose qui cloche. En effet, il y a bien un champ de saisie et un bouton dans le code HTML, mais ils n'apparaissent pas dans les résultats. Pourquoi ?

Masquons des éléments HTML avec display: none

Il ne faut afficher le champ de saisie et le bouton qu'au moment de poser la première question. Voilà pourquoi il faut les masquer avec une règle CSS quand ils ne sont pas nécessaires.

Le Listing 16.2 présente la totalité du code CSS du projet.

Listing 16.2 : Code CSS du projet Chat Mars.

```
* {
    margin: 0px;
}
html, body {
    font-family: Arial, sans-serif;
    height: 100%;
    overflow:hidden;
}
#hHistoire {
    width: 100%;
    color: yellow;
    height: 80%;
    background-color: #333;
    overflow-y:scroll;
}
#hPied, .hHistoire:after {
    position:static;
    bottom: 0;
    height: 20%;
}
#hQuestion {
    padding: 10px 0;
    width: 100%;
    background-color: #EEE;
    color: #333;
}
#hReponse {
    padding: 10px 0;
    width: 100%;
    background-color: #333;
    color: #FFF;
    text-align: center;
    display: none;
}
.hEpisode {
    display:none;
}
p {
    margin-top: 1em;
}
```

Si tu regardes à nouveau le code HTML, tu vois que le champ de saisie et le bouton font tous les deux partie d'un élément `div` dont l'identifiant `id` est `hReponse`.

Il suffit d'aller dans le panneau CSS pour trouver les règles de style qui s'appliquent au sélecteur `#hReponse`.

Les cinq premières propriétés de la règle de style définissent le remplissage, la largeur, la couleur du fond, celle du texte et l'alignement de l'élément. La dernière règle est celle qui modifie la propriété `display` :

```
display: none;
```

Quand on force cette propriété `display` à la valeur `none`, l'affichage de l'élément est totalement interdit. Le contenu ne sera donc pas affiché.

Les programmeurs utilisent souvent cette technique pour masquer des éléments qu'ils ne veulent rendre visibles qu'au moment opportun, avec une instruction JavaScript. En effet, tu peux changer en JavaScript la valeur de la propriété `display` en lui redonnant une des valeurs normales, comme ceci :

```
document.getElementById("hReponse").style.display = "block";
```

Le stock d'épisodes de l'histoire

Revenons au panneau HTML. Après la partie qui crée les trois sections, nous découvrons plusieurs éléments `div` qui contiennent une grande quantité de texte. Ce sont les différents épisodes de l'histoire. Chacun sera affiché en fonction des choix faits par le joueur.

Le Listing 16.3 montre le premier de ces éléments div pour le texte.

Listing 16.3 : Premier élément div de la classe hEpisode.

```
<div class="hEpisode" id="hRepEpi01">
    <p>Tu es le capitaine de l'astronef MegaXtron 99. Un jour,
alors que tu bricoles le réacteur de ton engin, tu reçois un message
urgent:</p>
    <p>"Un de nos robots sur Mars est en rade. Tu dois aller sur le
champ là-bas pour le ramener à l'atelier de réparation. Il nous faut
récupérer des résultats d'expériences dans sa mémoire."</p>
    <p>Mais tu devais aller à une soirée des Space Scouts ce soir.
Rater cette soirée ? D'un autre côté, tes copains des Space
Scouts vont comprendre que la mission est prioritaire.</p>
    <p>Que fais-tu ? Saisis soit Mars (pour partir), soit Terre
(pour rester) ?</p>
</div>
```

N.d.T. : j'ai ajouté plusieurs fois le code ` ` (il y a six caractères) qui correspond à une espace dure. Il remplace l'espace, ce qui évite en français de voir des signes de ponctuation isolés au début d'une ligne. Les Anglais n'ont pas ce souci.

Toutes les parties de l'histoire possèdent l'attribut de classe `hEpisode`, mais un attribut d'identifiant `id` unique du style `hRepEpi0x`.

Je rappelle qu'on peut donner le même attribut de classe à plusieurs éléments dans un document HTML, mais que l'attribut `id` doit être différent pour chacun.

Est-ce que tu sais pourquoi aucun des éléments `div` de la classe `hEpisode` n'est affiché dans le panneau des résultats au démarrage ? Félicitations si tu as immédiatement trouvé que c'était suite à la fameuse technique `display: none`.

Reviens dans le panneau CSS. Cherche le sélecteur `.hEpisode`. Tu constates qu'il n'y a qu'une règle de style pour `display: none`.

Cette technique permet de rendre invisibles tous les éléments de la classe `hEpisode`. Pour afficher chaque épisode au moment voulu, nous utiliserons une instruction JavaScript qui va cibler cet élément avec son identifiant `id`.

Nous en avons fini avec la partie HTML et CSS. Plongeons maintenant dans le JavaScript.

Rédigeons le code JavaScript

La version initiale du projet contient le code JavaScript présenté dans le Listing 16.4.

Étudions ce code de départ avant de poursuivre.

Listing 16.4 : Code JavaScript initial du projet.

```
/* 16: Chat Mars JS */
// Variables
var vHisto = document.getElementById("hHistoire");
var vPied  = document.getElementById("hPied");
var vQuest = document.getElementById("hQuestion");
var vRep   = document.getElementById("hReponse");
var vSaisie = document.getElementById("hTaRep");
var vBtnEnvoi = document.getElementById("hEnvoyer");

// A FAIRE: déclarer un tableau vide vTabRep pour les réponses

/* A FAIRE: implanter l'auditeur de clic du bouton qui déclenchera
lireReponse() */
```

```
// A FAIRE: appeler la fonction pour poser la 1re question

/* poserQuestion() pose la question selon le numéro transmis */
function poserQuestion(numQuest) {
}

/* lireReponse() récupère la saisie, la formate en capitales, la
stocke dans le tableau et appelle continuerHistoire() */
function lireReponse() {
}

/* continuerHistoire() affiche un épisode ou une erreur si saisie non
gérable */
function continuerHistoire(numRep) {
}

/* terminer() termine l'histoire et masque le champ de saisie */
function terminer() {
}
```

Créons des variables de ciblage d'élément

Le début du code définit six variables globales qui vont nous permettre d'alléger l'écriture de la suite du programme. Chacune de ces variables contient une référence à un élément HTML. Il suffit ensuite de citer le nom d'une de ces variables pour éviter de devoir répéter sans cesse l'écriture d'une longue instruction.

L'instruction suivante permet d'indiquer dans la suite le nom `vRep` au lieu d'écrire tout l'appel à la fonction d'extraction de référence à l'élément HTML `hReponse` :

```
var vRep = document.getElementById("hReponse");
```

Après cette création de variable, au lieu de devoir écrire ceci (59 caractères) :

```
document.getElementById("hReponse").style.display = "none";
```

on simplifie en écrivant ceci (28 caractères) :

```
vRep.style.display = "none";
```

Cela rend le code beaucoup plus lisible, pendant sa rédaction et quand tu y reviendras.

Créons un tableau vide

Après cette série de déclarations de variables, tu découvres un commentaire qui rappelle qu'il faut créer un tableau vide.

Tu te souviens que j'ai montré dans le Chapitre 11 que pour créer un tableau vide (sans aucun élément), il suffit d'indiquer une paire de crochets droits à la place de la valeur, sans espace. Nous avons besoin de créer un tableau vide auquel nous décidons de donner le nom `vTabRep`. Voici la déclaration de ce tableau vide. Tu l'insères à la place ou après le commentaire :

```
var vTabRep = [];
```

Nous disposons maintenant d'un tableau prêt à servir. Il a été déclaré au début du programme, en dehors de toute fonction. C'est donc un tableau global, qui pourra être utilisé n'importe où dans le programme, y compris dans les fonctions.

Une variable accessible depuis n'importe où dans un code source est une VARIABLE GLOBALE.

Implantons notre auditeur d'événements

Le prochain commentaire nous demande d'ajouter un auditeur d'événements pour le bouton de démarrage du jeu. En anglais, auditeur se dit LISTENER. Tu devines donc quelle méthode JavaScript nous allons avoir besoin d'appeler pour mettre en place cet auditeur : la méthode prédéfinie `addEventListener()`.

Voici comment ajouter ce gestionnaire progressivement :

1. **Sous le commentaire qui demande d'ajouter l'auditeur, commence par indiquer le nom de la variable qui contient la référence à l'élément HTML correspondant au bouton, puis un point :**

   ```
   vBtnEnvoi.
   ```

2. **Juste après le point, indique le nom de fonction `addEventListener` suivi d'une paire de parenthèses vide :**

   ```
   vBtnEnvoi.addEventListener()
   ```

3. **Place le curseur entre les deux parenthèses de la méthode et insère les deux arguments dont a besoin cette méthode. En premier, tu indiques le nom anglais réservé de l'événement que tu veux intercepter (`click`), et en second le nom de la fonction qu'il faut déclencher quand l'événement va se produire. Attention, c'est le seul endroit où on n'ajoute pas les parenthèses après le nom d'une fonction. N'oublie pas le signe point-virgule de fin d'instruction :**

```
vBtnEnvoi.addEventListener("click", lireReponse);
```

Bien. Nous avons déclaré le tableau dans lequel nous allons stocker les réponses de l'utilisateur et nous avons un gestionnaire d'événement pour le bouton. Si tu testes le programme, il n'y a pourtant rien de plus qu'auparavant. On voit les trois sections vides dans le panneau des résultats.

Pour rendre le programme un peu plus intéressant, il faut lancer une action. Dans ce projet, nous allons commencer par poser une question en appelant une fonction que nous baptisons comme par hasard `poserQuestion()`. C'est ce qu'invite à faire le prochain commentaire.

Appelons la fonction poserQuestion()

Cette fonction n'attend qu'un seul paramètre d'entrée, qui est le numéro de la question, `numQuest`. Nous décidons que la première question portera le numéro zéro.

Voici comment écrire l'appel à cette fonction pour la première question. Saisis ceci à la place ou après le commentaire correspondant :

```
poserQuestion(0);
```

Si tu conserves les commentaires, tu peux ôter la mention A FAIRE: au début une fois que l'ajout a été fait.

Félicitations. Tout ce qui n'est pas dans une fonction ou une autre est maintenant rédigé. Voici le début du code JavaScript.

Listing 16.5 : Début du code JavaScript.

```
// Variables
var vHisto = document.getElementById("hHistoire");
var vPied  = document.getElementById("hPied");
var vQuest = document.getElementById("hQuestion");
var vRep   = document.getElementById("hReponse");
var vSaisie   = document.getElementById("hTaRep");
var vBtnEnvoi = document.getElementById("hEnvoyer");

var vTabRep = [];

/* Auditeur de clic du bouton qui déclenchera lireReponse() */
vBtnEnvoi.addEventListener("click", lireReponse);

// Appel de la fonction pour poser la 1re question
poserQuestion(0);
```

Si tu lances le programme, tu constates qu'il ne se passe toujours rien d'intéressant dans le panneau des résultats.

Il nous faut passer à l'écriture de quatre fonctions.

Rédigeons la fonction poserQuestion()

Le nom de la première fonction nous est déjà connu. C'est elle qui sera exécutée en premier.

Voici comment terminer la rédaction de `poserQuestion()`.

1. **Pour rendre visible le champ de saisie et le bouton, commençons par modifier la valeur de la propriété `display` de l'élément `div` correspondant à la réponse :**

   ```
   vRep.style.display = "block";
   ```

   Après cette instruction, le formulaire apparaît enfin dans le panneau des résultats.

2. **Nous modifions ensuite la longueur du tableau des réponses pour qu'il corresponde au numéro de la question posée :**

   ```
   vTabRep.length = numQuest;
   ```

   N.d.T. : le paragraphe suivant est à lire très lentement. Au pire, laisse le doute planer si tu n'es pas sûr de comprendre, les choses vont s'éclaircir plus tard.

   Cette instruction récupère la valeur de l'argument qui a été transmis lors de l'appel à la fonction pour modifier la propriété de longueur `length` du tableau `vTabRep`. Cela permet de stocker les réponses avec la question dans le tableau. Ainsi, si le joueur saisit une autre valeur que les deux possibles, la valeur invalide sera ignorée lorsque la question sera posée à nouveau.

   Lorsque tu forces la propriété `length` du tableau à une valeur inférieure à la longueur actuelle du tableau, les éléments qui suivent la nouvelle longueur sont supprimés.

3. **Nous écrivons ensuite une instruction switch qui va effectuer un branchement dépendant du numéro de la question, afin de poser la question correspondant à l'épisode suivant de l'histoire. Voici le code complet de l'instruction switch :**

   ```
   switch (numQuest) {
       case 0:
           vQuest.innerHTML = "Prêt pour l'aventure ?";
   ```

```
            break;
        case 1:
            vQuest.innerHTML = "Mars ou Terre ?";
            break;
        case 2:
            vQuest.innerHTML = "Risquer ou Rentrer.";
            break;
        default:
            break;
    }
```

En théorie, il n'est pas nécessaire d'utiliser le mot réservé `break` dans le dernier cas par défaut de l'instruction switch, puisque nous sortons naturellement de switch après ce dernier cas. D'ailleurs, il n'est même pas obligatoire de prévoir un cas par défaut, puisqu'il ne fait rien ici. Il reste cependant utile de prendre la bonne habitude de prévoir le cas `default` en dernier.

4. **Après l'instruction switch, nous pouvons refermer le corps de la fonction avec une accolade fermante :**

   ```
   }
   ```

5. **Utilise la commande `Update` pour sauvegarder.**

Voici le code complet de la version finale de notre fonction poserQuestion().

Listing 16.6 : Code complet de poserQuestion().

```
function poserQuestion(numQuest) {
    vRep.style.display = "block";
    vTabRep.length = numQuest;
    switch (numQuest) {
        case 0:
            vQuest.innerHTML = "Prêt pour l'aventure ?";
            break;
        case 1:
            vQuest.innerHTML = "Mars ou Terre ?";
            break;
        case 2:
            vQuest.innerHTML = "Risquer ou Rentrer.";
            break;
        default:
            break;
    }
}
```

Dorénavant, il se passe quelque chose dans le panneau des résultats. La première question apparaît avec le champ de saisie et le bouton (Figure 16.4).

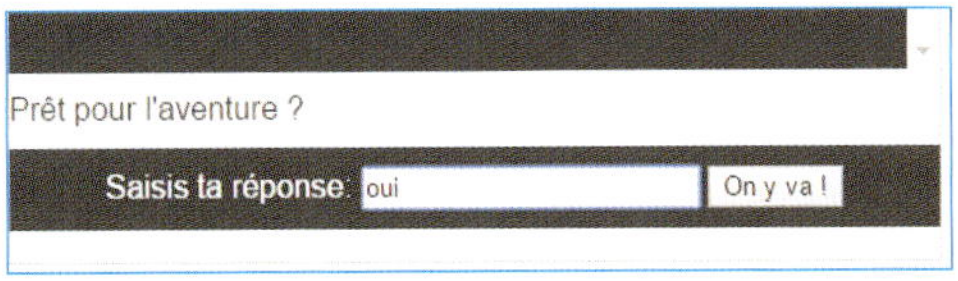

Figure 16.4 : La première question apparaît enfin.

Pour l'instant, tu peux saisir une réponse puis cliquer le bouton, mais rien ne se produit. Il nous reste encore à écrire des fonctions.

La fonction lireReponse()

Voici comment rédiger le code de la fonction `lireReponse()`.

1. **Nous commençons par récupérer la valeur saisie et nous la forçons en lettres capitales en appelant une méthode de chaîne :**

   ```
   var repEnCap = vSaisie.value.toUpperCase();
   ```

2. **Nous stockons ensuite cette nouvelle réponse à la fin du tableau actuel `vTabRep` au moyen de la méthode de tableau `push()` :**

   ```
   vTabRep.push(repEnCap);
   ```

3. **Nous vidons le champ de saisie en préparation de la prochaine question :**

   ```
   vSaisie.value = "";
   ```

4. **Nous pouvons enfin appeler la fonction `continuerHistoire()` en lui transmettant le numéro d'indice du dernier élément dans le tableau :**

   ```
   continuerHistoire(vTabRep.length - 1);
   ```

   Je rappelle que les indices des tableaux commencent à zéro. Le nombre d'éléments du tableau sera toujours supérieur d'une unité au numéro d'indice du dernier élément. C'est pour cela que nous enlevons un à la valeur lue dans `length`.

5. **Il ne reste plus qu'à clore le corps de cette fonction avec son accolade fermante.**

   ```
   }
   ```

   Le Listing 16.7 montre le code complet de la fonction.

Listing 16 7 : le code de de la fonction lireReponse().

```
function lireReponse() {
    var repEnCap = vSaisie.value.toUpperCase();
    vTabRep.push(repEnCap);
    vSaisie.value = "";
    continuerHistoire(vTabRep.length - 1);
}
```

Il nous reste deux fonctions à écrire, et d'abord celle que nous venons d'appeler ci-dessus.

La fonction continuerHistoire()

Cette fonction, la plus longue des quatre, utilise toute une série d'instructions conditionnelles `if else` implantées dans un grand bloc conditionnel `switch`. Le but est de tester si ce qui a été saisi par le joueur à chaque étape est exploitable. Si oui, la fonction affiche l'épisode suivant de l'histoire.

Voici comment rédiger cette fonction :

1. **Nous commençons par mettre en place une instruction `switch` qui utilise la valeur reçue en argument pour déterminer quelle question était posée.**

   Je rappelle le format général de l'instruction `switch` (sans les tests `if else` imbriqués que nous allons rajouter pour chaque question) :

   ```
   switch (numRep) {
       case 0:
         // Instructions if else if else
         break;
       case 1:
         // Instructions if else if else
         break;
       case 2:
         // Instructions if else if else
         break;
       default:
         // Instructions de fin d'histoire
         break;
   }
   ```

2. **Intéressons-nous à la première question, c'est-à-dire au cas 0. Ajoutons une instruction conditionnelle `if` pour poser la première question. Voici à quoi doit ressembler la première branche de l'instruction `switch` :**

   ```
    case 0:
   if (vTabRep[0] === "OUI") {
   ```

```
      vHisto.innerHTML = document.getElementById("hRepEpi01").
innerHTML;
      poserQuestion(1);
    }
    else if (vTabRep[0] === "NON") {
      vHisto.innerHTML = document.getElementById("hRepEpi02").
innerHTML;
      poserQuestion(0);
    }
    else {
      vHisto.innerHTML = document.getElementById("hErr0").innerHTML;
      poserQuestion(0);
    }
      break;
```

Analysons le code précédent ligne par ligne :

```
case 0:
```

Si l'utilisateur a répondu à la première question (indice 0), c'est ce cas qui est considéré, et cela provoque l'exécution de l'instruction suivante :

```
if (vTabRep[0] === "OUI") {
```

Dans cette ligne, nous voyons si le premier élément du tableau contient la valeur «OUI». Si c'est le cas, nous exécutons les instructions qui dépendent de `if`. Je rappelle que nous avons forcé en lettres capitales la saisie de l'utilisateur dans l'autre fonction. Autrement dit, qu'il écrive `oui`, `Oui` ou `OUI`, le test détectera la réponse.

```
vHisto.innerHTML = document.getElementById("hRepEpi01").innerHTML;
```

Cette instruction est classique. Elle récupère la valeur de l'élément HTML de type `div` dont l'identifiant `id` est égal à `hRepEpi01` (revoir le code HTML). L'instruction copie dans cet élément le texte de l'épisode. Dans le code HTML, tu peux confirmer que le bloc identifié par `hRepEpi01` est bien le début de l'histoire.

Autrement dit, si tu réponds oui à la première question, tu provoques l'affichage du début de l'histoire.

```
poserQuestion(1);
```

Cette instruction effectue un appel à `poserQuestion()` en lui demandant d'afficher le cas suivant, qui est la deuxième question demandant si tu veux poursuivre sur Mars ou faire demi-tour.

Si l'utilisateur n'a pas répondu oui, nous arrivons dans la branche `else` qui contient une autre instruction `if`. Cela permet de tester la valeur `NON` seulement si la réponse n'était pas `OUI`.

```
} else if (vTabRep[0] === "NON") {
```

Si le joueur a répondu NON, nous injectons le message correspondant dans l'élément HTML.

```
    vHisto.innerHTML = document.getElementById("hRepEpi02").
innerHTML;
```

Parce qu'il n'est pas encore prêt à jouer, nous lui reposons la première question :

```
    poserQuestion(0);
```

En revanche, si le joueur n'a saisi ni oui, ni non, nous prévoyons une troisième branche dans laquelle nous affichons un message d'erreur dans l'élément div de l'histoire pour rappeler qu'il faut saisir soit oui, soit non :

```
    } else {
      vHisto.innerHTML = document.getElementById("hErr0").
innerHTML;
```

Nous reposons la question, en espérant que le joueur finira par fournir l'une des deux réponses prévues.

```
    poserQuestion(0);
```

3. Il ne reste plus qu'à copier/coller ce bloc puis à le modifier pour rédiger les deux autres cas :

```
        case 1:
       if (vTabRep[1] === "MARS") {
         vHisto.innerHTML = document.getElementById("hRepEpi11").
innerHTML;
         poserQuestion(2);
       } else if (vTabRep[1] === "TERRE") {
         vHisto.innerHTML = document.getElementById("hRepEpi12").
innerHTML;
         terminer();
       } else {
         vHisto.innerHTML = document.getElementById("hErr1").innerHTML;
         poserQuestion(1);
       }
       break;
     case 2:
       if (vTabRep[2] === "RISQUER") {
         vHisto.innerHTML = document.getElementById("hRepEpi21").
innerHTML;
         terminer();
       } else if (vTabRep[2] === "RENTRER") {
         vHisto.innerHTML = document.getElementById("hRepEpi22").
innerHTML;
         terminer();
       } else {
         vHisto.innerHTML = document.getElementById("hErr2").innerHTML;
         poserQuestion(2);
       }
       break;
     default:
```

```
      vHisto.innerHTML = "C'est la fin de l'aventure!";
      break;
    }
```

4. **Tu n'oublies pas de clore la fonction avec son accolade fermante.**

```
}
```

5. **Sauvegarde ce gros effort avec la commande** `Update` **puis évalue le résultat.**

Le code source complet de la fonction est donné dans le Listing 16.8.

Listing 16.8 : Code de la fonction continuerHistoire().

```
function continuerHistoire(numRep) {
  switch (numRep) {
    case 0:
      if (vTabRep[0] === "OUI") {
        vHisto.innerHTML = document.getElementById("hRepEpi01").
innerHTML;
        poserQuestion(1);
      } else if (vTabRep[0] === "NON") {
        vHisto.innerHTML = document.getElementById("hRepEpi02").
innerHTML;
        poserQuestion(0);
      } else {
        vHisto.innerHTML = document.getElementById("hErr0").innerHTML;
        poserQuestion(0);
      }
      break;
    case 1:
      if (vTabRep[1] === "MARS") {
        vHisto.innerHTML = document.getElementById("hRepEpi11").
innerHTML;
        poserQuestion(2);
      } else if (vTabRep[1] === "TERRE") {
        vHisto.innerHTML = document.getElementById("hRepEpi12").
innerHTML;
        terminer();
      } else {
        vHisto.innerHTML = document.getElementById("hErr1").innerHTML;
        poserQuestion(1);
      }
      break;
    case 2:
      if (vTabRep[2] === "RISQUER") {
        vHisto.innerHTML = document.getElementById("hRepEpi21").
innerHTML;
        terminer();
      } else if (vTabRep[2] === "RENTRER") {
        vHisto.innerHTML = document.getElementById("hRepEpi22").
innerHTML;
        terminer();
      } else {
```

```
            vHisto.innerHTML = document.getElementById("hErr2").innerHTML;
            poserQuestion(2);
          }
          break;
        default:
          vHisto.innerHTML = "C'est la fin de l'aventure!";
          break;
      }
    }
```

Il ne nous reste qu'une très courte fonction à écrire : celle qu'il faut appeler pour la fin de l'histoire.

La fonction terminer()

Cette fonction affiche la dernière ligne de l'histoire puis masque tout le contenu de l'élément div correspondant à la réponse, y compris la question, le champ de saisie et le bouton. Voici comment rédiger cette dernière fonction.

1. **Commence par l'instruction suivante dans le corps de la fonction terminer(). Elle permet d'afficher le message de fin après le dernier texte affiché dans l'élément HTML hHistoire :**

   ```
   vHisto.innerHTML += "<p>F I N.</p>";
   ```

2. **Nous effaçons la dernière question dans l'élément vQuest :**

   ```
   vQuest.innerHTML = "";
   ```

3. **Nous masquons enfin le champ de saisie et le bouton :**

   ```
   vRep.style.display = "none";
   ```

4. **Il ne reste plus qu'à utiliser la commande Update.**

Voici le code complet de cette dernière fonction terminée.

Listing 16.9 : La fonction terminer().

```
function terminer() {
    vHisto.innerHTML += "<p>F I N.</p>";
    vQuest.innerHTML = "";
    vRep.style.display = "none";
}
```

Et voilà le projet achevé. Utilise successivement la commande Update puis la commande Set as base et essaye de jouer.

Si tout a bien été saisi, tu dois pouvoir tester les différentes branches possibles. La Figure 16.5 montre un épisode du jeu.

Tu peux envisager d'autres façons de rédiger et de concevoir une histoire. La faire plus longue, avec plus de rebondissements. N'hésite pas à modifier ce projet et à partager ton œuvre avec tes amis sur le Web !

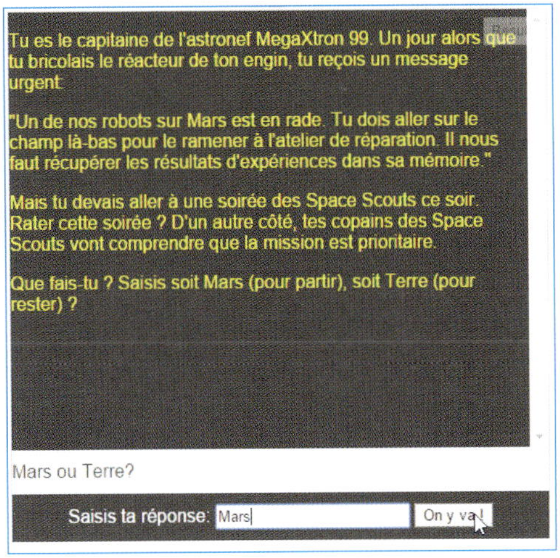

Figure 16.5 : Le projet Chat Mars achevé.

Sixième partie

De jolies boucles

DANS CETTE PARTIE

Chapitre 17

Qui c'est le plus for ?

L'instruction `for` permet de construire des blocs de répétition lorsque tu sais au départ combien il faut faire de tours de boucle. Tu peux ainsi rapidement mettre en place l'exécution de dix ou d'un million de tours de boucle.

Dans ce chapitre, tu vas apprendre à utiliser cette instruction tellement fondamentale que tu la retrouveras dans beaucoup d'autres info-langages. Nous allons nous en servir pour créer un projet de prévisions météorologiques sur une semaine.

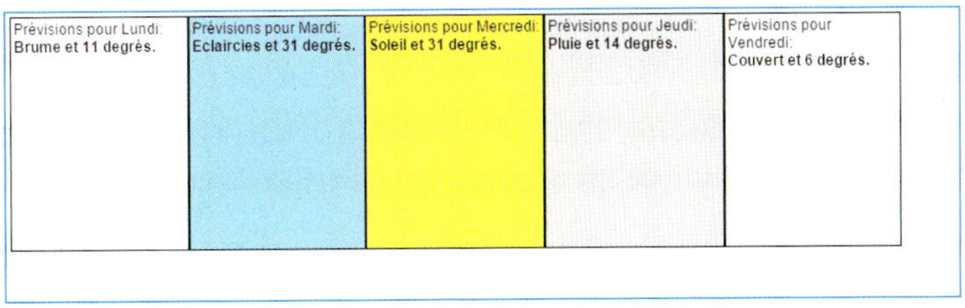

Le principe de la boucle for

L'instruction `for` est la plus utilisée en JavaScript pour répéter des instructions. L'exemple suivant affiche 500 fois le message donné en argument dans la console JavaScript.

```
for (var compteur = 0; compteur < 500; compteur++) {
  console.log( compteur + ": Salut Lulu");
}
```

La Figure 17.1 montre la fin de l'exécution du code dans la console.

Figure 17.1 : Comment afficher le même message 500 fois.

Ce n'est pas l'utilisation la plus efficace de la boucle `for`, mais tu devines qu'il est plus facile d'écrire deux lignes que 500.

L'instruction `for` est une instruction composite, c'est-à-dire qu'elle comporte plusieurs éléments entre ses parenthèses. Voyons cela en détail.

Les trois composants de l'instruction for

Une instruction `for` comporte en fait trois instructions élémentaires :

- **Initialisation.** Cette instruction sert à déclarer la VARIABLE DE BOUCLE (le compteur) dont la valeur doit varier un nombre de fois désiré.
- **Condition de poursuite.** Il s'agit d'une expression de type booléen qui va être évaluée à chaque début de tour de boucle. Elle doit renvoyer la valeur `true` pour autoriser le tour de boucle suivant.
- **Instruction de boucle.** Il s'agit d'une opération qui est exécutée à la fin de chaque tour de boucle, et qui sert normalement à augmenter la valeur de la variable de boucle.

Renvoyons le code source de l'exemple précédent à la lumière de ces informations :

1. **Nous commençons par déclarer une variable avec une valeur initiale égale à zéro, en lui donnant le nom `compteur`.**
2. **Nous testons ensuite si la valeur de la variable est toujours inférieure à 500.**

   Si c'est le cas, la ou les instructions du corps de la boucle sont exécutées en séquence. Dans l'exemple, il s'agit de l'unique instruction standard `console.log()` qui affiche un message.
3. **Le troisième composant sert à augmenter de un la valeur de la variable grâce à l'opérateur d'incrémentation `++`.**

4. **La condition de boucle est évaluée à nouveau, pour savoir si `compteur` est toujours inférieur à 500.**

   Si c'est le cas, nous exécutons un nouveau tour de boucle.

5. **L'instruction d'incrémentation est à nouveau exécutée.**

6. **Les étapes 2 et 3 sont répétées jusqu'à ce que la condition de boucle (inférieure à 500) ne soit plus satisfaite (ne renvoie plus `true`).**

Créons une boucle for

Une particularité très intéressante des boucles `for` est que l'on peut utiliser la variable servant de compteur pour contrôler ce que réalisent les instructions du corps de la boucle.

Un exemple très simple consiste à se servir d'une boucle `for` pour compter. Le Listing 17.1 montre le code source d'un petit programme de compte à rebours qui utilise la fonction `alert()`.

Listing 17.1 : Exemple de compte à rebours en JavaScript.

```
for (var i = 10; i > 0; i--) {
  alert(i);
}
alert("Décollage !");
```

Voici comment rédiger et tester ce projet :

1. **Connecte-toi à ton compte JSFiddle comme tu sais le faire.**

2. **Clique le logo pour entrer dans l'éditeur.**

3. **Saisis les quatre lignes du Listing 17.1 (dans le panneau JavaScript, bien sûr).**

4. **Essaie le programme avec la commande `Run`.**

   Tu vois apparaître une boîte message indiquant le nombre 10. Clique OK. Une autre boîte apparaît avec le nombre 9. Cela se répète ainsi de suite jusqu'à ce que la variable servant de compteur ne soit plus supérieure à 0. Nous sortons alors de la boucle pour afficher le message final.

Tu auras souvent besoin d'utiliser une boucle `for` de cette façon (pour compter), mais tu peux t'en servir de manière encore plus intéressante : pour balayer le contenu d'un tableau.

Le Listing 17.2 crée un tableau contenant quelques prénoms. La boucle `for` affiche ensuite une phrase pour chacun des noms trouvés dans ce tableau.

Listing 17.2 : Lecture des éléments d'un tableau avec une boucle for.

```
var amis = ["Jean-Pierre", "Arnaud", "Marion", "Hélias"];

for (var i = 0; i < amis.length; i++){
  alert(amis[i] + " est mon ami.");
}
```

L'astuce est au niveau de la condition de maintien dans la boucle. Nous utilisons la propriété de longueur `length` du tableau pour savoir combien il contient d'éléments. Le résultat que renvoie cette méthode correspond au nombre d'éléments à afficher, et donc au nombre de tours de boucle.

À l'intérieur de la boucle `for`, nous utilisons une variable compteur nommée `i`, ici pour afficher chacun des éléments.

Une fois que tu sais extraire les éléments d'un tableau, tu peux envisager beaucoup de choses avec les boucles `for`. Dans le projet que nous allons démarrer maintenant, nous exploitons une boucle `for` pour afficher des prévisions météo sur cinq jours.

Notre projet : un ciel très variable

Bienvenue dans la ville de Nimportoux ! Les gens d'ici ont un dicton : « Si tu n'aimes pas le temps qu'il fait, patiente cinq minutes ». Il est vrai que le temps semble être tiré au sort ici. Un jour il neige, le lendemain il fait chaud et humide. Impossible de faire des prévisions fiables, et c'est pourquoi tu dois venir donner un coup de main.

Tu tiens le rôle du météorologue et tu dois générer des prévisions météo totalement au hasard, en vue de les envoyer aux journaux locaux et à la télévision.

Tu es prêt à inventer les prévisions météo les plus folles ? C'est parti !

Il faut d'abord apprendre à obtenir une valeur numérique tirée au sort en JavaScript. La prochaine section s'y consacre.

La fonction Math.random()

Les créateurs de JavaScript ont prévu dès le départ une fonction mathématique dont le seul but est de générer une valeur numérique très difficile à prévoir, donc quasi aléatoire. Il s'agit de la fonction `random()` de la librairie `Math`.

Quand tu appelles cette fonction, elle renvoie une valeur numérique entre zéro et un. Les valeurs aléatoires sont très utilisées dans les jeux, par exemple pour ajouter quelque chose d'irrégulier ou influer sur la façon dont les monstres se déplacent ou encore pour choisir au hasard les éléments d'un tableau pour afficher des prévisions météorologiques un peu folles.

Le Listing 17. 3 montre un premier essai qui affiche la valeur générée, différente à chaque essai. N'hésite pas à lancer le programme plusieurs fois dans la console JavaScript ou dans JSFiddle. Tu dois constater que tu n'obtiens jamais la même valeur.

Listing 17.3 : Génération d'un nombre aléatoire.

```
alert(Math.random());
```

La Figure 17.2 montre l'affichage d'une des valeurs générées dans JSFiddle.

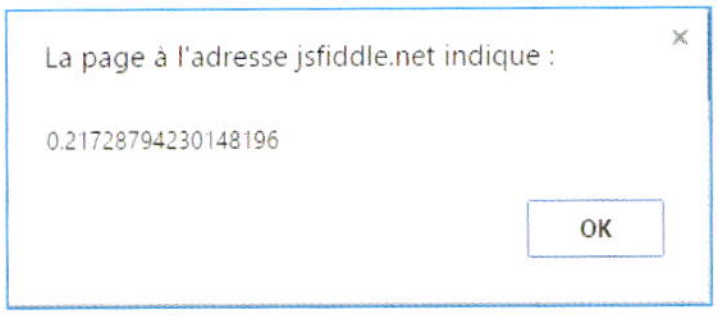

Figure 17.2 : Nombre généré au hasard entre zéro et un.

En général, les programmeurs appliquent des traitements à cette valeur fractionnaire avec des opérateurs et des fonctions pour obtenir une valeur située dans une plage utilisable.

Pour obtenir par exemple un nombre au hasard entre 0 et 10, il suffit de multiplier le nombre généré par 11 :

```
alert(Math.random() * 11);
```

Tu peux ensuite nettoyer la valeur pour enlever tout ce qu'il y a après la virgule grâce à la fonction standard `floor()` :

```
alert( Math.floor( Math.random() * 11) );
```

Pour une valeur entre 10 et 1000, il suffit de multiplier la valeur générée par le résultat de la soustraction du plus petit au plus grand nombre. Il ne reste plus qu'à ajouter le petit nombre. Étudie cette instruction :

```
alert( Math.floor( Math.random() * (1000 - 100) + 100) );
```

Pour lire un élément au hasard dans un tableau, c'est un peu la même chose que pour obtenir un nombre au hasard dans une plage commençant à zéro. Il suffit de multiplier la valeur aléatoire par la longueur du tableau.

Par exemple, le listing suivant déclare un tableau portant le nom `amis` puis utilise `Math.random()` pour lire un élément du tableau et l'afficher.

Listing 17.4 : Pour retrouver un ami tiré au sort.

```
var amis = ["Jean-Pierre", "Arnaud", "Marion", "Hélias"];
var azar = Math.floor(Math.random() * amis.length);
alert(amis[azar]);
```

Si tu exécutes le programme dans JSFiddle, tu verras apparaître une boîte message contenant le nom d'un des amis tiré au sort (Figure 17.3).

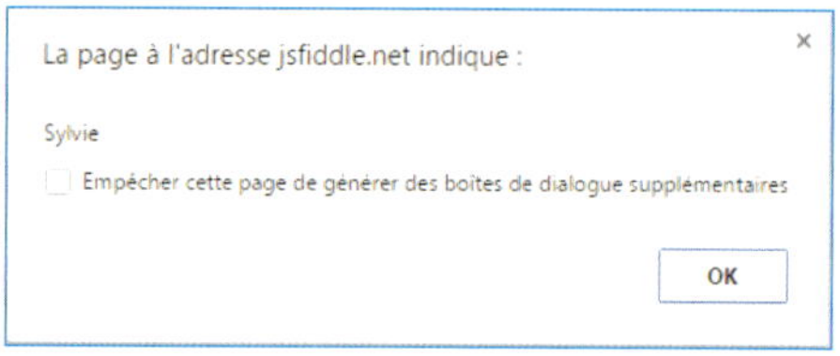

Figure 17.3 : Affichage d'un nom tiré au sort.

Puisque tu sais maintenant utiliser la fonction de génération d'une valeur aléatoire en JavaScript, nous pouvons passer à la rédaction du code de notre projet.

Notre projet de prévisions météo

Pour ce projet, il n'y aura pas d'état initial. Nous partons d'un projet totalement vide. Voici la procédure permettant de rédiger la totalité du code JavaScript et HTML (CSS aussi, plus loin) du projet.

1. **Connecte-toi à ton compte JSFiddle si nécessaire.**

2. **Démarre la création d'un nouveau projet en cliquant dans le logo JSFiddle à gauche.**

3. **Ouvre les options Fiddle à gauche pour saisir un nom approprié, par exemple `Ma météo`.**

4. **Utilise la commande `Save` en haut pour enregistrer le travail et le rendre public.**

5. **Nous commençons par le panneau HTML qui se limite à un élément de structure div portant l'identifiant `Meteo5Jours` :**

```
<div id="Meteo5Jours"></div>
```

6. **Nous passons déjà au panneau JavaScript. Commençons par déclarer un tableau pour les cinq jours de la semaine :**

```
var jours = ["Lundi", "Mardi", "Mercredi", "Jeudi", "Vendredi"];
```

7. **Nous avons besoin d'un second tableau pour les différents états du ciel. Ce tableau doit contenir la description de plusieurs états du ciel. Tu peux en ajouter d'autres. Voici notre exemple avec huit variantes :**

```
var ciel  = ["Soleil", "Eclaircies", "Nuages épars", "Couvert",
"Pluie", "Neige", "Orage", "Brume"];
```

8. **Nous avons aussi besoin de deux variables, que nous nommerons `minTemp` et `maxTemp` pour mémoriser la valeur plancher et plafond de ce que doit générer le programme au hasard.**

   Voici les deux déclarations. Nous permettons à la température de varier entre 5 et 36 degrés Celsius :

```
var maxTemp = 36;
var minTemp = 5;
```

9. **Nous allons bien sûr avoir besoin d'une fonction. Pourquoi ne pas l'appeler `genererMeteo()` ?**

```
function genererMeteo() {
```

10. **Dans le corps de cette fonction, nous commençons immédiatement à mettre en place une boucle `for` qui passe en revue les jours de la semaine :**

```
for (var i = 0; i < jours.length; i++) {
```

11. **Nous déclarons ensuite une variable `mtDuJour` qui va stocker un élément tiré au sort dans le tableau du ciel :**

```
 var mtDuJour = ciel[Math.floor(Math.random() * ciel.length)];
```

12. **Il nous faut une seconde variable pour mémoriser une température tirée au sort entre les limites stipulées par les deux variables `minTemp` et `maxTemp` :**

```
var tmDuJour  = Math.floor(Math.random() * (maxTemp - minTemp) +
minTemp);
```

13. **Nous arrivons à une instruction un peu ardue à lire. Nous stockons dans une variable de travail une chaîne complexe qui combine des balises HTML, des noms de variables pour injecter leur valeur dans la chaîne et des mots littéraux. Il y a un nombre de guillemets et d'apostrophes faramineux. Il suffit d'un guillemet en trop ou en moins pour que cela ne fonctionne plus :**

La portion un peu difficile à lire est au début : elle sert à ajouter le nom du jour (du tableau `jours`) dans la semaine en tant qu'attribut `id` et le type de météo en tant qu'attribut de classe d'un nouveau conteneur `div` créé à la volée. Les deux attributs seront indispensables un peu plus loin pour appliquer des règles CSS à l'élément.

Nous affichons aussi les valeurs des deux variables `mtDuJour` et `tmDuJour` dans le message :

```
var txtPrev = "<div id='" + jours[i] + "' class='" + mtDuJour +
"'>Prévisions pour " + jours[i] + ":<br> <b>" + mtDuJour + " et " +
tmDuJour + " degrés.</b></div>";
```

14. **Il ne reste plus qu'à copier le contenu de la variable dans le seul élément HTML déclaré, `Meteo5Jours` :**

```
    document.getElementById("Meteo5Jours").innerHTML += txtPrev;
```

15. **Nous pouvons maintenant refermer la boucle et la fonction avec deux accolades fermantes :**

```
    }
}
```

16. **Une dernière chose qui n'est pas un détail : il faut ajouter un appel à la fonction que nous venons d'écrire. Insère cet appel après les déclarations des variables, juste avant la fonction :**

```
genererMeteo()
```

17. **Utilise `Update` et `Set as base` pour enregistrer le projet.**

Le code JavaScript complet doit ressembler à celui du Listing 17.5.

Listing 17.5 : Code JavaScript de la version finale du projet Météo.

```
var jours = ["Lundi", "Mardi", "Mercredi", "Jeudi", "Vendredi"];
var ciel  = ["Soleil", "Eclaircies", "Nuages épars", "Couvert",
"Pluie", "Neige", "Orage", "Brume"];
var maxTemp = 36;
var minTemp = 5;

genererMeteo();
```

```
function genererMeteo() {
  for (var i = 0; i < jours.length; i++) {
    var mtDuJour = ciel[Math.floor(Math.random() * ciel.length)];
    var tmDuJour  = Math.floor(Math.random() * (maxTemp - minTemp) +
minTemp);

    var txtPrev = "<div id='" + jours[i] + "' class='" + mtDuJour +
"'> Prévisions pour " + jours[i] + ":<br> <b>" + mtDuJour + " et " +
tmDuJour + " degrés.</b></div>";

    document.getElementById("Meteo5Jours").innerHTML += txtPrev;
  }
}
```

Tu peux lancer le programme avec `Run` pour voir les prévisions pour les cinq jours de la semaine s'afficher dans le panneau de résultat (Figure 17.4).

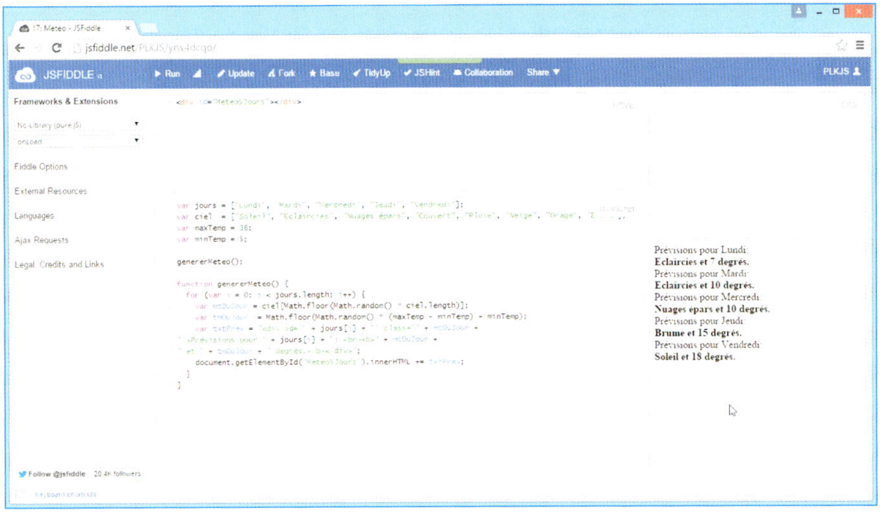

Figure 17.4 : Aspect du projet du Listing 17.5.

Inspectons les résultats

Notre programme de génération de prévisions météo fonctionne, mais il n'est pas très attrayant à regarder. C'est ici que vont nous être utiles les attributs `id` et `class` dans les éléments `div` que nous injectons depuis le JavaScript.

Voyons justement comment il est possible d'inspecter la mécanique de ce qui est affiché dans le panneau des résultats. Nous pouvons visualiser les éléments HTML et leurs attributs, y compris ceux qui ont été générés et injectés par le code JavaScript.

1. **Utilise la commande** Update **ou** Run **de JSFiddle.**

   Le panneau des résultats affiche une nouvelle liste de prévisions.

2. **Dans le menu de Chrome en haut à droite, choisis** Plus d'outils **puis** Outils de développement**.**

   Le panneau des outils de développement de Chrome apparaît. Si le panneau des outils ne se présente pas sous les autres, utilise à droite du panneau le bouton représentant trois points à la verticale. Il contient une commande de choix du format d'affichage Dock side. Choisis l'icône du milieu Doc to bottom.

3. **Tu dois cliquer l'onglet** Elements **dans les Outils de développement.**

   Le panneau Elements est présenté en Figure 17.5.

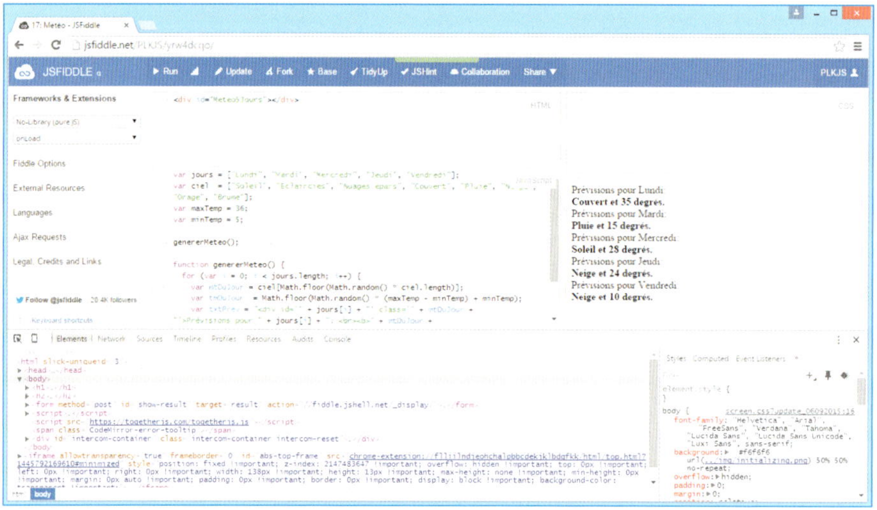

Figure 17.5 : Le panneau Elements des outils de développement.

4. **Tout à fait à gauche dans le panneau, clique la première icône. C'est l'outil Inspecteur (un carré ouvert avec une flèche en diagonale).**

5. **Déplace le pointeur de souris dans le panneau des résultats sans cliquer.**

Tu constates que les éléments correspondants sont sélectionnés dans le panneau Elements en fonction de l'emplacement où se trouve le pointeur (Figure 17.6).

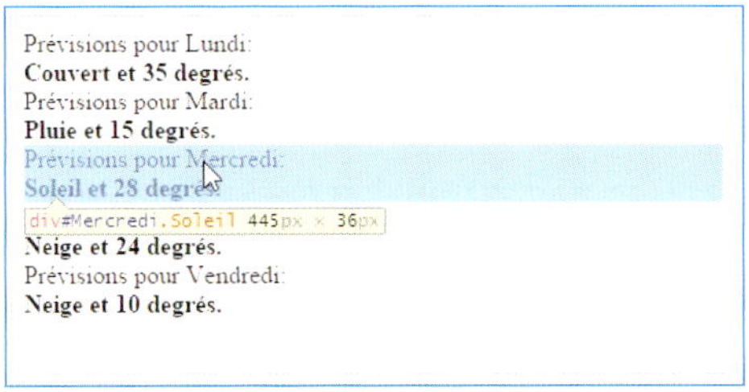

Figure 17.6 : L'élément sélectionné dans le panneau des résultats.

6. **Lorsque le pointeur est au-dessus d'un des jours de la semaine dans les résultats, clique.**

   Le panneau Elements sélectionne le code qui est à l'origine de l'élément cliqué (Figure 17.7).

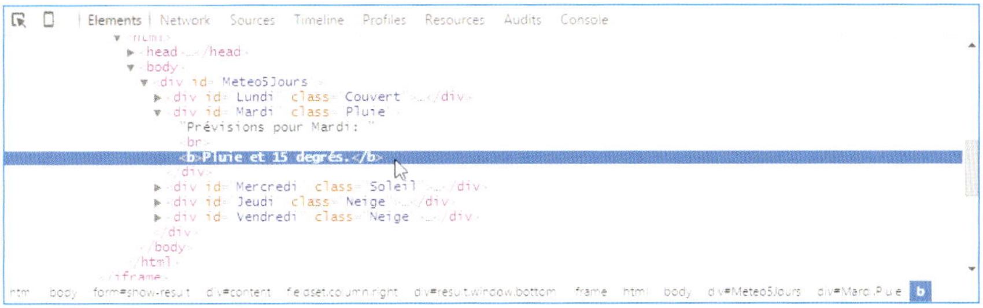

Figure 17.7 : L'élément cliqué est sélectionné.

7. **Tu peux cliquer d'autres éléments dans les résultats pour constater que les attributs `id`, les noms des classes et les contenus changent selon l'élément.**
8. **Referme le panneau de l'inspecteur.**

Nous allons maintenant nous servir de ces deux attributs `id` et `class` pour appliquer des styles différents à l'affichage de la météo.

Ajoutons des styles CSS

Puisque nous pouvons sélectionner chacun des éléments grâce à un attribut, nous pouvons appliquer des styles différents à chaque jour, en fonction du type de météo prévue pour ce jour.

Voici comment créer quelques règles de style :

1. **Dans le panneau CSS vide, commence par créer une règle pour appliquer des éléments de style communs à tous les jours :**

```
#Lundi, #Mardi, #Mercredi, #Jeudi, #Vendredi {
    width: 18%;
    height: 140px;
    float: left;
    border: 1px solid black;
    padding: 2px;
    font-family: sans-serif;
    font-size: 12px;
}
```

   Cette règle crée une bordure avec une largeur et une hauteur, définit une famille de polices et ajoute un peu de remplissage. Nous avons donné à la propriété `float` la valeur `left` pour que les différents rectangles des jours soient placés côte à côte et non empilés.

2. **Nous créons ensuite une règle spécifique pour colorier le fond des rectangles de certains types de météo :**

```
.Soleil {
    background-color: yellow;
}
.Pluie {
    background-color: lightgrey;
}
.Couvert {
    background-color: #eee;
}
.Orage {
    background-color: #333;
    color: #fff;
}
.Eclaircies {
    background-color: skyblue;
}
```

Nous ne créons pas de règles pour les types de météo qui s'écrivent sur deux mots séparés par une espace. En effet, ces deux mots seraient considérés ici comme deux noms de classes distincts. S'il y avait un élément avec une valeur pour l'attribut de classe «`Gros Orage`», la règle de style qui lui serait appliquée serait celle de la classe «`Orage`», car c'est le dernier nom de classe trouvé. Dans cette situation, mieux vaut utiliser le caractère de soulignement qui simule assez bien l'espace (`Gros_Orage`).

3. **Enregistre ton travail avec `Update` puis `Set as base`.**

   Les résultats montrent les prévisions météorologiques sous un aspect beaucoup plus agréable (Figure 17.8).

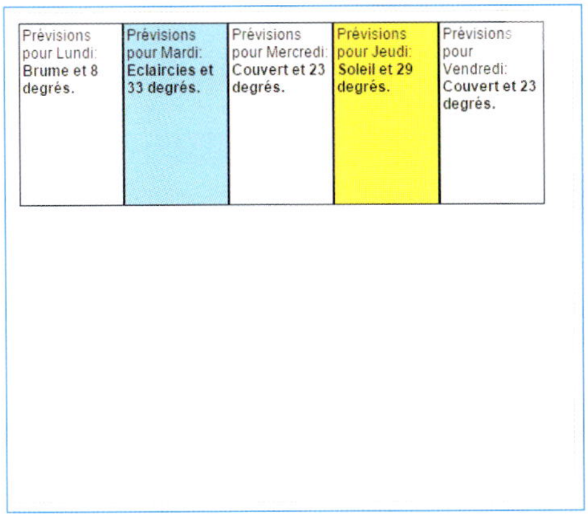

Figure 17.8 : Le projet de prévisions météo terminé.

Chapitre 18

Ouah ! La boucle while

En plus de `for`, il existe une autre forme d'écriture d'une boucle de répétition : c'est le mot réservé `while`. Les instructions qui lui sont associées sont exécutées tant que la condition de la boucle est vérifiée (tant que l'expression renvoie `true`). Autrement dit, la boucle `while` fait son travail et le fait jusqu'au bout. Il n'y a pas de surprise.

Nous allons nous servir d'une boucle `while` dans ce chapitre pour écrire un petit projet de jeu dans lequel tu achètes des sandwichs jusqu'à avoir épuisé ton budget. Le but est de tenir une semaine entière avec un budget fixe.

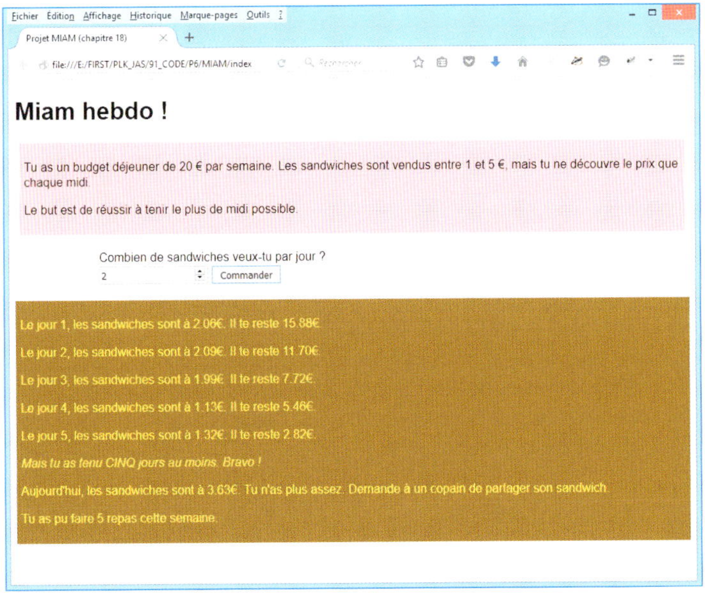

Découvrons la boucle while

Les boucles `while` sont plus simples à écrire que les boucles `for`. Il n'y a qu'un composant entre les parenthèses et c'est une expression booléenne. Il s'agit de la condition qui doit être satisfaite pour que la boucle continue à tourner.

Voici un exemple très simple :

```
while (budget > 0) {
  acheterDesTrucs();
  epargnerSilEnReste();
  payerLesImpots();
}
```

Dans cette boucle, nous appelons tour à tour trois fonctions, de façon répétée tant que la variable de boucle possède une valeur supérieure à zéro.

Tu te souviens que dans la boucle `for`, on indique en dernier une expression qui permet de faire varier la variable servant de compteur. Ce n'est pas prévu dans une boucle `while`. C'est à toi de prévoir une instruction dans le corps de la boucle pour modifier le résultat de la condition. Si tu l'oublies, la boucle va tourner indéfiniment.

Je n'ai pas écrit le code des trois fonctions que nous appelons dans ce petit exemple. Dans ces fonctions, il faudrait prévoir de modifier la valeur de la variable `budget` pour qu'elle finisse par arriver à zéro. (Dans un monde parfait, ton budget ne tomberait jamais à zéro.)

En effet, si tu ne fais pas baisser la valeur de la variable dans la boucle, tu provoques une répétition infinie. Cela ne causera normalement pas de dommages à l'ordinateur, mais le navigateur risque de se bloquer et de t'obliger à le faire quitter de façon forcée. Quand on force un programme à arrêter de cette façon, on risque de perdre les données qui n'étaient pas sauvegardées. Il faut donc bien faire attention à ce qui se passe au niveau de la variable qui sert de condition de sortie de boucle.

Tu peux, avec une boucle `while`, faire tout ce que tu peux faire avec une boucle `for`, mais l'approche est un peu différente. Pour voir la différence, nous allons essayer de réécrire les trois boucles du chapitre précédent, qui utilisait `for`, en les reformulant avec `while`.

Répétition d'un certain nombre de tours

Le Listing 18.1 montre comment écrire une boucle `while` pour afficher 500 fois un message sur la console JavaScript.

Listing 18.1 : Reformulation avec while d'un affichage répété.

```
var i = 0;
while (i < 500) {
  console.log(i + ": Salut Lulu ");
  i++;
}
```

Tu peux constater que l'exemple contient bien les trois composants qui étaient réunis dans les parenthèses de la boucle `for` : initialisation, condition de maintien et instruction d'évolution. Seule la condition est entre les parenthèses du `while`. L'initialisation doit être prévue avant d'entrer dans la boucle (`var i  = 0;`). L'expression qui modifie la valeur de la variable se trouve dans la boucle (`i++;`).

Comptons avec while

Pour créer une boucle qui compte, il faut modifier une variable lors de chaque tour de boucle et se servir de cette variable dans les autres instructions de la boucle.

Le Listing 18.2 montre comment programmer un compte à rebours, comme dans le Chapitre 17, mais avec `while`.

Listing 18.2 : Un compte à rebours avec while.

```
var kontarbour = 10;
while ( kontarbour > 0) {
  alert(kontarbour);
  kontarbour--;
}
alert("Décollage !");
```

Balayons un tableau avec while

En ce qui concerne la lecture des éléments d'un tableau, l'écriture est plus simple avec `while` qu'avec `for`. Il suffit de modifier la condition dans la boucle pour tester si un élément existe ou pas.

C'est ce qui permet de savoir si on est arrivé à la fin du tableau. On indique le nom du tableau avec la variable servant de compteur comme indice entre parenthèses, le tout après le mot réservé `while`.

Le listing suivant parcourt un tableau pour afficher les noms de plusieurs personnes.

Listing 18.3 : Lecture des éléments d'un tableau de noms.

```
var amis = ["Annie","Marion","Caroline","Jean"];
var i = 0;
while (amis[i]) {
  alert(amis[i]);
  i++;
}
```

Je rappelle que la condition placée entre les parenthèses dans une boucle `for` ou `while` est une expression de type booléen, ce qui signifie que lorsqu'elle est évaluée, le résultat ne peut être que soit `true`, soit `false` (soit vrai, soit faux ; soit un, soit zéro). Lorsque tu utilises comme condition un élément de tableau, comme `ami[5]`, le résultat sera égal à `true` tant qu'il existe un élément à la position demandée dans le tableau.

Créons le projet Miam

Le projet de ce chapitre est une combinaison d'un jeu de hasard et d'un jeu mathématique. Le but est de réussir à gérer son budget hebdomadaire afin d'avoir assez de sandwichs pour chacun des cinq jours de la semaine ouvrée.

Pour pimenter le jeu, la sandwicherie a des pratiques commerciales étranges : le prix des sandwichs n'est fixé que le jour même, juste avant midi. Mais tu dois passer ta commande en début de semaine pour toute la semaine !

La seule information garantie est que les sandwiches ne peuvent être vendus qu'entre 1 et 5 €. Autrement dit, d'une semaine à l'autre, tu pourras acheter entre 4 et 20 sandwiches avec le même budget initial de 20 €.

Combien de risques es-tu prêt à prendre pour manger tous les jours ? Est-ce que tu as un ami qui acceptera de partager son sandwich avec toi le vendredi ?

Tu trouveras les réponses à toutes ces questions quand tu auras terminé le jeu.

Créons ta variante

1. **Connecte-toi si nécessaire à ta page JSFiddle puis reviens à la liste des projets sur la page du livre :**

   `http://jsfiddle.net/user.PLKJS`

2. **Cherche le projet qui porte le nom suivant et clique le titre pour entrer dans le projet.**

   `18: Miam (initial)`

3. **Comme tu sais le faire maintenant, accède aux options de Fiddle dans le panneau de gauche et personnalise le nom du programme selon ton désir, par exemple avec ton prénom.**

4. **Crée ta variante avec la commande** `Fork`**.**

5. **Enregistre-la une première fois avec les commandes** `Update` **puis** `Set as base`**.**

   Le programme initial offre l'aspect montré en Figure 18.1.

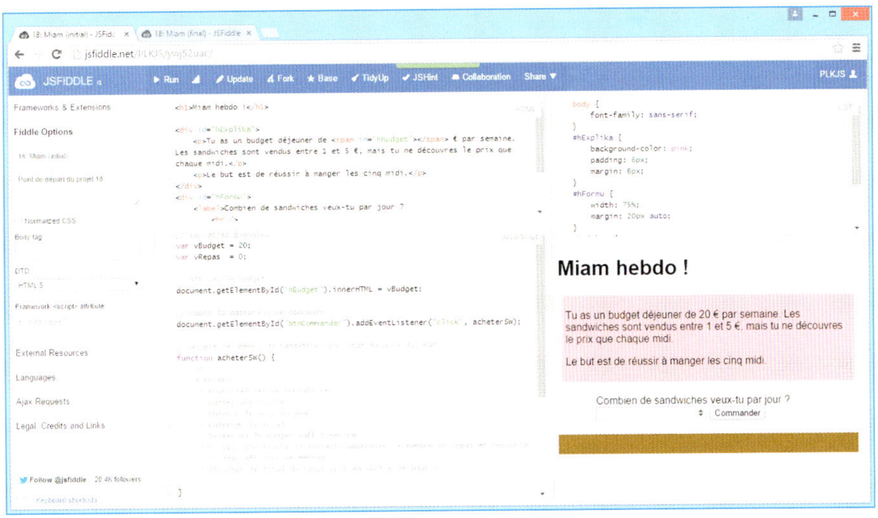

Figure 18.1 : État initial du projet miam.

Dans cette version initiale, j'ai déjà rédigé tout le code HTML, tout le code CSS, et bon nombre d'instructions JavaScript. La seule chose qui reste vraiment à écrire est le code de la fonction `acheterSW()`.

C'est ce que nous allons faire dans la prochaine section.

Rédigeons la fonction acheterSW()

Le Listing 18.4 présente le code JavaScript initial de la fonction `acheterSW()`. Il n'y a que des commentaires dans le corps.

Listing 18.4 : La fonction acheterSW() vide.

```
/* Achète le nombre de sandwichs par jour au prix du jour */

function acheterSW() {
     /*
     A FAIRE:
      * Réinitialiser le formulaire
      * Lancer une boucle
      * Obtenir le prix du jour
      * Calculer le total
      * Tester si le budget suffit encore
      * Si oui, soustraire montant, augmenter nombre de repas et
reboucler
      * Si non, afficher un message
      * Afficher le total de repas pris en sortie de boucle
     */
}
```

Voici comment rédiger le code de la fonction :

1. **Nous commençons par poser un appel à une fonction de nettoyage qui a déjà été rédigée plus bas : `reinitFormu()`. Nous déclarons aussi une variable pour mémoriser le jour courant :**

   ```
   reinitFormu();
   var jour = 0;
   ```

2. **Nous ouvrons ensuite une grande boucle `while` pour acheter des sandwichs jusqu'à épuiser notre budget :**

   ```
   while (vBudget > 0) {
   ```

   Nous pourrions écrire la condition (`vBudget)` tout simplement, sans opérateur, avec le même résultat. Une variable qui contient une valeur différente de zéro est considérée comme `True`.

3. **Nous augmentons la variable `jour` (le temps passe), puis nous appelons la fonction de calcul du prix du jour (elle existe plus loin) et stockons le résultat dans une nouvelle variable :**

```
jour++;
var prixDuJour = calculerPrixDuJour();
```

Allons lire cette fonction `calculerPrixDuJour()`.

Elle génère un prix au hasard entre 1 et 5 et renvoie le nombre avec deux chiffres après la virgule (pardon, après le point décimal).

4. **Revenons à notre fonction. Lisons le nombre de sandwichs demandés par jour dans le champ de saisie HTML :**

En français, une règle récente demande d'écrire SANDWICHS au pluriel, sans le e, mais l'autre écriture, SANDWICHES, est autorisée.

```
var nbrSandwiches = document.getElementById("hNSandwiches").value;
```

5. **Ici, nous ajoutons un test de précaution. Si tu indiques une valeur inférieure à 1 dans le champ (ce qui arrive facilement si tu utilises les deux flèches de droite), tu annonces un nombre de sandwichs nul ou négatif, ce qui bloque le programme ! Pour éviter cela, j'ajoute ce petit test, qui sert aussi de sanction :**

```
if (nbrSandwiches < 1) {
    nbrSandwiches = 1000;
}
```

6. **Un calcul très simple permet d'obtenir la dépense du jour et de la stocker dans une nouvelle variable :**

```
var prixTotal = prixDuJour * nbrSandwiches;
```

7. **Nous entrons dans un grand bloc conditionnel si le budget suffit à payer la dépense du jour en cours :**

```
if (vBudget >= prixTotal) {
```

8. **Dans ce cas, nous commençons par soustraire le total journalier du budget restant :**

```
    vBudget = vBudget - prixTotal;
```

Bravo ! C'est la preuve que tu as réussi à acheter ton ou tes sandwichs pour ce jour.

9. **On augmente de un la variable comptant le nombre de repas achetés :**

```
    vRepas++;
```

10. **Nous affichons un message pour informer du prix des sandwichs ce jour-là et rappeler le montant restant à dépenser :**

```
document.getElementById("hTicket").innerHTML += "<p>Le jour " +
```

```
jour + ", les sandwiches sont à " + prixDuJour + " . Il te reste "
+ vBudget.toFixed(2) + " .</p>";
```

J'utilise la méthode `toFixed()` avec la variable `vBudget`. Elle convertit une valeur numérique en chaîne de chiffres avec le nombre de décimales demandé. Ici, c'est un montant monétaire, donc deux chiffres décimaux suffisent.

11. **Si le joueur a réussi à se nourrir au moins cinq jours, nous fêtons cela avec un message de félicitations :**

```
    if (jour == 5) {
      document.getElementById("hTicket").innerHTML += "<p><em>Mais
tu as tenu CINQ jours au moins. Bravo !</em></p>";
    }
```

12. **Nous quittons la branche `if` pour entrer dans la branche `else` afin de gérer la situation d'insolvabilité : le budget ne suffit plus à payer les sandwichs du jour :**

```
  }
  else {
```

13. **Nous affichons un message pour en informer le joueur :**

```
  document.getElementById("hTicket").innerHTML += "<p>Aujourd'hui,
  les sandwiches sont à " + prixDuJour + " . Tu n'as plus assez.
  Demande à un copain de partager son sandwich.</p>";
```

14. **Il ne reste plus qu'à forcer à zéro le budget pour empêcher de faire un autre tour de boucle :**

```
vBudget = 0;
```

15. **Nous refermons les deux blocs conditionnels, le if et le while avec leur accolade fermante :**

```
  }
}
```

16. **En fin de fonction, nous affichons le bilan, le nombre de repas qui ont pu être achetés :**

```
document.getElementById("hTicket").innerHTML += "<p>Tu as pu faire "
+ vRepas + " repas cette semaine.</p>";
```

17. **Nous refermons enfin le corps de fonction avec une accolade fermante :**

```
}
```

18. **Clique `Update` puis `Set as Base` pour sauvegarder tout ce travail avant de faire des tests.**

Passons aux tests

Le jeu terminé est montré dans la Figure 18.2.

Saisis un nombre de 1 à 5 dans le champ et valide par le bouton `Commander`. Le programme déroule sa distribution de sandwichs jusqu'à épuiser ton budget.

Tu peux essayer plusieurs fois de suite sans changer le nombre de sandwichs, simplement en cliquant le bouton à répétition. Le générateur aléatoire change les prix de vente à chaque tour. Avec un sandwich par jour, c'est trop facile. Tu peux considérer que tu as gagné la partie si tu parviens à te nourrir cinq jours avec deux sandwichs par jour (Figure 18.3).

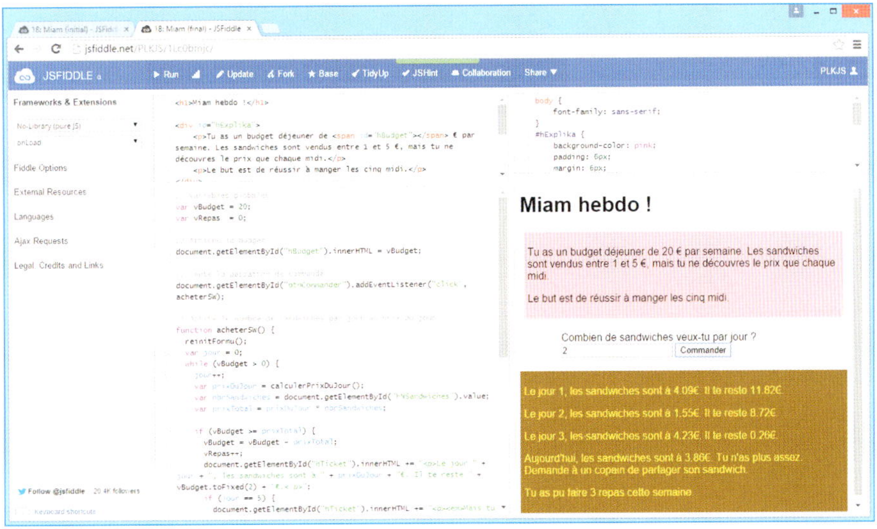

Figure 18.2 : Le projet Miam dans son état final.

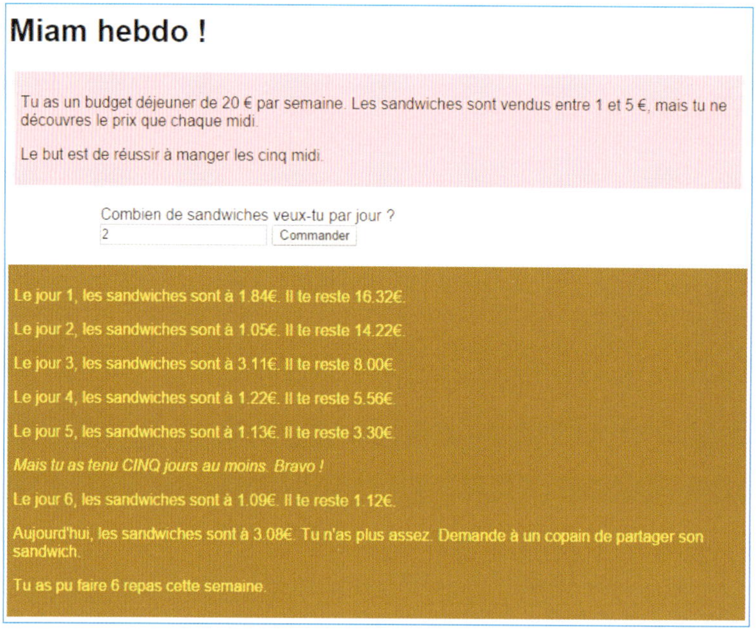

Figure 18.3 : Record à battre : 2 sandwichs par jour pendant les 5 jours !

Et maintenant, sans JSFiddle !

Tu travailles depuis le Chapitre 4 dans l'atelier JSFiddle. C'est un outil fort pratique, mais tu ne sais jamais où se trouvent tes fichiers de code source. Voyons comment exporter le projet de ce chapitre et le rendre indépendant de JSFiddle.

Cette libération de l'outil offre un autre avantage : les fichiers que nous allons créer peuvent facilement être téléchargés vers un serveur dans un dossier de pages perso, ce qui les rend accessibles depuis le Web !

Les étapes de la libération

Le code source existe dans les trois panneaux de JSFiddle. Celui du panneau HTML est incomplet, pour te simplifier la vie, comme je l'ai expliqué dans le Chapitre 5 juste avant la Figure 5.3.

Mais pour que le fichier HTML soit valide une fois indépendant, il faut rajouter ces balises de structure `<html>`, `<head>` et `<body>`.

Par ailleurs, une fois les trois panneaux dispatchés dans trois fichiers, il faut ajouter des balises de liens dans le fichier maître (HTML) vers les deux autres.

Je fournis toutes les explications nécessaires dans la suite. Voyons d'abord les grandes lignes de l'opération.

1. **Création dans tes dossiers personnels d'un sous-dossier dédié à ce projet.**
2. **Création dans ce dossier de trois fichiers texte vides enregistrés avec le codage UTF-8. Ils porteront les noms *miam.css, miam.js* et *index.html*.**
3. **Copie des contenus des trois panneaux dans les trois fichiers.**
4. **Ouverture du fichier HTML pour y ajouter quelques lignes au début et quelques lignes à la fin, donc autour de ce qui a été copié/collé depuis JSFiddle.**

Et c'est tout ! Passons à la procédure détaillée.

1 : Création d'un sous-dossier

1. **Ouvre l'Explorateur de fichiers (Windows), le Finder (Mac OS) ou le Gestionnaire de fichiers (Linux) et affiche un de tes dossiers, par exemple *Mes documents*.**
2. **Utilise la commande de ton système pour créer un sous-dossier et donne-lui le nom `miam`.**
3. **Entre dans ce nouveau sous-dossier.**

2 : Création de trois fichiers texte vides

Pour créer un fichier au format texte, la procédure change selon le système. La procédure suivante est à réaliser trois fois.

Sous Windows

1. **Tu es dans ton nouveau dossier vide.**
2. **Vérifie que tu as un endroit libre dans le panneau des détails et clique du bouton droit puis choisis Nouveau puis Document texte.**

Le fichier apparaît avec le nom d'attente ***Nouveau document texte.txt***.

3. **Clique du bouton droit sur le nom ou l'icône et choisis Propriétés. Sélectionne le nom complet en haut et change-le en `miam.css` ou `miam.js` ou `index.html` selon le cas.**

   Tu dois aboutir à trois fichiers dans ce dossier (Figure 18.4). Passe à l'étape 3 de copie des contenus dans les fichiers.

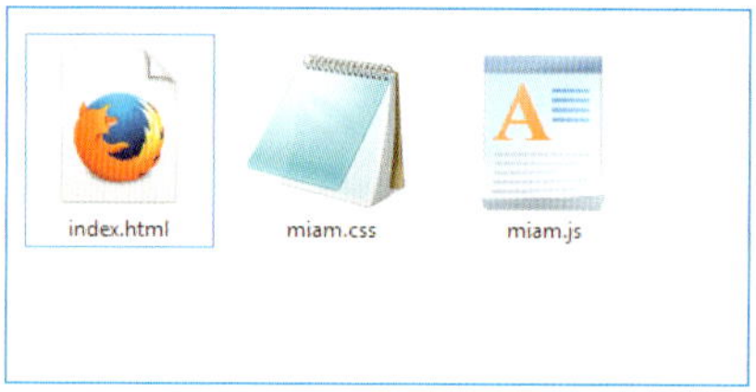

Figure 18.4 : Les trois fichiers du projet existent.

Sous Mac OS

1. **Dans le Finder, va dans les** Applications **et démarre le programme *TextEdit*.**

2. **Dans TextEdit, ouvre le menu** Format **et choisis** Convertir au format Texte**. Cette précaution est indispensable sous Mac OS.**

3. **Ouvre le menu** Fichier **et choisis** Renommer**. Change le nom *Sans titre* par `index.html`. Navigue parmi les dossiers jusqu'à celui prévu pour recevoir tes fichiers puis valide la boîte.**

   Un message peut apparaître pour te demander si tu veux enregistrer avec l'extension html ou txt. Choisis txt. (L'encodage est UTF-8 par défaut.)

4. **Reviens dans le dossier avec le Finder. Tu dois trouver le fichier avec son nom définitif.**

5. **Dans le Finder, modifie le nom : il faut remplacer la partie finale .txt par .html et confirmer.**

6. **Répète cette procédure pour créer les deux autres fichiers avec les noms `miam.css` et `miam.js` puis passe à l'étape 3 de copie des contenus dans les fichiers.**

Sous Linux

Les linuxiens savent créer un sous-dossier, se déplacer, et créer un fichier texte. Pour l'édition, ils utilisent gedit, surtout pas un traitement de texte comme LibreOffice. La lecture des grandes lignes de la procédure pour Windows suffit.

3 : Copie des contenus dans les fichiers

Ton navigateur doit être ouvert sur la page du projet JSFiddle `18: Miam (final)` (ou le nom que tu as donné à ta variante).

1. **Ouvre le fichier *index.html* par un clic-droit sur le nom et choisis `Ouvrir avec` puis `Bloc-notes` (Windows), `TextEdit` (Mac OS) ou `gedit` (Linux).**
2. **Dans JSFiddle, clique dans le panneau HTML et sélectionne tout (`Ctrl + A`) puis copie tout (`Ctrl + C` ou `Édition/Copier`).**
3. **Rebascule dans l'éditeur de fichier et colle tout par `Ctrl + V` (ou `Édition/Coller`).**
4. **Enregistre le fichier (menu Fichier) en choisissant l'encodage `UTF-8`.**
5. **Procède de même pour les deux autres panneaux et les deux autres fichiers.**

4 : Ajout de lignes dans le fichier HTML

En dehors des balises de structure à ajouter, il y a deux directives HTML essentielles à ajouter pour que le contenu HTML sache où trouver le code CSS et le code JavaScript.

La première concerne le fichier des règles CSS :

```
<link href="miam.css" rel="stylesheet">
```

L'autre référence le fichier JavaScript. Elle doit être placée après le code HTML afin que le JavaScript ne s'exécute qu'une fois toutes les balises connues :

```
<script src="miam.js"></script>
```

J'ai ajouté les deux blocs en commentaires à la fin du contenu du panneau HTML d'une version spéciale du projet sous le titre `18: Miam (final) Avec ossature`. Tu peux aller les récupérer et les décommenter.

Tu peux aussi saisir les quelques lignes suivantes dans le fichier ***index.html***.

Listing 18.5 : Les deux portions d'ossature à ajouter au fichier HTML.

```
<!doctype html>
<html>
<head>
```

```
<meta charset="UTF-8">
<title>Projet MIAM (chapitre 18)</title>
<link href="miam.css" rel="stylesheet">
</head>
<body>


<!-- INSERER CONTENU PANNEAU HTML DE JSFIDDLE ICI === -->


<script src="miam.js"></script>
</body>
</html>
```

Voici le fichier ***index.html*** une fois l'édition réalisée.

Listing 18.6 : Le fichier HTML aménagé.

```
<!doctype html>
<html>
<head>
<meta charset="UTF-8">
<title>Projet MIAM (chapitre 18)</title>
<link href="miam.css" rel="stylesheet">
</head>
<body>

<!-- CHAP18 (final) HTML -->
<h1>Miam hebdo !</h1>

<div id="hExplika">
    <p>Tu as un budget déjeuner de <span id="hBudget"></span>
par semaine. Les sandwiches sont vendus entre 1 et 5  , mais tu ne
découvres le prix que chaque midi.</p>
    <p>Le but est de réussir à tenir le plus de midis possible.</p>
</div>
<div id="hFormu">
    <label>Combien de sandwiches veux-tu par jour ?
        <br />
        <input type="number" id="hNSandwiches" />
    </label>
    <button type="button" id="btnCommander">Commander</button>
</div>
<div id="hTicket"></div>

<script src="miam.js"></script>
</body>
</html>
```

Plus qu'à tester !

Dorénavant, tu peux cliquer le nom du fichier ***index.html***. Il doit se charger dans le navigateur par défaut de ton système et le programme doit fonctionner.

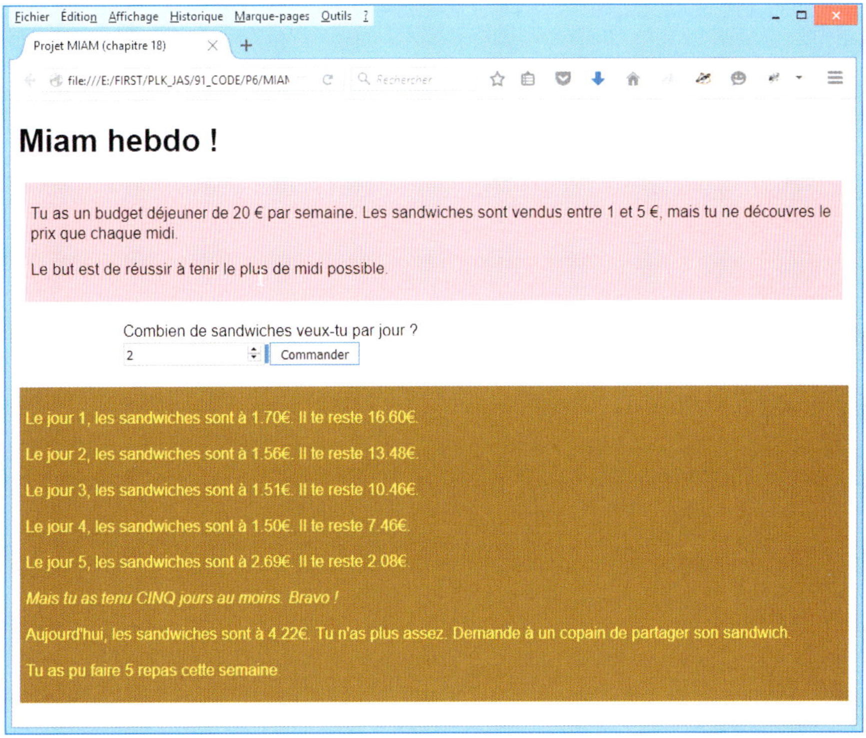

Figure 18.5 : Le projet fonctionne sans JSFiddle, en local comme sur le Web.

Les trois fichiers peuvent être implantés dans un dossier de page perso sur le Web. Demande autour de toi si quelqu'un possède un compte. Tu pourras déposer ton projet dans un de ses sous-dossiers et transmettre l'adresse à tes amis. Te voilà présent sur le Web avec du JavaScript !

Vendons de la limonade

Chapitre

19

Après avoir créé les deux projets précédents, celui de météo sur 5 jours et celui de commande de sandwichs, il t'est venu une idée géniale : combiner les deux programmes pour gérer un stand de vente de limonade au verre !

Comme tu es le responsable des prévisions météo de ta ville, cela te donne un avantage par rapport à tous les autres vendeurs de limonade du coin. La règle de base est fort simple : plus il fait chaud, plus les gens achètent de la limonade. Et plus il fait chaud, plus ils sont prêts à payer, dans certaines limites bien sûr. Après avoir affiché les prévisions sur les 5 jours, il te suffit de bien choisir combien tu dois préparer de limonade pour la semaine suivante et à quel prix tu veux la vendre pour espérer obtenir le bénéfice maximal et gaspiller le moins possible de limonade.

C'est le projet que je te propose de réaliser dans ce chapitre.

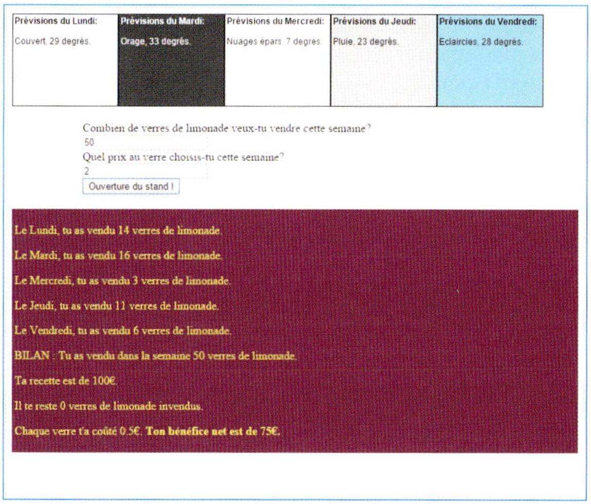

Découvrons le projet terminé

Avant de nous lancer dans la construction du projet, voyons quel est l'objectif à atteindre. Voici comment accéder au projet et le tester.

1. **Comme d'habitude, accède à la liste des projets du livre à la page suivante :**

   `http://jsfiddle.net/user/forkids/fiddles.`

2. **Parcours les onglets de la liste jusqu'à trouver le nom de projet suivant et clique sur le titre pour l'ouvrir :**

   `19: Limonade (final)`

   L'exécution du jeu commence. Tu vois apparaître les prévisions météo (Figure 19.1).

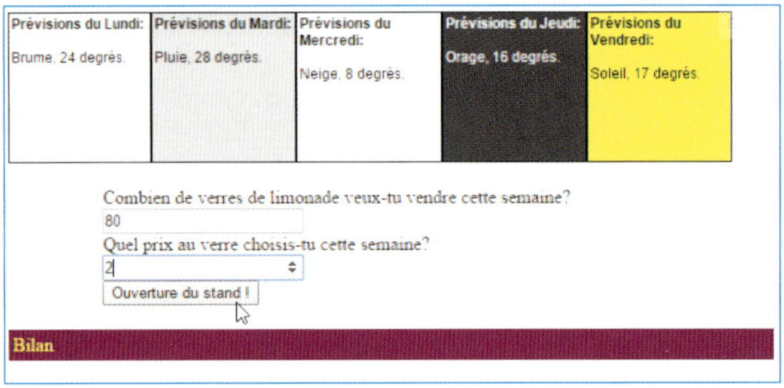

Figure 19.1 : Le jeu en début de partie.

3. **Étudie les prévisions météo de la semaine dans la partie supérieure du panneau des résultats.**

   Ce sont ces critères que le moteur du jeu va utiliser pour calculer le nombre de verres qui seront réellement vendus au cours de la semaine.

4. **Clique dans le premier champ qui demande de saisir le nombre de verres que tu espères vendre dans la semaine et saisis un nombre.**

   Je te rappelle que tu dois préparer assez de verres de limonade pour toute la semaine. N'hésite donc pas à prévoir grand, jusqu'à la centaine au moins. Conseil : tu peux essayer plusieurs quantités en plusieurs tours de jeu.

5. **Indique le prix de vente que tu fixes pour chaque verre de limonade cette semaine.**

Le coût de revient par verre est fixé à 0,5 euro. Ton prix de vente doit donc être évidemment supérieur à ce coût de revient.

6. **Tu peux maintenant utiliser le bouton** `Ouverture du stand`**.**

   Tu vois apparaître un rapport avec les ventes par jour et le total hebdomadaire. La dernière ligne indique ton bénéfice. Est-ce qu'il est supérieur ou inférieur à zéro ? S'il est supérieur, bravo !

7. **Modifie le prix de vente ou le nombre de verres à préparer et utilise à nouveau le bouton.**

   Au bout de quelques essais, tu devrais commencer à deviner une relation entre bénéfice et prix de vente. Peut-être as-tu déjà trouvé une tactique pour tirer le profit maximal en ayant le moins de verres invendus ?

8. **Pour générer une nouvelle semaine de prévisions météo, utilise la commande** `Run`**.**

9. **Compare le nombre de verres vendus à la température moyenne de chaque journée.**

   Tu constates que la température a un effet sur le volume de vente.

Après avoir vu comment fonctionne le jeu, et avant de nous plonger dans le codage, prenons un peu de recul. Il n'est pas inutile de discuter de considérations mathématiques et commerciales.

Les principes de gestion commerciale qui suivent sont valables autant pour un stand de limonade que pour gérer ton budget d'achat de bandes dessinées.

Petit rappel de gestion commerciale

Si tu décides d'ouvrir un stand de limonade, tu te lances dans le commerce. En tant que propriétaire de ce commerce, ton premier objectif est de faire suffisamment de bénéfices pour pouvoir poursuivre cette activité.

Ce qui te motive pour l'instant peut être le plaisir d'être en plein air, de pouvoir discuter avec des clients, ou bien de chercher à produire la meilleure limonade du monde. Dans tous les cas, si tu ne fais pas de bénéfices pour continuer, tu seras brisé dans ton élan.

Pour faire des bénéfices en vendant de la limonade, tu dois comprendre les clients et apprendre ce qui les pousse à acheter chez toi. Les raisons qui te font vendre de la limonade sont variées, et celles qui amènent les clients à acheter ou pas chez toi le sont aussi. C'est d'abord la météo, le prix de vente, leur budget, l'emplacement de ton stand et bien sûr la qualité gustative de ta limonade. Tu vois qu'une action aussi simple que vendre de la limonade peut s'avérer un projet assez complexe !

Pour créer un simulateur de stand de limonade, nous allons nous concentrer sur quelques-uns seulement des critères qui sont en jeu.

Faire des bénéfices

Je rappelle que le bénéfice est l'argent qu'il te reste lorsque tu as soustrait de ce que tu as encaissé tout ce que tu as dépensé.

Pour vendre de la limonade, les principaux postes de dépenses sont les matières premières (citron, sucre, glace pilée, eau, gaz carbonique, gobelets) et entretien du stand (peinture et réparation). Si tu fais tes comptes, supposons qu'il en sorte un coût de revient unitaire d'environ 0.50 € par verre (on utilise le point, pas la virgule en JavaScript). Pour que l'activité soit sinon rentable, du moins non coûteuse, il faut donc que tu encaisses au minimum 0.50 pour chaque verre de limonade préparée (même pour les invendus !).

Comprendre ses clients

Comme tu le sais, la température dans ta ville change du jour au lendemain. Une seule chose est certaine : plus il fera chaud, plus les gens voudront de la limonade. Mais si tu choisis un prix de vente trop élevé, ils ne viendront plus.

En tant que gérant du stand, tu dois estimer le nombre de verres de limonade qu'il te faut préparer en début de semaine et décider du prix de vente unitaire, le but étant de faire le maximum de bénéfices.

La formule du profit

Voici la formule utilisée dans le jeu pour calculer le nombre de verres de limonade vendus chaque jour :

```
VerresVendus = Température divisé par Prix
```

S'il fait par exemple 40° et si tu vends la limonade 2 euros, la formule donne ceci :

```
VerresVendus = 40 / 2
```

Autrement dit, tu vendras 20 verres.

En revanche, si la température n'est que de 20, la formule sera celle-ci :

```
VerresVendus = 20 / 2
```

Tu ne vends plus que 10 verres.

Avec la même température, si tu baisses le prix au verre à 1 euro, la formule donne ceci :

```
VerresVendus = 20 / 1
```

Autrement dit, tu réussis à vendre 20 verres si tu baisses le prix en fonction de la température.

Ventes, degrés et prix dans un graphique

Pour bien maîtriser le jeu, il faut comprendre comment sont liés la quantité vendue, la température et le prix de vente. Voyons comment visualiser cette relation dans un graphique en trois dimensions :

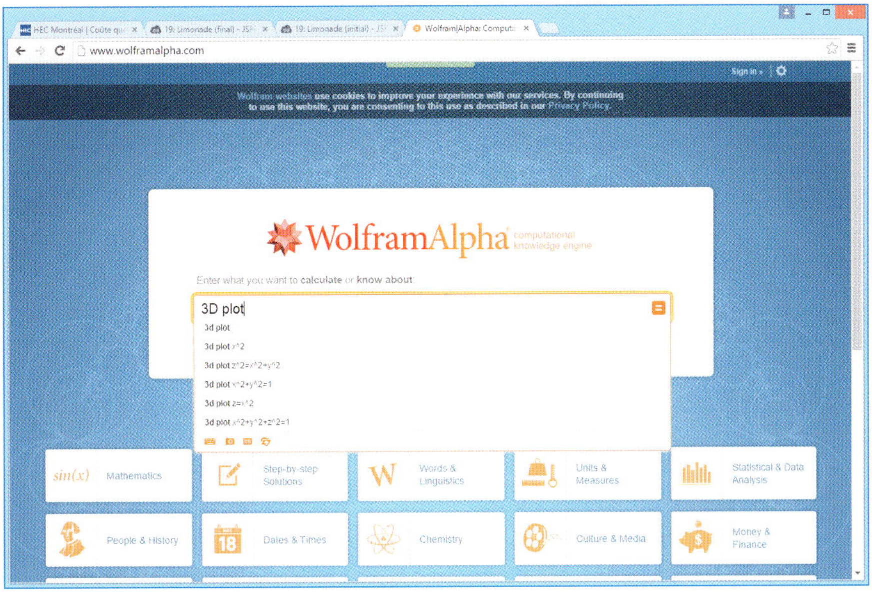

Figure 19.2 : La page d'accueil du site WolframAlpha.

1. **Dans ton navigateur, rends-toi à l'adresse suivante :**

   `www.wolframalpha.com`

   Tu vois la page d'accueil du site WolframAlpha (Figure 19.2).

2. **Dans le champ de saisie, indique `3D plot`. Tu vois s'afficher les résultats de ta recherche, avec un champ `Function to plot` (Figure 19.3).**

Figure 19.3 : Le champ Function to Plot.

3. **Sous ce champ, clique le lien intitulé `Variables and Ranges`.**

   Tu vois apparaître d'autres champs de saisie (Figure 19.4).

Figure 19.4 : Les variables et les intervalles.

4. **Dans le champ** Function to Plot**, saisis la formule suivante :**

```
z = x/y
```

La variable z correspond au nombre de verres vendus. La variable x est la température et la variable y est le prix de vente.

5. **Laisse la valeur** x **dans** Variable 1**.**

6. **Dans le champ** Lower Limit 1**, saisis** 0**.**

Ce champ représente la plus petite valeur désirée pour la variable x, c'est-à-dire la température.

7. **Dans le champ** Upper Limit 1**, saisis** 40**.**

C'est la température maximale.

8. **Dans le champ** Lower Limit 2**, saisis** 0**.**

Ce sera le prix de vente minimal du verre de limonade.

Il est certain que si tu vends ta limonade à 0 euro, tu en vendras beaucoup, mais ce n'est pas une manière de gérer un commerce de façon pérenne !

9. **Dans le champ** Upper Limit 2**, saisis** 10**.**

Il est peu probable que tu parviennes à vendre tes verres de limonade plus de 10 €.

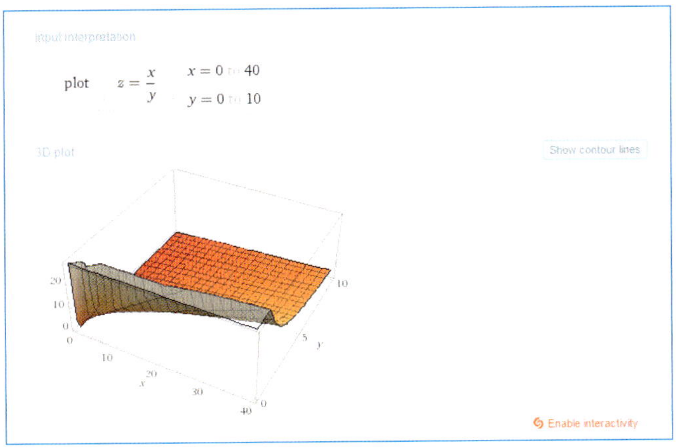

Figure 19.5 : Graphique montrant les relations entre quantités vendues, température et prix de vente.

10. **Clique n'importe lequel des petits boutons avec un signe égal à droite des champs de saisie pour obtenir un graphique de la fonction.**

    Tu vois apparaître un graphique plus bas dans la page, comme celui de la Figure 19.5.

Tu remarques dans cette figure que le nombre de verres vendus le plus grand correspond au maximum de température avec le prix de vente minimum.

WolframAlpha permet de réaliser de nombreuses simulations très intéressantes. N'hésite pas à essayer d'autres valeurs pour obtenir d'autres graphiques.

Construisons le projet

Maintenant que tu as une meilleure compréhension des mathématiques qui se cachent derrière cette activité de vente de limonade, nous pouvons passer à la création du jeu.

Comme pour d'autres projets, une partie du code source est déjà rédigée dans la version initiale du projet. Nous commençons donc par créer une variante.

Créons la variante par Fork

Je rappelle une dernière fois comment démarrer ta variante d'un projet :

1. **Connecte-toi à ta page JSFiddle puis reviens à la liste des projets sur la page du livre :**

   `http://jsfiddle.net/user.PLKJS`

2. **Cherche le projet qui porte le nom suivant et clique le titre pour entrer dans le projet.**

   `19: Limonade (initial)`

3. **Accède aux options de Fiddle dans le panneau de gauche et personnalise le nom du programme selon ton désir, par exemple avec ton prénom.**
4. **Crée ta variante avec la commande `Fork`.**
5. **Enregistre-la une première fois avec les commandes `Update` puis `Set as base`.**

Rédigeons le code JavaScript

Commence par passer en revue la version initiale du projet. Il y a déjà beaucoup de code HTML et CSS, mais le panneau JavaScript est totalement vide.

Lorsque cette version s'exécute, tu vois apparaître des éléments HTML dans le panneau des résultats, mais rien ne se produit lorsque tu cliques le bouton.

Passons en revue les différents éléments qu'il faut ajouter pour terminer le projet.

D'abord, des variables globales

Nous commençons, car c'est une pratique conseillée, par déclarer plusieurs variables globales. Voici celles dont nous aurons besoin :

- un tableau des jours de la semaine ;
- un tableau des types de ciel ;
- deux variables pour la température mini et maxi ;
- une variable pour le coût de revient d'un verre de limonade ;
- un tableau pour stocker les températures de chaque jour.

Avant de rédiger le code, nous insérerons quelques commentaires dans le panneau JavaScript en prévision de ce qu'il faudra ajouter (Listing 19.1).

Listing 19.1 : Insertion de commentaires pour les variables globales.

```
// Tableau des noms de jours (sauf W.E.)

// Tableau de 8 types de ciels (Soleil, Couvert, ...)

// Butées min et max de température

// Coût de revient d'un verre

// Tableau des températures des 5 jours
```

Une fois ces commentaires en place, ajoutons les instructions correspondantes.

1. **Sous le premier commentaire, déclare ce tableau :**

```
var jours = ["Lundi", "Mardi", "Mercredi", "Jeudi", "Vendredi"];
```

2. **Sous le suivant, déclare un autre tableau pour les ciels (c'est le même qu'au Chapitre 17) :**

```
var ciel  = ["Soleil", "Eclaircies", "Nuages épars", "Couvert",
"Pluie", "Neige", "Orage", "Brume"];
```

Tu peux ajouter d'autres états du ciel ou en enlever.

3. **Nous arrivons aux butées de température. Déclare deux variables en conséquence (toujours comme dans le Chapitre 17) :**

```
var maxTemp = 40;
var minTemp = 0;
```

4. **Il nous faut une variable pour le coût de revient d'un verre de limonade. Nous la baptisons `coutRevient` et optons pour un coût moyen de 0,5 € :**

```
var coutRevient = 0.5;
```

5. **Il reste à déclarer un tableau vide `tabTempera` qui recevra les températures réelles de chacun des cinq jours :**

```
var tabTempera = [];
```

6. **Utilise `Update` pour enregistrer le projet.**
7. **Le panneau JavaScript doit se présenter comme dans le Listing 19.2.**

Listing 19.2 : Déclaration des variables globales.

```
// Tableau des 5 noms de jours ouvrés
var jours = ["Lundi", "Mardi", "Mercredi", "Jeudi", "Vendredi"];

// Tableau de 8 ciels (Couvert, Pluie, etc.)
var ciel  = ["Soleil", "Eclaircies", "Nuages épars", "Couvert",
"Pluie", "Neige", "Orage", "Brume"];

// Variables butées de température mini et max
var maxTemp = 40;
var minTemp = 5;

// Coût de revient d'un verre de limonade
var coutRevient = 0.5;

// Tableau des températures des 5 jours
var tabTempera = [];
```

La fonction genererMeteo() (fonction 1/4)

La première fonction est recyclée du Chapitre 17 et garde le même nom : `genererMeteo()`.

Nous allons l'enrichir en stockant la météo pour les cinq jours dans un tableau global déjà déclaré vide, `tabTempera`.

Voici la procédure pour rédiger le code de `genererMeteo()` : tu peux comparer avec le code source du Chapitre 17 et récupérer ce qui peut l'être. C'est un bon exercice.

1. **Nous commençons par un commentaire de tête de fonction :**

```
/** Génération de prévisions pour 5 jours (voir Chap 17)
**/
```

2. **Nous démarrons avec la ligne de tête (de signature) de la fonction :**

```
function genererMeteo() {
```

3. **Nous déclarons deux variables pour mémoriser la température et la météo du jour :**

```
var mtDuJour;
var tmDuJour;
```

4. **Nous entrons ensuite dans une boucle pour traiter chacun des cinq jours :**

```
for (var i = 0; i < jours.length; i++) {
```

5. **Nous récupérons un élément au hasard du tableau `ciel` et nous le stockons dans `mtDuJour` :**

```
mtDuJour = ciel[Math.floor(Math.random() * ciel.length)];
```

6. **De même, nous obtenons une température au hasard entre `minTemp` et `maxTemp` :**

```
tmDuJour = Math.floor(Math.random() * (maxTemp - minTemp) + minTemp);
```

7. **Nous stockons cette température dans le tableau `tabTempera` :**

```
tabTempera[i] = tmDuJour;
```

8. **Nous pouvons alors afficher nos prévisions météo sur cinq jours :**

```
document.getElementById("Meteo5Jours").innerHTML += "<div id='" +
jours[i] + "' class='" + mtDuJour + "'>Prévisions du " + jours[i] +
":<br><br><b>" + mtDuJour + ", " + tmDuJour + " degrés.</b></div>";
```

9. **Il ne reste plus qu'à refermer la boucle puis le corps de la fonction par deux accolades :**

```
  }
}
```

10. **Nous n'oublions pas d'ajouter un appel à cette fonction, appel que nous plaçons avant celle-ci, juste après les variables globales :**

```
genererMeteo();
```

11. **Pense à sauvegarder avec `Update`.**

Cela termine la rédaction de la fonction `genererMeteo()`. Si tout a bien été saisi, tu dois voir le tableau de prévisions et les champs de saisie (Figure 19.6).

Compare ton code source au Listing 19.3 qui reprend tout le début et vérifie avant de poursuivre.

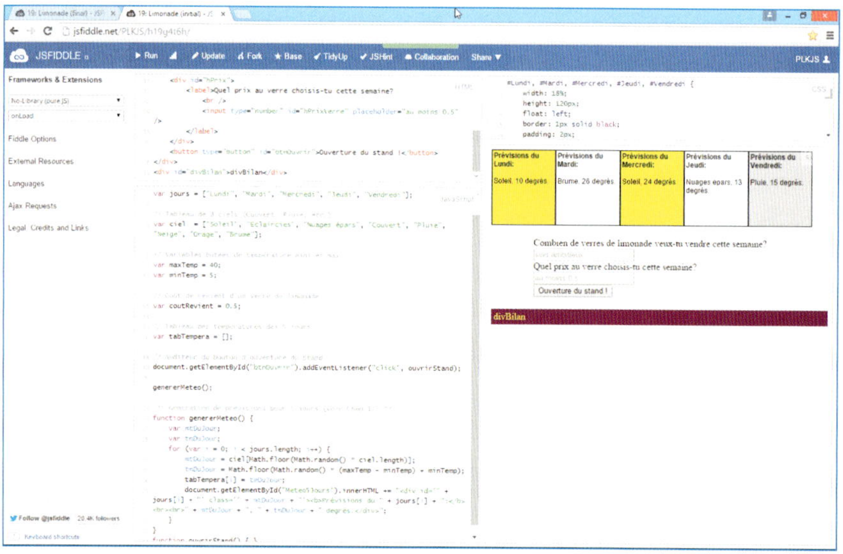

Figure 19.6 : Le panneau des résultats avec les prévisions météo.

Listing 19.3 : Code source des variables globales et de genererMeteo().

```
// Tableau des 5 noms de jours ouvrés
var jours = ["Lundi", "Mardi", "Mercredi", "Jeudi", "Vendredi"];

// Tableau de 8 ciels (Couvert, Pluie, etc.)
var ciel  = ["Soleil", "Eclaircies", "Nuages épars", "Couvert",
"Pluie", "Neige", "Orage", "Brume"];

// Variables butées de température mini et max
var maxTemp = 40;
var minTemp = 5;
```

```
// Coût de revient d'un verre de limonade
var coutRevient = 0.5;

// Tableau des températures des 5 jours
var tabTempera = [];

// Auditeur du bouton d'ouverture du stand
document.getElementById("btnOuvrir").addEventListener("click",
ouvrirStand);

genererMeteo();

/** Génération de prévisions pour 5 jours (voir Chap 17) **/
function genererMeteo() {
    var mtDuJour;
    var tmDuJour;
    for (var i = 0; i < jours.length; i++) {
        mtDuJour = ciel[Math.floor(Math.random() * ciel.length)];
        tmDuJour = Math.floor(Math.random() * (maxTemp - minTemp) +
minTemp);
        tabTempera[i] = tmDuJour;
        document.getElementById("Meteo5Jours").innerHTML += "<div
id='" + jours[i] + "' class='" + mtDuJour + "'>Prévisions du " +
jours[i] + ":<br><br><b>" + mtDuJour + ", " + tmDuJour + " degrés.</
b></div>";
    }
}
```

Ouvrons notre stand (fonction 2/4)

La deuxième fonction à écrire est la plus longue des quatre. Elle se charge notamment du calcul de la quantité de verres vendus pour chacun des cinq jours.

Voici comment rédiger le code source de `ouvrirStand()`.

1. **Commence par insérer un commentaire technique qui restera pour présenter la fonction, puis la ligne de tête de fonction :**

   ```
   /** Calcul du nombre de verres vendus
   **/
   function ouvrirStand() {
   ```

2. **Nous déclarons trois variables : une pour le nombre de verres vendus par jour, une pour le total pour la semaine et une pour le stock de verres restant à vendre, les trois avec une valeur initiale nulle :**

   ```
       var venteVerresJour = 0; // Par jour
       var totalVerres = 0;     // Pour la semaine
       var stockVerres = 0;     // Reste à vendre
   ```

3. **Nous procédons à un nettoyage de la division d'affichage du rapport en bas par appel de la fonction `viderRapport()`. Cela nous évite de redémarrer entre deux essais si on veut garder les mêmes prévisions météo :**

```
// Nettoyage de la division d'affichage du bilan
viderRapport();
```

Nous écrirons le code de `viderRapport()` après avoir fini `ouvrirStand()`.

4. **Le moment est venu d'aller récupérer les valeurs saisies dans le formulaire HTML :**

```
    // Récupération des saisies
  var approVerres = Number(document.getElementById("hNVerres").
value);
    var prixVente   = Number(document.getElementById("hPrixVerre").
value);
```

5. **Dans une boucle, nous traitons tour à tour les cinq jours de vente :**

```
for (var i = 0; i < jours.length; i++) {
```

6. **Pour chaque jour, nous calculons le nombre de verres vendus grâce à notre formule magique :**

```
// La quantité vendue dépend de la température et du prix
venteVerresJour = Math.floor(tabTempera[i] / prixVente);
```

7. **Il n'est pas difficile de mettre à jour le niveau des stocks :**

```
// Mise à jour du stock restant
stockVerres = approVerres - totalVerres;
```

8. **Dans un bloc conditionnel `if...else`, nous vérifions qu'il reste des verres à vendre. Si `venteVerresJour` est supérieur au stock restant, nous finissons le stock en écrivant dans `venteVerresJour` la quantité trouvée :**

```
// Impossible de vendre plus que le stock restant
if (venteVerresJour > stockVerres) {
    venteVerresJour = stockVerres;
}
```

9. **Nous mettons à jour le total vendu pour la semaine :**

```
// Mise  jour du total de ventes hebdo
totalVerres = venteVerresJour + totalVerres;
```

10. **Nous construisons un message pour afficher les totaux du jour :**

```
// Affichage des ventes du jour
document.getElementById("divBilan").innerHTML += "<p>Le " +
jours[i] + ", tu as vendu " + venteVerresJour + " verres de
limonade.</p>";
```

11. **Nous pouvons enfin refermer la boucle avec son accolade :**

```
}
```

12. **Puis les cinq jours ont été traités, nous pouvons appeler la fonction** `afficherRapport()` **avec trois paramètres :** `approVerres`, `prixVente` **et** `totalVerres`**. La fonction va les récupérer sous d'autres noms, ce qui ne pose pas de soucis :**

```
afficherRapport(approVerres, prixVente, totalVerres);
```

13. **Et nous refermons le corps de notre fonction :**

```
}
```

14. **Pense à enregistrer le projet avec** `Update`**.**

Si tout a bien été saisi, le code doit correspondre à celui du Listing 19.4.

Listing 19.4 : Code source de ouvrirStand().

```
/** Calcul du nombre de verres vendus **/
function ouvrirStand() {
    var venteVerresJour = 0; // Par jour
    var totalVerres = 0;     // Pour la semaine
    var stockVerres = 0;     // Reste à vendre

    // Nettoyage de la division d'affichage du bilan
    viderRapport();

    // Récupération des saisies
    var approVerres = Number(document.getElementById("hNVerres").value);
    var prixVente   = Number(document.getElementById("hPrixVerre").value);

    for ( var i = 0; i < jours.length; i++) {

        // La quantité vendue dépend de la température et du prix
        venteVerresJour = Math.floor(tabTempera[i] / prixVente);

        // Mise à jour du stock restant
        stockVerres = approVerres - totalVerres;

        // Impossible de vendre plus que le stock restant
        if ( venteVerresJour > stockVerres) {
            venteVerresJour = stockVerres;
        }

        // Mise  jour du total de ventes hebdo
        totalVerres = venteVerresJour + totalVerres;

        // Affichage des ventes du jour
        document.getElementById("divBilan").innerHTML += "<p>Le " +
jours[i] + ", tu as vendu " + venteVerresJour + " verres de limonade.</
p>";
    }
    afficherRapport(approVerres, prixVente, totalVerres);
}
```

Préparons l'affichage avec viderRapport() (fonction 3/4)

Tout au début de `ouvrirStand()`, nous appelons `viderRapport()` pour vider le contenu de l'élément HTML incarnant la région d'affichage du rapport de vente.

Le Listing 19.5 présente le code de cette fonction. Tu peux la saisir sous le corps de la précédente, donc à la fin du code source actuel.

Listing 19.5 : La fonction viderRapport().

```
/** Nettoyage de la division pour nouvelle semaine **/
function viderRapport() {
  document.getElementById("divBilan").innerHTML = "";
}
```

Pense ensuite à utiliser la commande `Update`.

Affichons le rapport (fonction 4/4)

La dernière fonction de notre projet, `afficherRapport()`, ne modifie pas les données de base, mais en déduit des éléments de bilan commercial hebdomadaire qu'elle affiche sous forme d'un rapport sur 4 lignes.

Voici comment rédiger le code de `afficherRapport()`.

1. **Insère un commentaire puis la ligne de tête. La fonction attend trois paramètres d'entrée : `approSemaine`, `prixVente` et `qVendueSemaine` :**

   ```
   /** Calcul du résultat et affichage du bilan **/
   function afficherRapport(approSemaine, prixVente, qVendueSemaine) {
   ```

2. **La recette est simplement le résultat de la multiplication de la quantité vendue par le prix de vente unitaire :**

   ```
   var recette  = qVendueSemaine * prixVente;
   ```

3. **La dépense est calculée en multipliant le nombre de verres préparés (même les invendus) par le coût de revient :**

   ```
   var depense  = approSemaine * coutRevient;
   ```

4. **Le stock te restant sur les bras est facile à calculer :**

   ```
   var reliquat = approSemaine - qVendueSemaine;
   ```

5. **Enfin, le bénéfice, c'est recette moins dépense :**

```
var benefice = recette  - depense;
```

6. **Il ne reste qu'à construire les chaînes messages du rapport. Nous travaillons en quatre étapes. Exceptionnellement, comme ces instructions sont vraiment difficiles à lire, je les répartis sur plusieurs lignes, mais n'introduis pas de sauts de ligne pour imiter l'aspect du livre. Les seuls sauts de ligne autorisés sont ceux après un signe point-virgule.**

```
// Affichage du bilan hebdomadaire
document.getElementById("divBilan").innerHTML +=
"<p>BILAN : Tu as vendu dans la semaine " + qVendueSemaine + "
verres de limonade.</p>";

document.getElementById("divBilan").innerHTML +=
"<p>Ta recette est de " + recette + " .</p>";

document.getElementById("divBilan").innerHTML +=
"<p>Il te reste " + reliquat + " verres de limonade invendus.</p>";

document.getElementById("divBilan").innerHTML +=
"<p>Chaque verre t'a coûté " + coutRevient + " . <b>Ton bénéfice net
est de " + benefice + " .</b>";
```

7. **Nous refermons le corps de notre fonction.**

```
}
```

8. **Enregistre le projet avec** `Update`**.**

Le résultat doit correspondre au Listing 19.6.

Listing 19.6 : La fonction afficherRapport().

```
/** Calcul du résultat et affichage du bilan **/
function afficherRapport(approSemaine, prixVente, qVendueSemaine) {
    // Calcul de la rentabilité
    var recette  = qVendueSemaine * prixVente;
    var depense  = approSemaine   * coutRevient;
    var reliquat = approSemaine   - qVendueSemaine;
    var benefice = recette        - depense;

    // Affichage du bilan hebdomadaire
    // Dans cette version imprimée, j'ai réduit les espaces à gauche.

document.getElementById("divBilan").innerHTML += "<p>BILAN : Tu as
vendu dans la semaine " + qVendueSemaine + " verres de limonade.</p>";
document.getElementById("divBilan").innerHTML += "<p>Ta recette est de
" + recette + " .</p>";
document.getElementById("divBilan").innerHTML += "<p>Il te reste " +
reliquat + " verres de limonade invendus.</p>";
document.getElementById("divBilan").innerHTML += "<p>Chaque verre t'a
coûté " + coutRevient + " . <b>Ton bénéfice net est de " + benefice +
```

```
" .</b>";
}
```

La dernière retouche et les tests

Si tu essaies le projet maintenant, tu constates que le bouton n'a aucun effet. Seules les prévisions apparaissent.

Mais oui, nous avons oublié l'auditeur du bouton ! C'est lui qui doit déclencher la fonction `ouvrirStand()`.

Corrigeons cet oubli sur le champ :

1. **Dans le panneau JavaScript, place-toi juste avant la première fonction et insère ceci :**

```
// Auditeur du bouton d'ouverture du stand
document.getElementById("btnOuvrir").addEventListener("click",
ouvrirStand);
```

2. **Enregistre le projet avec `Update` puis `Set as Base`.**

   Le code source complet JavaScript est donné dans le Listing 19.7.

   Attention : j'ai volontairement évité tout codage couleur dans ce dernier listing du livre, pour que tu t'habitues à distinguer les éléments sans cette aide visuelle. C'est souvent ainsi que tu devras t'en sortir.

Listing 19.7 : Code source JavaScript complet du projet Limonade.

```
/* CHAP19 (final) JS */
// Récup du projet 17
// Tableau des 5 noms de jours ouvrés
var jours = ["Lundi", "Mardi", "Mercredi", "Jeudi", "Vendredi"];

// Tableau de 8 ciels (Couvert, Pluie, etc.)
var ciel  = ["Soleil", "Eclaircies", "Nuages épars", "Couvert",
"Pluie", "Neige", "Orage", "Brume"];

// Variables butées de température mini et max
var maxTemp = 40;
var minTemp = 5;

// Coût de revient d'un verre de limonade
var coutRevient = 0.5;

// Tableau des températures des 5 jours
var tabTempera = [];
```

```
// Auditeur du bouton d'ouverture du stand
document.getElementById("btnOuvrir").addEventListener("click",
ouvrirStand);

genererMeteo();

/** Génération de prévisions pour 5 jours (voir Chap 17) **/
function genererMeteo() {
    var mtDuJour;
    var tmDuJour;
    for (var i = 0; i < jours.length; i++) {
        mtDuJour = ciel[Math.floor(Math.random() * ciel.length)];
        tmDuJour = Math.floor(Math.random() * (maxTemp - minTemp) +
minTemp);
        tabTempera[i] = tmDuJour;
        document.getElementById("Meteo5Jours").innerHTML += "<div
id='" + jours[i] + "' class='" + mtDuJour + "'>Prévisions du " +
jours[i] + ":<br><br><b>" + mtDuJour + ", " + tmDuJour + " degrés.</
b></div>";
    }
}

/** Calcul du nombre de verres vendus **/
function ouvrirStand() {
    var venteVerresJour = 0; // Par jour
    var totalVerres = 0;     // Pour la semaine
    var stockVerres = 0;     // Reste à vendre

    // Nettoyage de la division d'affichage du bilan
    viderRapport();

    // Récupération des saisies
    var approVerres = Number(document.getElementById("hNVerres").
value);
    var prixVente   = Number(document.getElementById("hPrixVerre").
value);

    for (var i = 0; i < jours.length; i++) {

        // La quantité vendue dépend de la température et du prix
        venteVerresJour = Math.floor(tabTempera[i] / prixVente);

        // Mise à jour du stock restant
        stockVerres = approVerres - totalVerres;

        // Impossible de vendre plus que le stock restant
        if (venteVerresJour > stockVerres) {
            venteVerresJour = stockVerres;
        }

        // Mise à jour du total de ventes hebdo
        totalVerres = venteVerresJour + totalVerres;

        // Affichage des ventes du jour
        document.getElementById("divBilan").innerHTML += "<p>Le " +
jours[i] + ", tu as vendu " + venteVerresJour + " verres de limonade.
```

```
</p>";
    }
    afficherRapport(approVerres, prixVente, totalVerres);
}

/** Calcul du résultat et affichage du bilan **/
function afficherRapport(approSemaine, prixVente, qVendueSemaine) {
    // Calcul de la rentabilité
    var recette  = qVendueSemaine * prixVente;
    var depense  = approSemaine   * coutRevient;
    var reliquat = approSemaine   - qVendueSemaine;
    var benefice = recette        - depense;

    // Affichage du bilan hebdomadaire
    document.getElementById("divBilan").innerHTML += "<p>BILAN : Tu as
vendu dans la semaine " + qVendueSemaine + " verres de limonade.</p>";
    document.getElementById("divBilan").innerHTML += "<p>Ta recette
est de " + recette + " .</p>";
    document.getElementById("divBilan").innerHTML += "<p>Il te reste
" + reliquat + " verres de limonade invendus.</p>";
    document.getElementById("divBilan").innerHTML += "<p>Chaque verre
t'a coûté " + coutRevient + " . <b>Ton bénéfice net est de " + benefice
+ " .
</b>";
}

/** Nettoyage de la division pour nouvelle semaine **/
function viderRapport() {
  document.getElementById("divBilan").innerHTML = "";
}
```

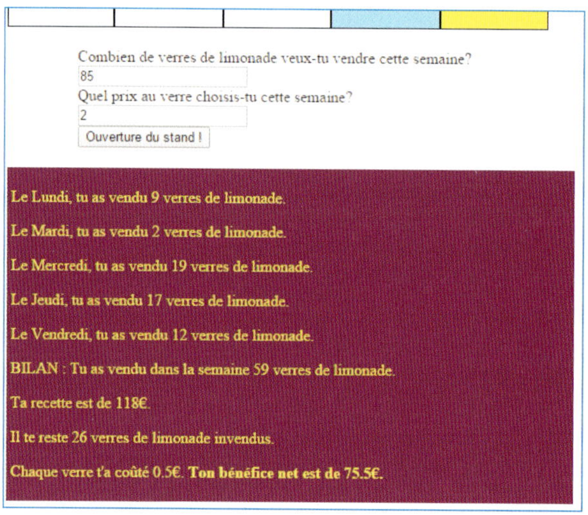

Figure 19.7 : Le jeu de stand Limonade achevé.

3. **Saisis dans le premier champ le nombre de verres que tu penses pouvoir écouler dans la semaine, en étudiant la météo.**
4. **Dans le second champ, indique ton prix de vente.**
5. **Clique le bouton** `Ouverture du stand`**.**

Tu vois le bilan apparaître, avec ton bénéfice net (Figure 19.7).

Alors, tu as fait des bénéfices ? Est-ce que tu peux en obtenir plus en modifiant le prix de vente ou le stock initial ? As-tu essayé avec un énorme stock et un prix plancher ? Surtout, relance le programme pour tester avec de nouvelles prévisions météo.

Pour enrichir le projet Limonade

Ce dernier projet illustre plusieurs concepts de programmation JavaScript essentiels. Tu dois commencer à imaginer comment tu pourrais le rendre plus amusant, plus difficile ou plus réaliste.

Voici quelques suggestions d'évolution du projet Limonade :

- Autoriser le joueur à fixer le prix de vente et la quantité à préparer pour chaque journée individuellement.
- Exploiter non seulement la température, mais aussi l'état du ciel dans la formule qui calcule les ventes quotidiennes.
- Ajouter un peu de hasard dans le coût de revient du verre.
- Enrichir les parties HTML et CSS pour embellir l'interface utilisateur et en augmenter le confort.
- Ajouter un bouton pour générer de nouvelles prévisions afin de ne pas obliger à relancer le programme.
- Stocker le meilleur score du joueur dans une variable et l'informer quand il bat son meilleur score.
- Détailler le calcul du coût de revient en gérant un prix d'achat pour le citron et pour le sucre, avec une quantité de verres produits par citron et par kilogramme de sucre.
- Ajouter des événements imprévus en milieu de calcul de la semaine de vente : orage en pleine journée de soleil ou chien qui renverse ton stand le matin, avec pour résultats zéro vente pour cette journée.

Ce ne sont que quelques pistes. Je rappelle que tu peux partager tes meilleures créations sur JSFiddle et les faire connaître sur Facebook, Twitter ou en envoyant un courriel à cette adresse en indiquant la mention PLKJS dans l'objet :

`firstinfo@efirst.com`

Maintenant que tu es arrivé à la fin du livre, tu en sais assez pour inventer de nouveaux projets JavaScript en solo. Bon voyage dans le monde de la programmation JavaScript !

Index

Symboles

A

B

C

D

E

F

G

H

I

J

W

Notes